全班性的正向行為介入與支持
預防性班級經營指引

- 作　者　Brandi Simonsen & Diane Myers
- 策　畫　臺灣正向行為支持學會
- 總校閱　洪儷瑜、陳佩玉
- 譯　者　洪儷瑜、陳佩玉、廖芳玫、曾瑞蓉
　　　　　謝佳真、姚惠馨、李忠諺、蘇吉禾

Classwide Positive Behavior Interventions and Supports

A Guide to Proactive Classroom Management

BRANDI SIMONSEN
DIANE MYERS

目次
CONTENTS

（正文頁邊數字係原文書頁碼，供索引檢索之用）

作者簡介

    Brandi Simonsen 博士是康乃狄克大學（University of Connecticut）教育心理學系特殊教育的副教授，以及行為教育和研究中心（Center for Behavioral Education and Research; www.cber.org）的研究員。她亦協助規劃該大學全校性正向行為支持研究所層級之認證學程（Certificate Program in Schoolwide Positive Behavior Support）。Simonsen 博士是 OSEP 正向行為介入與支持技術支援中心（www.pbis.org）的執行夥伴，亦是正向行為支持學會（Association for Positive Behavior Support; www.apbs.org）的執行理事。她的教學、服務和研究領域包括：(1) 替代教育情境的第一層級全校性正向行為支持；(2) 全班性正向行為介入與支持；以及 (3) 為有行為問題的學生提供更密集的（第二層級和第三層級）支持。成為康乃狄克大學的教授之前，Simonsen 博士曾擔任一所私立替代學校的主任，服務具有學習與行為需求的身心障礙學生。除了行政與臨床工作的經驗外，她亦有小學普通教育和中學特殊教育教師證照，並著有許多學術期刊論文和專書章節。

    Diane Myers 博士是德州女子大學（Texas Woman's University）師資培育學系的特殊教育副教授。她於麻州沃塞斯特的聖母學院（Assumption College）特殊教育學系擔任助理教授的六年間，創立了正向行為介入與支持進階學程。Myers 博士教導的大學部和研究所課程包括：(1) 全班性正向行為介入與支持；(2) 正向行為支持各層級進階應用；(3) 特殊教育研究和實務。她提供班級經營專業發展培訓，並支持學校執行全校性正向行

為介入與支持。Myer 博士的研究興趣包括教師訓練和專業發展、班級經營，和支持有行為問題的學生。在進入大學服務前，她是一位教導情緒行為障礙學生的中學特殊教育教師，也曾擔任融合班級的協同教師。她的第一份教學工作是在少年輔育院，目前仍持續關注少年司法領域。

總校閱者簡介

洪儷瑜

學歷：美國維吉尼亞大學（University of Virginia）特殊教育哲學博士

現任：國立臺灣師範大學特殊教育學系教授

國立臺灣師範大學師資培育學院院長

正向行為支持學會臺灣聯絡網負責人

臺灣正向行為支持學會理事長

陳佩玉

學歷：美國華盛頓大學（University of Washington）特殊教育哲學博士

現任：國立臺北教育大學特殊教育學系副教授

正向行為支持學會臺灣聯絡網共同負責人

譯者簡介

（依章節順序排列）

洪儷瑜 （第一章）

學歷：美國維吉尼亞大學（University of Virginia）特殊教育哲學博士

現任：國立臺灣師範大學特殊教育學系教授

國立臺灣師範大學師資培育學院院長

正向行為支持學會臺灣聯絡網負責人

陳佩玉 （第二章、第十一章）

學歷：美國華盛頓大學（University of Washington）特殊教育哲學博士

現任：國立臺北教育大學特殊教育學系副教授

正向行為支持學會臺灣聯絡網共同負責人

廖芳玫 （第三章、第四章）

學歷：國立彰化師範大學特殊教育碩士

國立臺灣師範大學特殊教育學系博士班學生

現任：臺北市國中特殊教育輔導團輔導員

臺北市心禾診所教師

曾瑞蓉（第五章、第十章）

學歷：國立臺北教育大學特殊教育碩士

現任：臺北市東區特教資源中心特教學生情緒行為問題專業支援教師督導

　　　　臺北市政府教育局與衛生局合辦健康學園六合學苑兼任教育督導

謝佳真（第六章、第十章）

學歷：國立臺灣師範大學特殊教育碩士

現任：新北市鷺江國中特教教師

　　　　新北市特殊教育輔導團團員

姚惠馨（第七章、第十章）

學歷：國立臺灣師範大學特殊教育碩士

現任：臺北市東區特教資源中心特教學生情緒行為問題專業支援教師督導

　　　　國立臺灣師範大學特殊教育學系兼任講師

李忠諺（第八章）

學歷：國立中央大學認知與神經科學研究所碩士

現任：臺東縣泰源國中特教教師

蘇吉禾（第九章）

學歷：國立彰化師範大學輔導與諮商研究所碩士

現任：國立臺灣師範大學教育心理與輔導學系博士候選人

　　　　桃園市建德國民小學專任輔導教師

總校閱者序

融合班級的雙贏經營策略

　　正向行為支持（positive behavior support, PBS）是應用行為分析學者因應當時身心障礙者教育的回歸主流、去機構化，走入主流社會而提出的理念，而其強調融合、正常化、社區參與和社會角色等核心精神都受到身心障礙者相關運動的影響（洪儷瑜，2018）。隨著 PBS 的發展，Walker 於 1996 年提出以公共衛生三級預防的架構，提升全體學生於學校場域的適應並預防情緒行為問題。多年來正向行為支持領域的學者於學校系統中累積執行的經驗與省思，進而提出適用於學校場域的正向行為介入與支持（positive behavior interventions and supports, PBIS）多層級介入架構。國內因為早期引進 PBIS 的學者和研究都以嚴重行為問題的處理和特教學生為主體，導致很多研究都聚焦於多層級介入中第三層級的嚴重個案，而長期忽略 PBIS 強調的預防，與在個案所處環境生態的正向支持。這樣的行動正是行為學派放在醫學模式的思維，強調個體的問題；而忽略了個體的問題與環境有關，環境是否能夠提供足夠的支持，讓個體有足夠、人性的參與機會，PBIS 正是行為學派走向身心障礙的社會互動模式思維的實踐。可惜，國內身心障礙的社會互動模式常僅放在物理的和學業學習的無障礙環境，而忽略了在社會行為較高需求的應用，尤其是高危險群的自閉症和情緒行為障礙學生，更是理所當然的被認為應該聚焦處理學生個人的行為問題。國人很少反思，學校或社會是否可以運用正向預防與支持，避免行為問題的發生，提供學習適當行為的機會。身心障礙學生的行為問題到底源自於障礙者或是外在環境？

中華民國特殊教育學會 2016 年通過的「特殊教育學生情緒行為問題處理守則與專業倫理」即強調先從改善環境適配性來預防特教學生的情緒行為問題，亦即社會心理的無障礙環境，也是積極預防，並提供檢核表作為初級預防策略的建議。這也呼應了美國情緒障礙教育學者 James Kauffman 教授所倡導之「面對學生的情緒行為問題，先從教學檢討起」，因為好的教學環境和學習經驗可以有效降低情緒行為問題（洪儷瑜等譯，2018）。

長期支持臺灣推動 PBIS 的加拿大學者 Joseph Lucyshyn 教授，曾任美國正向行為支持學會的國際交流委員，並協助臺灣辦理亞太區正向行為支持學術研討會。他發現 PBIS 在臺灣的發展有高度聚焦於個別學生行為問題處理的傾向，然而臺灣特教學生高融合的比例，他建議國內學者應積極地推動融合教育環境所需的策略。自 2016 年至今，國內已陸續有研究生在融合班級內實施 PBIS 架構之多層級介入，如全班性的功能本位介入小組方案（Class-wide Function-related Intervention Teams），其研究結果證實 PBIS 架構在國內融合班級中對於一般普通生、高風險的學生和特殊學生之課堂參與都有正面成效，也因此加深我們想要將 PBIS 之多層級架構運用在融合班級，更有系統性地介紹給國內的教育工作者。Lucyshyn 教授進一步建議我們以執行科學的理論與發展階段，檢視國內的現況，並建議我們把美國在融合班級實證有效的策略，且已有不錯口碑的書翻譯成中文，以推動過去在實施 PBIS 時被忽略的部分。

Lucyshyn 教授推薦兩位專長於第一層級和第二層級的教授（即美國康乃狄克大學的 Brandi Simonsen 博士和德州女子大學的 Diane Mayer 博士）合著之《全班性的正向行為介入與支持》（*Classwide Positive Behavior Interventions and Supports*），我們發現本書除了內容強調從預防的觀點進行班級和教學的規劃與執行之外，其編寫方式亦很適合融合班級的老師和學校關注於第一層級（或稱發展性輔導）的教育工作者閱讀。本書從行為學派的理論與實證支持開始，接著說明 PBIS 所強調的資料和系

統，接著以四章的篇幅談全班性的第一層級策略，包括促進學生參與教學、建立與教導正向敘述的期待行為、使用連續性的增強策略，與回應不當行為的連續性策略。另也專章介紹如何於班級內實施第二層級和第三層級預防策略，對於融合班的經營或對有適應困難的學生都有具體、實證有效的策略，真是建立成功的融合班級之實用手冊。

感謝心理出版社林敬堯總編輯協助取得翻譯權，也感謝國內長期關注 PBS 的資深實務工作者共同參與翻譯，感謝廖芳玫、曾瑞蓉、謝佳真、姚惠馨、李忠諺、蘇吉禾等教師，與我們合作共同完成本書的翻譯，歷經一年共同協力翻譯與校對，和心理出版社林汝穎編輯的協助，才終於讓本書中文版得以問世。

本書出版時正逢「臺灣正向行為支持學會」正式成立，期待本書可以為臺灣在 PBIS 的推動開啟新的視野，更期待本書可以促進 PBIS 在國內校園的推動，並協助創造更多優質的融合班級之典範。

洪儷瑜
陳佩玉

【參考文獻】

洪儷瑜（2018）。第一章緒論：正向行為支持。載於洪儷瑜、鳳華、何美慧、張蓓莉、翁素珍（編），特殊教育學生的正向行為支持（3-18頁）。台北：心理出版社。

洪儷瑜等（譯）（2018）。J. Kauffman & T. J. Landrum 著。兒童與青少年之情緒行為障礙（第二版）。台北：華騰文化。

●● 第一章 ●●

全班性正向行為介入與
支持的基礎

讀完本章後，你應該能：

1. 說明何謂正向行為介入與支持（PBIS）。

2. 摘述支持 PBIS 架構執行的實徵證據。

3. 認識 PBIS 的理論基礎。

試 想 ......

　　這是你當老師的第一天。為了這一天，你已經花了幾天的時間想完美地布置一個可促進學習的教室環境，你把學生的座位排得井然有序，而你精心規劃的課程也準備就緒。上課鐘響，你的學生穿著鬆垮的低腰褲（或短到不能再短的短褲）、反戴棒球帽，和你從來沒聽過的樂團 T 恤（雖然你不覺得你有比學生老那麼多）進教室上第一節課。前幾位進教室的學生直接穿越教室（而非繞行），因此弄亂了你排列整齊的座位。你聽到兩位學生取笑你色彩繽紛的教室布置，還看到一組學生用不信任的眼神看著你。突然間，你不確定該如何開始上這第一堂課了。

第一節 概覽正向行為介入與支持

　　教學確實是個令人興奮但有時也讓人難以招架的專業：你被要求要了解實證本位的方法；運用差異化教學以滿足每個學生各式各樣的學習和行為優勢與需求；要用吸引學生的方式執行高品質的教學；以既有的標準（如課綱）評估學生相關學習成果；並完成各式各樣與教師工作有關的隱形任務等。除了要滿足這麼多的需求，你還要支持和管理學生的行為。不幸的是很多老師（尤其是那些還很資淺的）正在與學生的行為奮戰，有些老師甚至選擇離開這個職位，因為他們在行為管理上感到挫折（Ingersoll & Smith, 2003; Smith & Ingersoll, 2004）。

　　幸運的是，研究者花了幾十年確定有些方法可以讓你創造並維持一個正向、有秩序和有效的班級環境。我們已萃取這些研究成果並以這本使用者友善的文本呈現出來，讓你可以隨手取用以發展和引導一個有效的班

級。我們也依據正向行為介入與支持（positive behavior interventions and supports, PBIS）的架構整理這些策略，為後續討論的班級經營策略提供理論和研究的基礎。在本章我們先概覽 PBIS、說明支持 PBIS 的研究實證、討論 PBIS 的理論基礎，並介紹學習的階段，且以此架構組織每章的後續學習活動。我們將在這一章簡略介紹本書其他章的內容。

壹 PBIS 是一個預防的架構

PBIS 是一個預防的**架構**，讓你能為你的學校和班級或是為個別學生組織實證本位的運作（Sugai et al., 2000; Sugai et al., 2010）。換言之，PBIS **不是**一套課程或是一組方法，**而是**一個問題解決的取向（如 Lewis, Jones, Horner, & Sugai, 2010），強調：(1) 提供所有學生連續性的支持；(2) 評估支持的執行和成果；(3) 使用資料引導決定如何改善或維持執行，確定學生或教師何時需要進一步的介入或支持，以及如何提供和監控支持以促進成功。所以，PBIS 是對抗傳統「等待失敗」（wait-to-fail，即等待學生出現學習困難才提供支援）的工作模式，是帶我們走向以預防為本位的方法。

PBIS 是依據公共衛生和預防科學幾十年的研究（如 Caplan, 1964; Walker et al., 1996），這些研究提醒我們為所有學生的預防性支持投注資源（第一層級，Tier 1），為發展適應上有困難的高風險學生界定和提供特定支持（第二層級，Tier 2），以及為有長期和高度需求的學生提供個別化和密集的支持（第三層級，Tier 3）（如 Sugai & Horner, 2006; Walker et al., 1996）。這種連續性的支持經常被畫成三角形（如圖 1-1），例如學校廣為所知的介入反應模式（response to intervention, RTI）或是多層級支持系統（multi-tiered systems of support, MTSS）（Sugai & Horner, 2009）。這種方法可以（也應該）運用在學業和社會行為上。當 PBIS 運用在支持社會行為時，都採用此三角形的概念。接下來，將說明 PBIS 在各層級的運作。

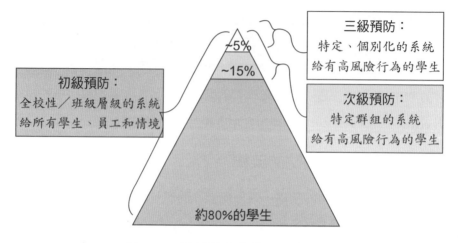

圖 1-1 ▪ 連續性的學業和行為支持

資料來源：修改自 www.pbis.org。經 OSEP Technical Assistance Center on Positive Behavioral Interventions and Supports 許可使用。

一、第一層級的支持

　　每位教職員工都應該在**所有**的學校情境中提供**所有**學生第一層級（Tier 1）的支持。雖然每個學校有其特定的文化或其情境的特殊運作方式（如 Sugai, O'Keefe, & Fallon, 2012），但第一層級中仍有共同的執行方式。學校內所有的人都應該：

- 為學校確認幾項（三到五個）正向敘述的期待（例如：安全、尊重和負責）。

- 界定在學校和教室中各種場合或例行活動的期待行為，並明確地教導學生（例如：「在學生餐廳安全的行為看起來是什麼樣子？」「進入教室後應該如何表示尊重？」）。

- 安排學校和教室環境以增加遵守期待的行為，和預防違反期待的行為（例如：提供視覺提示、調整物理環境、在各場合增加積極的監控）。

● 執行連續性的策略以肯定學生遵守期待的行為（亦即，強調關注適當的行為表現）。

● 執行連續性的策略以回應學生違反期待的行為（亦即，以可預期且強調教導正向行為的方式來回應行為問題）。

● 使用資料引導或評估為所有學生提供支持的實行情形。

　　實施第一層級支持前，學校的教職員和利益關係人代表應該組成一個團隊（包括行政人員、代表各年級或各領域的教師、特定或支援的人員、相關處室職員、學生和家長）一起參與訓練活動，發展引導執行的行動計畫，並為所有教職員提供持續的專業發展訓練。這個團隊應該定期見面開會，以計畫、監控和評估 Tier 1 支持在全校各環境的執行情形，包括教室和非教室情境。團隊也應發展系統來支持和肯定員工在實行上的努力。我們在第三章將介紹全校性的 Tier 1 支持。當 Tier 1 實施符合精準度時（亦即按照計畫執行時），學校可以期待大多數學生（約 80%）都能適應良好，但仍有少數學生（約 20%）持續需要額外的支持。

二、第二層級的支持

　　學生持續在不同情境出現高風險的行為，如低度的干擾和小違規時，可能可以從第二層級（Tier 2）或是特定小組的支持獲得改善。一般而言，Tier 2 是更加強 Tier 1 每個實行的策略（如前段所列各點），舉例來說，在執行第二層級時，如果你要提示、教導和增強第一層級遵守規範的行為，就要：(1) *增加*提示的次數和顯著性；(2) **強化教學**，包括加強明確性、降低團體人數、聚焦特定技巧；(3) *增加* Tier 2 增強的時間表和強度。因為單一種方式難以滿足所有人，學校通常會提供多種實證支持的 Tier 2 介入，包括社會技巧訓練小團體（Lane et al., 2003）、適合年幼學生（K-3 年級）的「成功的第一步方案」（First Step to Success）（Walker et al., 1997）、「檢核與連結」（Check & Connect）（Sinclair, Christenson, Evelo, & Hurley, 1998; Sinclair, Christensen, & Thurlow, 2005）、「檢核—

004

連結—期許」（Check, Connect, and Expect, CCE）（Cheney et al., 2009），和「簽到／簽退」（Check-In/Check-Out, CICO），或是「行為教育方案」（Behavior Education Program, BEP）（Fairbanks, Sugai, Guardino, & Lathrop, 2007; Crone, Hawken, & Horner, 2010）。這些介入將在第九章介紹。

欲實施第二層級的支持，每個學校需要一個具有教育和行為專長的教職員團隊，如行政人員、特教教師、諮商員、社工、學校心理師和普通班教師等，他們要：(1) 審查現有的學生資料和教師推薦名單，以確認需要 Tier 2 支持的學生；(2) 找到一個適當的 Tier 2 介入方案以「符合」特定學生的需求；(3) 計畫和確定執行這個選定的介入；(4) 每週或隔週定期檢視資料以監控學生對第二層級介入的反應；(5) 為每個學生現有的介入做決策，如褪除支持回到 Tier 1、持續但調整 Tier 2 的支持，或增加支持轉到第三層級。雖然多數需要額外支持的學生對於 Tier 2 支持會有反應，有些學生還是需要更密集且個別化的第三層級的支持。

三、第三層級的支持

出現高風險或長期的行為問題的學生就需要密集和個別化的第三層級（Tier 3）的支持，執行第三層級的支持需要一個個別化的團隊，包括行為專家（如：學校心理師、學校諮商員、特教教師）、熟悉學生的人員（家長和學生）和教育專長的代表（如：普通班教師），來決定評估和介入的程序。首先，團隊成員應該計畫、執行**行為功能評量**（functional behavioral assessment, FBA）和審查其結果。行為功能評量是一個研究學生行為的系統化歷程，使用來自不同提供者多方來源的資料和運用過去行為型態的文件，包括學生紀錄、團隊成員的訪談和直接觀察。FBA 應該要能確認預測行為問題何時可能發生的前事（antecedents, A），描述行為問題（behaviors, B）的特定特質和記錄建立行為問題的後果（consequences, C），或可能的增強（Crone, Hawken, & Horner, 2015）。換言之，FBA 應該清楚描述學生行為問題的「功能」或目的。行為問題

使學生可以得到刺激或逃避不同的刺激,如注意力、事物、活動或感官刺激。下一章將探討行為的 ABC 和功能,而第十章則聚焦在 FBA 和個別化介入計畫。

　　一旦行為功能評量確定了學生行為問題的目的,團隊會一起發展個別化和正向的**行為支持計畫**(behavior support plan, BSP)。一個完整的行為支持計畫需要包括:(1) 前事策略去調整環境給予提示或機會表現適當行為,並移除觸發不當行為的事物;(2) 教導策略以明確教導適當行為去「取代」行為問題和培養長期期待的行為;(3) 後果策略以確認適當行為能讓孩子「有效地達成行為」(也就是被增強),而不當行為則無法奏效。個別化團隊應該確定所有支持學生的教職員都受過培訓,能實施行為支持計畫,監控實施和結果,並且依據資料在必要時調整計畫(Crone et al., 2015)。

　　除了以學校本位的行為支持計畫介入之外,有些學生可能需要校外的支持,例如需要不同單位服務的學生,像是兒童保護服務、心理衛生服務或少年犯罪,應以個人中心的計畫(person-centered planning)(如 Artesani & Mallar, 1998)或包裹式的歷程(如 Scott & Eber, 2003)來確認、計畫、執行和監控學生及家庭為中心的支持。這種密集支持已超出本書的範圍,所以,如果你有學生需要這種程度的服務,建議聯絡學校或學區社工人員、行政人員、學校諮商人員或是其他的地區專家請求協助。

貳 PBIS 的關鍵要素

　　在每個層級,PBIS 都強調四個重要且彼此有關聯的要素:成果、資料、實務和系統(Sugai & Horner, 2006; Sugai et al., 2010),如圖 1-2 所示。**成果**(outcomes)是由校內人員決定且符合情境和文化脈絡與可測量的目標敘述,用以描述學生和教職員成功地執行 PBIS 的指標。例如,學校希望在學年末降低被停學或退學的學生人數(或百分比)。對學校而言,可能的成果敘述如「確實實施全校性 PBIS 後,在學年結束時停學或

006

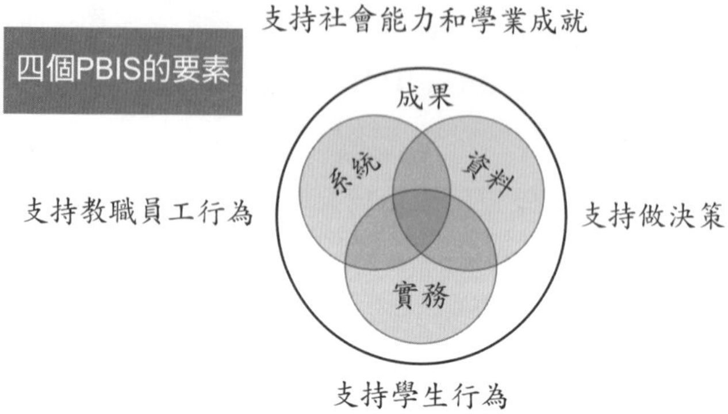

四個PBIS的要素

支持社會能力和學業成就

成果

系統　　資料

實務

支持教職員工行為　　　　　　　　　　支持做決策

支持學生行為

圖 1-2 ▪ PBIS 關鍵要素：成果、資料、實務和系統

資料來源：修改自 www.pbis.org。經 OSEP Technical Assistance Center on Positive Behavioral Interventions and Supports 許可使用。

退學學生可以減少 10%」。以另一個例子來說，教師可能在第一個學期注意到學生完成回家作業的問題，並希望在下一學期提高學生完成作業的數量。針對這個狀況的適當成果描述可能是：「在教導和獎勵完成作業後，班上學生在下一學期完成作業的百分比可達到 80%。」

　　為了解哪些成果是有相關的且為成功的行為表現設定實際的標準，學校和老師應該蒐集和使用資料（Simonsen & Sugai, 2007）。在此脈絡之下，**資料**（data）指的是執行精準度和成效的量化指標。學校和教師定期蒐集學生的行為資料（包括被處室違規轉介、停學和退學）、學業表現（包括課程本位評量、教師自編測驗、學區或州的測驗分數）、出席情形（包括遲到和逃學），和其他關鍵指標。此外，學校和教師也應該蒐集執行精準度的資料，以確保介入的執行符合計畫。而藉由定期審查資料，學校 PBIS 團隊才可以決定是要繼續、調整或中止在該層級或跨各層級的實務策略。

　　實務（practices）指的即是給學生的介入和支持，如在前文所看到之各層級中實務策略的範例。由於學生、教職員和情境的多樣性，所有的實務策略都需要調整到確認符合文化和情境脈絡（Sugai et al., 2011）。例如

教學、提示和增強遵守規範的行為是所有年級都有的教學內容，但它在幼兒園和十二年級的「樣貌」應該不同。同樣地，家庭成員參與第三層級行為支持計畫之發展，其實施會受到學校地區影響而有所不同，如都會郊區的小學、保護區的中學、市區的高中或偏鄉的 K-12 年級的中小學。所以，教職員與其學校場域之利害關係人（職員、學生和家長）應一起確認、執行和評估實證本位的實務策略，以確保策略和執行都能與當地文化和脈絡結合（Sugai et al., 2011）。

為推動持續精準地執行實務策略，也就是持續依照計畫執行策略，學校應該投資在系統（systems）以支持教職員。系統包括行政的支持和參與、團隊結構（如支持 Tier 1 的全校性團隊、支持 Tier 2 的特定團隊、支持 Tier 3 的個別化且以學生為中心的團隊）、專業成長支持（持續訓練和教練）、獎勵／表揚教職員、容易輸入和可以彈性輸出的資料結構，以及其他組織可以支持教職員的資源。在所有的關鍵要素中，支持教職員的系統可能是最為重要的：若沒有正向的工作環境和參與、正向與投入的教職員，其他要素也難以成功！

總之，PBIS 學校應選擇對當地具意義的、可以測量的**成果**，評估他們以**資料導向**執行以學生為中心的**實務**，和關注支持教職員的**系統**。第三章和第四章將更詳細地描述此四個在學校內（全校性 PBIS）和班級內（全班性 PBIS）執行 PBIS 之關鍵要素。現在，我們先介紹 PBIS 的實證支持。

第二節 PBIS 的實證支持

在進一步討論 PBIS 前，我們想先對支持 PBIS 的研究做一個概覽。如此一來，你們不一定要相信我們所說的，你可以自己決定這個方法是否適用於你的班級或學校。以下我們先簡單介紹支持每個層級執行方

式的研究證據，有興趣的讀者不妨參閱更完整的文獻（Horner, Sugai, & Anderson, 2010）。

壹 第一層級的支持

　　有很多隨機對照實驗研究，可以被視為符合「黃金標準」的研究，支持學校實施全校性 PBIS 的第一層級之正向成效（如 Bradshaw, Koth, Thornton, & Leaf, 2009; Bradshaw, Koth, Bevans, Ialongo, & Leaf, 2008; Bradshaw, Mitchell, & Leaf, 2010; Bradshaw, Waasdorp, & Leaf, 2012; Horner et al., 2009; Waasdorp, Bradshaw, & Leaf, 2012）。特別是研究顯示學校實施 PBIS 可有利於管理學校：增加學生的正向社會行為（Bradshaw et al., 2012）；由學校轉介、停學或退學的文件證實可減少學生的行為問題（Bradshaw et al., 2010; Bradshaw et al., 2012; Horner et al., 2009）；增加組織的健全（Bradshaw et al., 2008; Bradshaw et al., 2009）；減少學校霸凌的事件（Waasdorp et al., 2012）；以及相較於控制組可能可以（亦即正向但統計考驗未達顯著的）增加學業表現（Bradshaw et al., 2010; Horner et al., 2009）。研究證據更進一步指出，執行精準度較高的學校表現優於執行精準度較低的學校（如 Simonsen et al., 2012a）。

　　另外，評估的研究顯示將這些支持提升至學區或州政府層級也有正向的成果（如 Barrett, Bradshaw, & Lewis-Palmer, 2008; McIntosh, Bennett, & Price, 2011; Muscott, Mann, & LeBrun, 2008）。有此證據為基礎，便不難想見為什麼有這麼多所學校採用全校性 PBIS 的架構：美國已經有超過兩萬所學校在聯邦政府教育部 PBIS 技術支援中心（www.pbis.org）的支持下實施全校性 PBIS，世界各地也有其他學校實施 PBIS。

貳 第二層級的支持

　　如前文所述，學校通常對於第一層級策略的行為反應不好的學生，會提供多種第二層級策略選項以滿足各種學生的需求。幸而實徵證據

建議採用以下的第二層級介入會有正向的結果：社會技巧訓練小團體
（Lane et al., 2003）、「成功的第一步方案」（Sumi et al., 2013; Walker
et al., 2009）、「檢核與連結」（Sinclair et al., 1998, 2005）、「檢核一連
結一期許」（Cheney et al., 2009），和「簽到／簽退」或是「行為教育
方案」（Fairbanks et al., 2007; Hawken & Horner, 2003; Hawken, MacLeod,
& Rawlings, 2007; Simonsen, Myers, & Briere, 2011）。你可以依據行為問
題的類型和功能的相關資料，選擇最適合學生的介入。如提供「簽到／
簽退」方案給學生行為的目的是要求注意力的，會比給為了逃避刺激的
行為合適（March & Horner, 2002; McIntosh, Campbell, Carter & Dickey,
2009），除非實施時有做調整。所以，持續的資料蒐集和監控對於決定學
生是否能受惠於第二層級的介入很重要，也可有助於決定是否讓學生退回
Tier 1，或調整為另一個 Tier 2 的策略，或是需要再加強到 Tier 3。

參 第三層級的支持

　　第三層級的支持應該是個別化、密集和功能本位的。實徵證據指出
功能本位的支持，也就是根據行為功能評量（FBA）結果所設計的行為
支持計畫，會比類似支持強度但非依據功能的介入更有成效（如 Ingram,
Lewis-Palmer, & Sugai, 2005）。此外，摘要大量個別化實驗研究的系統
性文獻回顧或是統合分析，都發現功能本位的行為支持對學生有正面的
成效（Gage, Lewis, & Stichter, 2012; Goh & Bambara, 2012; Snell, Voorhees,
& Chen, 2005）。對於學生的複雜需求已超過校內服務所能滿足的行為
問題，新近的證據也都支持採用個人中心的計畫（如 Artesani & Mallar,
1998; Kennedy et al., 2001）或是包裹式的歷程（如 Eber, Osuch, & Redditt,
1996; Suter & Burns, 2009），來確定、監控和協調支持。

　　總之，實徵證據確認了正向行為介入與支持（PBIS）的架構中三層
級 Tier 1、Tier 2 和 Tier 3 的支持。可能最強的證據基礎是全校性的 Tier 1
支持、特定的 Tier 2 介入，和於 Tier 3 採用功能本位支持。雖然多數研究

009

聚焦在全校性實施，但研究仍然支持在班級內可以實施三個層級的介入（如 Fairbanks et al., 2007）。依據質性或量化的研究證據（期待你現在已經被說服），彙整 PBIS 架構中實證支持的介入，對學校或班級都是個好方法。現在我們已證實 PBIS 的「成效」（也就是導致正向的成果），接下來我們將說明其有效的理由和 PBIS 的理論基礎。

第三節 PBIS 的理論基礎

　　PBIS 源自行為理論，是一個有豐富心理學、教育和相關領域的實證支持的理論方法。行為理論衍生自早期強調可直接觀察的行為之研究，普遍用於如功能主義和實證主義的方法中（Alberto & Troutman, 2013）。自然科學的進步進而影響了行為主義，如達爾文（Charles Darwin, 1808-1892）對自然淘汰的觀察也被列入史基納（B. F. Skinner, 1904-1990）描述桑代克效果律（Skinner, 1963）和史基納對依據後果選擇的描述（Skinner, 1953, 1974）。雖然有很多科學家也對行為理論有貢獻，如桑代克（Edward Thorndike, 1874-1949）和華生（John Watson, 1878-1958），但是最有名的可能是巴沃洛夫（Ivan Pavlov, 1849-1936）和史基納。接下來將探討巴沃洛夫和史基納二者的主要貢獻——反應和操作制約，然後描述一個有目的的行為科學轉變——應用行為分析。最後我們會強調其他持續影響 PBIS 的理論。

壹 早期行為學派的基礎：反應和操作制約

　　行為學派以兩個主要的方法解釋行為的發生。反應制約〔respondent conditioning，也稱為古典制約（classical conditioning）〕最早是由 Pavlov（1927, 1960）所發表的，聚焦於描述「反射」或非自主性的行為因在不同的情境中被制約而出現。相對地，操作制約（operant conditioning）最早由

Skinner 提出（如 1953, 1963），主要聚焦於「在環境中產生後果的行為」（Skinner, 1969），或是自主性的行為。在下文中我們將進一步說明。

一、反應制約

反應制約發生在當一個可以引出非制約反應（unconditioned response，也就是不用學習的反射或行為）的非制約刺激（unconditioned stimulus），經常跟一個中性刺激配對出現，這樣與中性刺激配對出現的結果，使中性刺激可以在沒有原本的非制約刺激出現時，照樣引發同樣的反應，因而，這個中性刺激就成為制約刺激（conditioned stimulus），這個反應行為便稱為制約反應（conditioned response）。在其經典的實驗中（如圖 1-3），

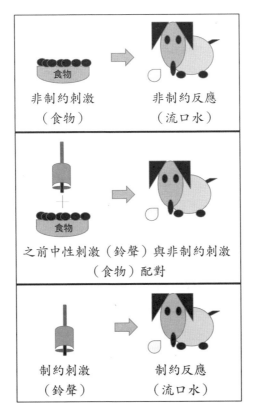

圖 **1-3** ▪ 簡單的流程說明反應制約（古典制約）

Pavlov 研究狗流口水（是一種反射性的行為）。他在狗面前呈現食物（非制約刺激）並測量狗的流口水（非制約反應）。然而，他發現狗在看見穿著實驗室外套的研究助理時，不管助理有沒有拿食物，狗都會流口水。為了了解這個行為發生的理由，Pavlov 開始一連串的實驗，他配對聲音（原本是中性刺激）和食物並測量流口水。一段時間之後，他發現聲音出現，即使沒有出現食物也會讓狗流口水。因此，聲音變成制約刺激，它可以引出流口水這個制約反應。

雖然這樣的制約範例可能不會出現在你的教室，但你可以發現有些學生的反射行為會出現在某些非典型的情境，這可能就是反應制約。舉例來說，中性的刺激（如：物品、人或活動），可能曾出現在學生之前經歷某些非制約刺激—非制約反應之配對，引發的戰鬥或逃跑（fight-or-flight）。這個中性刺激便可能在看似中性的情境中引起戰鬥或逃跑的反應，例如學生可能在當他聞到燒焦的爆米花時畏縮發抖，若他曾經因爆米花燒焦而被打。然而，更常見的是經操作制約增強的行為。

二、操作制約

在操作制約，結果可以增加（增強）或減少（懲罰）一位學習者的特定行為，這個行為是學習得來的，也是自主的，亦即行為者可以「選擇」是否要表現這個行為，而不是展現反射性的行為。在 Skinner 的經典實驗中用飢餓的老鼠和鴿子做實驗，他用食物增加各種不同的學習行為，從壓或啄槓桿到更多精細的反應。依據 Skinner 早期的研究，他提出兩個重要概念：(1) 後效（contingency）或是行為與後果的關係，會影響行為未來出現的機率；(2) 行為可以被增強（reinforce，如強化或增加），可使用後效增強物包括具生理意義的增強物（如食物）。他也提出前事刺激制約也會影響行為的出現機率，只要持續跟有效的增強產生連結。例如食物只會出現在燈亮的時候，那麼老鼠便學會只在燈亮時才壓槓桿。在這個例子中，燈光是**區辨刺激**（discriminative stimulus），是可獲得增強（食物）

的訊號。這個概念在第二章討論不同類型的前事對行為的影響時會再提到。

　　你可能在教室中看到很多操作制約的例子。一般而言，在類似的刺激情境中（亦即教室情境），學生會持續表現之前曾經獲得增強的行為。對於某些學生而言，這意味著他們會表現尊重、負責和安全；對於其他學生而言，這代表他們會展現干擾或退縮行為，特別是在特定教室例行活動中，因為那些行為提供了學生接觸期待的刺激（如獲得注意）或讓學生逃避或避免了不想要的刺激（如困難的任務）。你也可以運用操作制約來增加你教室中學生的期待行為，和減少學生的非期待行為，不妨參見第七、八章的討論。

貳 應用行為分析：將科學從實驗室帶到實際生活

　　雖然 Skinner 討論他的理論在「實際生活」情境的運用（如 Skinner, 1953, 1969），很多早期行為的研究確實是針對實驗室情境的動物而非人類。所以，需要將行為科學和技術帶入實際生活解決問題（如：學生在教室中的行為、組織內員工的表現）。在《應用行為分析期刊》（*Journal of Applied Behavior Anaylsls*）的創刊號，Baer、Wolf 和 Risley（1968）描述應用行為分析（applied behavior analysis, ABA）的重要向度。ABA 是一個處理社會重要問題〔**應用**（applied）〕的取向，透過：(1) 執行有理論依據的介入〔奠基於**概念系統**（conceptual systems）〕，藉由描述可複製的細節〔**技術**（technological）〕改變可觀察和可測量的個人行動〔**行為**（behavioral）〕；以及 (2) 顯示所選定的介入具有改變行為的功能〔**分析**（analytic）〕，產生的改變是有意義的〔**有效的**（effective）〕和跨情境可以持續〔**類化的**（generality）〕（括弧內英文字代表 Baer 等人所提出 ABA 的七個向度）。在學校，我們經常認為 ABA 是給自閉症學生的服務，但 ABA 是一個適合跨不同個體和環境可以應用的更廣的科學方法。

參 其他影響 PBIS 的理論

　　行為學派和 ABA 的方法為正向行為介入與支持（PBIS）提供了理論與實徵基礎。此外，身心障礙和特殊教育社團的運動，包括個人中心的價值、融合教育和正常化的運動，也影響 PBIS 領域（Carr et al., 2002）。這些影響反映在 PBIS 的研究者和實務工作者將專業的名詞轉譯為親民的語言；強調本土的能量和專業，而非維持一個以專家主導的工作模式；決定成效時考慮更廣泛的成果，例如跨生命階段的生活品質和生態效度（Carr el al., 2002）。起初，人們認為 PBIS 就是 ABA 的應用，具有相同的科學和理論基礎，但 PBIS 呈現的是讓家長、教師和學校更可及的方法。

第四節 學習的階段

　　當我們把 ABA 和 PBIS 放在學校教學情境的運用時，一個關鍵的概念是學習的階段（Alberto & Troutman, 2013; Cooper, Heron, & Heward, 2007）。學習有四個主要的階段，包括習得、流暢、維持和類化，教學的目標是幫助學習者將所學的知識和技能進展到類化階段（如圖 1-4）。以下將簡述學習的各階段。

壹 習得

　　學習的第一階段重點為習得（acquisition）新的技巧和概念，當學習者初步習得新的技巧和概念時，他會經常犯錯。因此，這個階段的學習目標為正確的反應。例如學生剛開始學習讀字詞時，他們經常發音錯誤，搞錯拼音「規則」和認錯注音符號或字詞。所以老師剛開始會協助學生正確地認讀這個字詞或注音符號。同理，當學生剛開始學習邀請同學一起玩

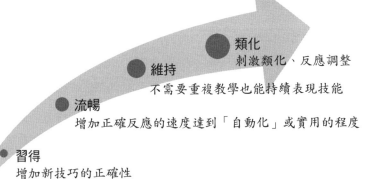

類化
刺激類化、反應調整

維持
不需要重複教學也能持續表現技能

流暢
增加正確反應的速度達到「自動化」或實用的程度

習得
增加新技巧的正確性

圖 1-4 ▪ 教學的目標是讓學習者將所學的知識概念與技能進展到
類化階段

時，他們可能會表現出彆扭的行為，甚至出現看似「愚蠢」的行為，如去
戳同學以得到同學的注意，不然就是出現社會技巧的錯誤。這個時候，教
師的目標應該是幫助學生正確使用符合這個情境的社會技巧。

貳 流暢

一旦學生可以正確反應後，下一個階段的學習目標就應該放在反應的
流暢（fluency）或速度，流暢性是可讓新學的技能達到實用的程度。如果
你每一個字都需花五分鐘才能認讀出來，你可能做到正確認讀，但你的認
讀技能卻尚未達到實用的程度。因此，流暢階段的目標是要正確反應的速
度達到符合其年齡的水準或實用的程度。例如一旦學生可以正確地讀字詞
時，我們應該把重點轉為訓練學生一分鐘可以正確認讀的字詞數量或朗讀
流暢性。同樣地，我們也希望學生可以以符合他年齡水準的速度正確表現
社會技巧。

參 維持

　　當學習者可以流暢地表現一個技能或概念時，學習目標就要轉為**維持**（maintenance），使他們可以在不需要重新教學的狀況下持續運用這個技能。促進維持的方法之一是反覆的練習或「精熟學習」（overlearning）（Alberto & Troutman, 2013; Cooper et al., 2007）。數學基本能力的練習就是一個很好的範例，基本能力的練習目標就是要**自動化**（automaticity）（呈現「自動化」的快速反應）。我們大多都已經在數學基本能力有充分的練習，使我們可以很快地回答類似「2＋2」、「5×5」的問題，而不必用手指、乘法，或其他策略來決定答案。相對而言，如果我們要算微積分，我們可能需要複習微積分課本、參考可汗學院網站上（www.khanacademy.org）的示範解題，或打電話請我們最喜歡的高中數學老師重新教一下。換言之，我們大多數都已經維持這些數學基本能力的運用，但有部分的人還沒有辦法維持運用進階的數學運算。當你思考學生有哪些還不能維持的技能時，你需要思考**所有**教學都應該促進概念和技能的維持，使教師能夠不需要重新教學就可以讓學生持續運用所學的知識。

肆 類化

　　類化（generalization）是學習的最後一個階段，亦是教學的最終目標。在此階段，學習者可以：(1) 在很多適當的情境運用所學的技巧或概念；以及 (2) 配合新情境的需求做調整，這過程也被稱為**適應**（adaptation）。例如，我們教學生如何適當的開始和結束一段與大人或同儕的談話，我們可以從他們是否能夠將這個技巧運用到其他不同「未經訓練」的對象，如校長、未來的雇主、警察、弟妹等，並針對與不同的個人適當互動所需調整談話，進而判斷他們已能類化此技巧。可以促進類化的策略很多（如 Stokes & Baer, 1977），包括通例教學（general case programming）（Horner & Albin, 1988），將於下一章討論。

綜上所述，教學目標是在確保每個技巧或概念都被習得、流暢地表現、持續維持和類化到各種情境。本書的目標即是期待你在關鍵技巧或概念的學習也依循這些學習階段進步，如果你已經達成部分技巧和概念早期的學習階段（例如：可以流暢地使用不同的後果策略增加教室內適當的行為），此時就適合直接進行維持階段或是類化階段的活動。至於其他技巧和概念，你可能就需要從頭開始練習四個學習階段的活動。我們希望這些活動可以幫助你從基本的習得（或理解），進步到能夠類化使用本書的技巧和概念。接下來，將呈現本書其他章節的概覽。

第五節 全書概覽

本書介紹班級層級的 PBIS 可以運用在很多方面，包括：

- 作為師資培育課程教授班級經營的初階教材。
- 提供在職教師增進其班級經營的資源。
- 引導學校或學區層級的 PBIS 訓練團隊運用於教職員工的專業發展活動（教職員可能是逐月閱讀一章和練習一個技巧）。
- 提供校內或外部的諮詢人員，以及願意在班級內採用 PBIS 的個別教師工作時的資源。

　　本書還可做多方面的運用，我們相信本書有助於塑造有關班級經營如何符合 PBIS 的對話，全班性的 PBIS「看起來」是什麼樣子，和老師如何在不同的學校情境（在那些執行 PBIS 或沒有執行 PBIS 的學校中）實施這些策略。

　　故此，我們將提供理論基礎（第二章）來支持本書其他章的內容，並在本書第一部分的其他章節概述 PBIS 的第一層級在學校（第三章）和班級（第四章）的重要特徵。然後提供實徵支持的全班性 PBIS 實務策略

015

（第二部分），以及討論在教室如何實施（第五至八章）。最後，我們介紹協助需要第二層級（第九章）或第三層級（第十章）支持的學生如何成功的策略（第三部分）。在本書的結尾以討論相關資源和未來的下一步作結（第十一章）。

Part 1　正向行為介入與支持的基礎和基本原則

第二章　正向行為介入與支持運用的行為原則

第二章簡要地描述 PBIS 蘊含的行為原則。本書將討論行為的「ABC」或稱為三期後效。我們介紹背景事件的概念，並討論這些事件如何與三期後效之其他元素交互作用。我們也將強調教導新行為的行為理論（塑造和連鎖），以及在期望情境增加已學習之行為的出現機率（建立刺激控制）。

第三章　第一層級全校性正向行為介入與支持

第三章概述全校性 PBIS（SWPBIS）第一層級。我們定義 SWPBIS、運用全校性的範例更深入地描述其關鍵要素（成果、資料、實務和系統），也強調 SWPBIS 如何連結班級中的方法。

第四章　簡介全班性正向行為介入與支持：聚焦於成果、資料和系統

此章介紹如何在班級中應用 PBIS 的關鍵要素，主要強調在選擇成果、蒐集和運用資料進而引導你的實務策略，以及確認系統來支持全班性 PBIS 的實務，並於第五章到第八章將會討論班級的實務策略。

Part 2 全班性 PBIS 的實務

第五章　教室結構最大化及主動促進學生參與教學

第五章分享了教室內可以使教室結構最大化的策略，包括：(1) 安排教室內環境減少擁擠和分心；(2) 建立和教導教室例行活動。我們亦討論如何主動促進學生參與教學的策略，因為好的教學即是最佳的行為管理方法之一！

第六章　建立及教導正向敘述的期待行為

在考慮教室內的結構與教學之後，為你的班級選擇、定義、教導、監控和增強幾個正向描述的期待行為是至關重要。本章都在談期待行為，包括設計和執行教室中的社會技巧課程，以協助學生習得、增進流暢性、維持和跨情境類化這些社會技巧（例如：遵守規範的行為）。

第七章　執行連續性的策略增強適當行為

第七章主要在談運用基本的增強原理以增加教室內學生的期待行為。我們提供各種實徵支持的增強策略，描述如何為自己的班級設計符合年級與情境的系統，並討論如何執行和評鑑班級的增強系統。

第八章　執行連續性的策略回應不當行為

第八章應配合第七章閱讀，本章主要介紹在教室內減少學生非期待行為之策略，除了使用懲罰行為機制的策略之外（如：錯誤矯正、過度矯正、反應代價、從增強情境隔離），我們將重點放在強化適當行為來減少不適當行為的策略，也就是區別性增強，並強調預防未來行為問題發生的教學取向。

Part 3 支持學生的額外層級

第九章　概述學校和教室的第二層級支持

　　第九章介紹第二層級支持的關鍵特徵，和如何運用在學校或教室中。我們整理各種實徵支持的第二層級介入，並進一步說明一項可適用於所有年級和教室情境的第二層級介入——「簽到／簽退」。

第十章　概述學校和教室的第三層級支持

　　第十章介紹第三層級支持，包括依據行為功能評量（FBA）擬定之個別化的行為支持計畫（BSP），藉由包裹式及個人中心的計畫歷程發展更密集的支持。我們也著重這應用在教室時可能的樣貌。

017

　　實施 PBIS 的學校和老師會在執行前確認相關且有意義的成果；使用資料來引導決策和評估成果的進步情形；在預防的架構中組織、調整和執行實證本位的實務策略；並用心經營可以維持實施精準度的系統。PBIS 以早期行為學派的科學和理論與較近期應用行為科學的 ABA 為基礎。而類化是 ABA 的關鍵向度之一；在教學情境中，這意味著我們的目標是促進學生習得、流暢、維持和最終能類化所學的技巧和概念。我們將在下一章繼續說明 PBIS 的基礎行為原則。

022 全班性的正向行為介入與支持

各學習階段之活動

一、習得

1. 舉出在教室內影響學生行為的反應制約和操作制約的事例。

2. 參考三個層級的支持和四個關鍵要素（成果、資料、實務和系統）的概念，寫出 PBIS 之定義。

二、流暢

1. 選一個你希望學生在教室內增加的行為，確定潛在有意義的增強物，在學生出現這個行為時提供增強，並使用操作制約系統性地增強學生表現這個行為。

2. 對你學校的同仁簡單描述 PBIS，並確認他的理解情形以評估你描述的品質。

三、維持

1. 當你在「流暢」階段活動 1 設定的標的行為已達到期望的標準，選擇另一個你希望學生增加的教室行為或另一班的學生（如果你整天會教到很多班級的話），並重複同樣的增強程序。

2. 重新檢視本書所附資源或網路上（如 www.pbis.org）對 PBIS 的描述。判斷你的了解是否符合這些描述，並繼續與同事討論 PBIS 來進一步修正你的定義。

四、類化

018

1. 使用操作制約以系統性地增強自己的行為。亦即，確定你想增加的行為，找到增強物，且只有當你出現期待行為時，才讓自己取得增強物。

2. 在你的教室內設計一個 PBIS 執行計畫。考慮你將對所有學生執行的實務策略（Tier 1）和你可能需要提供給特定小組的支持（Tier 2）。當教室出現長期或高風險的行為時，找校內行為專家諮詢以確認可給予個別學生的支持（Tier 3）。

|第一章|全班性正向行為介入與支持的基礎　　023

全班性的正向行為介入與支持

正向行為介入與支持
的基礎和基本原則

●● 第二章 ●●

正向行為介入與支持
運用的行為原則

本章目標

讀完本章後,你應該能:

1. 描述行為的前事、行為與後果(ABC),並了解教室中常見的學生前事、行為與後果。

2. 描述與教學相關的行為原則,並在教室中選擇和執行適當的行為教學策略。

試想……

　　你的新同事是一位新進的初任教師，他剛買了一本班級經營方法入門參考書。他生氣地說他試了書上提供的所有方法，但似乎都不管用。他說他的班級經營技巧很好，如果校長可以讓那些「問題學生」離開他的教室，那他的班級就很完美了。接著他開始點名班上的問題學生，你發現他提到的那些學生去年在你的班上都表現得不錯。你也回想起你需要調整常用的方法以符合這些少數學生的需求；單純地執行書上建議的「祕訣」可能無法適用這群孩子。除了入門書建議的方法之外，他需要更深入地了解班級經營！

第一節　概覽行為的原則：為什麼你應該在意？

　　如同你在第一章所學，正向行為介入與支持（PBIS）是以歷史悠久的行為理論和科學為基礎。從豐富的理論和實證積累中，我們學習到若要執行有效的、提供給學生的全校性和全班性的行為支持，需要落實哪些關鍵的重要行為原則。現在，你可能想問：「為什麼又要談理論？為什麼不直接教我們實務策略或『祕訣』呢？」答案很簡單：**祕訣在特定情境中可能會失敗，但理論永遠不會。**藉由了解實務策略蘊含的理論原則，你就能夠 (1) 辨識哪些實務對誰以及在何種情境中較為適當，(2) 評估實務策略是否按計畫執行，並 (3) 適時地調整執行的方式。隨著你繼續閱讀本書，你就能夠發展這些更進階的技能。

　　此外，行為的原則隨時都在運作，無論你是否：

● **了解它。**行為持續地被前事刺激誘發，並且受後果刺激增強、懲罰，或消弱。你不需要了解，或甚至不用覺察這些刺激的作用，就

能影響行為（Cooper et al., 2007）。但如果不了解關鍵的行為機制（例如：增強、懲罰、刺激控制），你可能會不小心增強了行為問題，或懲罰期待行為。

● 相信它。Skinner（1983）分享了一個很棒的故事。某人在演講中試圖反駁以行為原則解釋人類的行為，Skinner 遞了一張紙條給同事，上面寫著他要塑造演講者的行為，讓他用左手做出「劈砍的動作」，而在演講結束時，那位講者「對著空氣做出砍劈的動作，用力到他的手錶一直滑落」（Skinner, 1983, p. 151）。正如這個小故事描述的，無論你是否相信行為的原則，它仍持續運作。因此，如果你的同事認為行為的原則無效，或許你可以考慮用這些原則來改變他們的行為！

● 在你的學校或教室執行行為介入，例如 PBIS 架構包含的實務策略。因此，本章的內容適用於任何情境、任何對象及任何時間。當你清楚了解行為原則，你就能夠在日常生活中觀察到行為原則作用的實證，並且使用行為原則來嘉惠你的學生、同事、朋友、家人，甚至自己！

　　因此，第一步就是要對行為原則有基本的認識。本章先說明行為原則的基本要素，或稱 ABC，並逐步檢視教學中運用的行為原則。為了協助你辨識並運用這些原則，我們穿插了一系列的專欄，以說明不同行為原則的「運作」。因為這只是這本實務書籍中的一個章節，我們推薦你閱讀其他的參考文獻（如 Alberto & Troutman, 2013; Cooper et al., 2007）以對行為原則有更完整的了解；你會發現我們在本章中大量地引述這些參考資源。

第二節 行為的 ABC：三期（和四期）後效

行為的三個基本要素為：前事、行為，和後果。**前事**（Antecedents）是出現在行為之前的刺激（例如：注意力、事件、情境）。**行為**（Behaviors）是可觀察、可測量的動作（亦即我們可以直接覺察並且測量的動作）。**後果**（Consequences）是因為行為出現而發生的刺激變化（亦即刺激增加或減少了）。「ABC」的序列通常稱為三期後效（見圖2-1）。這些 ABC 序列在一整天都會持續出現（如同本章最後之習得階段活動 1 所述，請試著辨識在你教室中通常會出現的 ABC 序列）。例如，你請學生開始做他們的課堂作業（前事），於是他們開始安靜地做作業（行為），然後你就說：「謝謝你們安靜地做作業」（後果）。或者，你執行了同樣的前事，而其中一位學生開始玩學用品、跟同學聊天，並在桌子上塗鴉（行為）。這時你會對學生做出不同的反應（後果），例如立刻錯誤矯正（「記得喔，我們現在應該安靜地做自己的作業。如果你需要幫忙，請舉手。」）。從這些例子和從你的觀察可知，你已經可以預期有不同類型的前事和後果可幫助我們解釋：(1) 行為何時可能會發生；以及 (2) 為什麼有些行為會增加而其他行為會減少（或完全停止）。

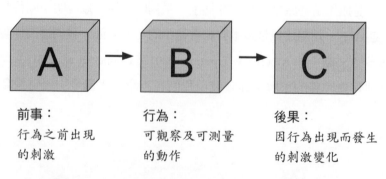

前事：
行為之前出現
的刺激

行為：
可觀察及可測量
的動作

後果：
因行為出現而發生
的刺激變化

圖 2-1 ▪ 行為的基本要素（ABC）：三期後效

壹 前事的類型

有三種主要的前事刺激：區辨刺激（S^D）、干擾刺激（S^Δ），和懲罰的區辨刺激（S^{D-} 或 S^{Dp}）。[1]（在行為的符號中，大寫 S 代表刺激，而右上角的標示代表刺激的類型。因為描述每種前事刺激的學術用語都很拗口，因此縮寫很有幫助！）每種特定行為或反應的前事會連結一種不同類型的後果（分別為增強、中性，或懲罰）（見圖 2-2）。因此，有這三種類型前事經驗的學習者，他的行為反應會有所不同，因為同樣的一種行為表現，在某種前事出現時可能會導致增強（S^D），在另一種前事出現時可能會導致懲罰（S^{D-}）。例如，一位喜歡揶揄他人的國中生，如果他是在同學面前揶揄別人，同學可能會笑而給了他期望的注意力。因此，同學是

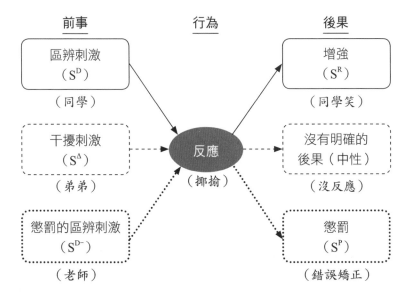

圖 2-2 ▪ 同一種行為的各種前事類型與其後果的關係
（以前文討論的揶揄行為為例）

---

[1] 與懲罰後果有關的區辨刺激並沒有標準的標示方式（Cooper et al., 2007）。本書會統一使用 S^{D-} 來表示與特定行為之懲罰歷史有關的 S^D。

挪揄行為的 S^D，因為這位學生在同學面前所表現的挪揄行為，曾經有被增強的歷史。如果這位學生在他還是嬰兒的弟弟面前表現挪揄行為，他弟弟可能不會有反應。因此弟弟是挪揄行為的 S^Δ，因為挪揄行為後沒有出現明顯的後果（亦即中性後果）。相對地，如果這位學生在老師面前挪揄別人，老師可能會對他進行錯誤矯正（例如：「挪揄很不尊重別人，如果你想要獲得朋友的關注，怎麼做會比較好？」）。因此，老師是挪揄行為的 S^{D-}，因為學生在老師出現時所表現的挪揄行為，曾經有懲罰的歷史。這段學習的歷史，會使這位學生比較可能會在同學面前挪揄別人，比較少在老師面前這麼做，而他的行為則不受弟弟的出現影響。各種前事的類型將進一步說明如下。

一、S^D（區辨刺激）

前事經由與特定行為增強歷史的關聯，而成為該行為的區辨刺激（S^D）。例如，假如你教導學生每次遇到某一類應用問題時（前事），就使用特定的解題策略（行為），而他們持續因為成功地使用策略解該類應用問題而獲得滿分（增強的後果），那麼那個類型的應用問題就會成為使用該類策略的 S^D。同樣地，假如你在教室裡展現要學生安靜的訊號（前事），學生就停下手邊的工作安靜地聽（行為），你便讚美學生有注意聽（後果），之後那個訊號就會成為安靜聽老師說話的 S^D。換句話說，學生的學習經驗（亦即在某個前事出現時，因為特定行為而穩定地被增強的經驗），會提高學生在特定前事（或 S^D）出現時表現對應行為的可能性。事實上，當我們說「前事」（例如：「那個行為的前事是什麼？」），通常意指 S^D，因為我們是從增強歷史中尋找可引發標的行為的前事。

二、S^Δ（干擾刺激）

環境中也有各種其他不具「區辨」特性的刺激，因為這些刺激並未與

任何特定的增強或懲罰歷史有連結。例如，在解應用問題的例子中，環境裡有其他的前事刺激（例如：學習單上字的顏色或字體、老師穿著、教室外的氣溫），這些刺激與學生是否運用特定解題策略（行為）而被增強（或懲罰）無關。同樣地，當學生停下手邊的工作聽老師說話（行為），環境中也有各種刺激（例如：一天中的時段、老師在教室中的位置）與增強（或懲罰）無關。在這二個例子中，這些刺激就稱為干擾刺激（S^Δ）：這些刺激影響特定行為出現與否的可能性不高，因為它們與該行為的後果並無連結。

三、S^{D-}（懲罰的區辨刺激）

懲罰的區辨刺激（S^{D-}）與干擾刺激不同，它與特定反應的懲罰歷史有連結。例如，若學生在遇到不同類型的應用問題時仍使用同樣的解題策略（行為），他的作業或考試就可能會被扣分（懲罰的後果）。因此，學生在不同類型的應用問題出現時使用該策略的可能性就降低，而那種類型的應用問題就成為使用該策略的 S^{D-}。同樣地，當學生們被要求要積極參與同儕進行小組合作學習（前事）時，若學生停下來等老師或聽老師說話（行為），老師可能會重新給予小組合作的指令，且學生的小組作業可能無法得到滿分（懲罰的後果）。因此，小組合作學習就成為安靜坐著等老師說話的 S^{D-}。

綜上所述，三種類別的前事（S^D、S^Δ、S^{D-}）幫助我們解釋因為特定行為的增強、中性（或不顯著），或懲罰後果的學習歷史，而了解行為何時最可能（或最不可能）發生（見專欄 2-1）。本章稍後討論刺激控制時，會應用到這些概念。下一段落將探討因為特定行為而可能產生之不同類型的後果。

專欄 2-1 **前事的應用：接，或不接**

　　你的電話響了、震動了、螢幕亮了，或以你選擇的任何偏好模式作為前事刺激，通知你有來電。這個前事（S^D）可能會引發「拿起手機和（或）看手機」的反應（R）讓你知道是誰打電話找你，因為至少有時候你跟打電話找你的人聊得很開心（亦即，你會期待接起電話就能獲得增強）（S^{R+}）。

　　但是，想想下一步。你什麼時候會真的接起電話？

　　你「接電話」的行為有部分可能取決於當下的情境。試著從對應不同後果（S^R、中性，和S^P）的三種前事（S^D、S^Δ，和S^{D-}）來思考。

● 如果你獨自一人在家（S^D），你比較可能會接電話（R_1）以獲得期望的來電者關注或訊息（S^{R+}），或用接電話來逃避你當下該做的工作（S^{R-}）。

● 在研習或大學課堂中（S^{D-}），你比較不可能接電話（R_1），因為這個行為可能會使你獲得負向的關注（S^{P+}）（例如：被校長或教授瞪，或是被責備），或是錯失重要的訊息，導致考試成績不佳（S^{P-}）。

● 其他環境中的刺激（S^Δ）可能完全不會影響你的行為。例如，你的穿著、你正在聽的歌，和其他的物品、活動，或出現在環境裡的人可能不會影響你是否接電話，因為他們與你過去接電話的行為沒有增強（S^R）或懲罰（S^P）的連結。

　　此外，你接電話的行為也可能取決於電話上顯示的來電者姓名或照片。

● 假如來電顯示是你最好的朋友或重要他人的姓名（S^D），你可能會接電話（R）以從你喜歡的對象獲得想要的關注或訊息（S^{R+}）。

- 假如來電顯示是你的老闆或最近跟你吵架的人（S^{D-}），你可能就不接電話以避免被指派更多的工作或獲得不想要的關注（S^{P+}）。
- 如果你無法辨識來電者的身分或號碼，你接電話的可能性就會被過去接未知來電的增強（或懲罰）歷史影響。一個未知來電者是 S^D 或 S^{D-}，會取決於你個人的學習歷史。

因此，不同的前事刺激，會因為它與增強、懲罰，或不顯著（中性）的後果連結，而引發不同的反應。

貳 後果的類型

025

如前所述，後果是因為特定行為而發生的刺激變化（增加或減少）。以下將探討與三種前事有關之三種主要的後果類別：增強的、中性的或不顯著的，與懲罰的後果。由於我們對能影響未來行為出現的後果感興趣，因此以下將探討具增強和懲罰效果的後果。

一、對未來行為的影響

026

後果對未來的行為可能有兩種影響：增加或減少。會使未來行為**增加**的後果（亦即因行為而改變的刺激），就是**增強**（reinforce）；會使未來行為**減少**的後果，就是**懲罰**（punish）。請注意，這些定義並未提及意圖或價值判斷：你只能從檢視對未來行為的影響（增加或減少）得知某物／事件是增強或懲罰。例如，試想有兩名學生正安靜地做作業，你分別對他027們說：「哇！你安靜地做自己的作業是很負責的表現，很棒！」若第一位學生未來在你走過他身邊時更常安靜地工作，則代表你的讚美對這個行為具有增強效果。然而，第二位學生可能不想要被公開讚美，變得不想在你接近時安靜地工作。對第二位學生而言，你的讚美可能是該行為的懲罰刺

激。對於上述兩位學生你都給予讚美，但同樣的後果對一個人具有增強效果，對另一個人卻成為懲罰刺激。

再舉一個例子，試想有兩位學生在你的課堂上有干擾行為。為了能順利上課，你把兩位學生叫到學務處。下次上課時，你發現一位學生積極傾聽，但另一位學生的干擾行為加劇。如果這種模式持續下去，你可以推測被叫到學務處的後果對第一位學生的干擾行為是懲罰，但同樣的後果對第二位學生的行為則是增強。因此，我們只能透過觀察後果對未來行為的影響，來判斷特定後果是增強還是懲罰。如果一個行為未來繼續發生，你便能推斷它受到增強。（第十章將應用此概念討論為什麼學生會表現特定行為與行為的**功能**。）

二、行動（加或減）

我們已知後果是因為行為出現而發生的刺激變化。改變刺激的方式有兩種：加（給）或減（拿）。如果使用數學語詞（**加**和**減**），就能連結此二字的象徵或定義。快速複習一下，「加」與增加或**正的**有關，「減」則與減少或**負的**有關。因此，可以從數學來定義**正的**和**負的**（加＝**正的**，減＝**負的**）。

正向（positive）行為後果是指因行為出現而增加刺激。例如，你可能因為行為出現而增加（給予）你的注意力（如身體靠近、口語回饋）、物品、活動，或其他刺激。如果增加刺激對未來行為有影響，就是提供了正向的行為後果。相對地，**負向**（negative）行為後果是指因為行為出現而減少刺激。例如，你可能因為行為出現而減少（移除）你的注意力（如轉身離開、忽視）、物品、活動，或其他刺激。如果減少刺激對未來行為有影響，就是採用了負向的行為後果。須留意的是，在前述例子中並沒有提供行為後果者的意圖，也沒有價值的描述——就只是單純地描述增加或減少！

三、四種類型的後果

若將行動和影響兩種概念整合在一起，就會有四種類型的後果：正增強、負增強、正懲罰、負懲罰（見圖 2-3）。下個段落將進一步說明各種類型的後果。複習我們之前介紹的行為學術名詞會有助於了解接下來的內容。大寫的 S 代表刺激，而右上方的標號描述了刺激的類型。上標 R 代表了具增強效果的刺激，上標 P 則代表具懲罰效果的刺激，而 ＋ 或 － 的符號則說明是增加或減少該刺激。

（一）正增強（S^{R+}）

在特定行為出現後增加一個刺激（行動）而使未來該行為發生率增加（影響），就稱為正增強（positive reinforcement）。請參考以下四個例子：

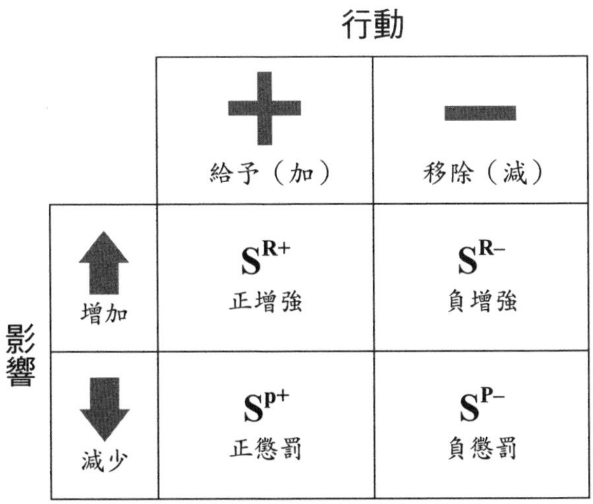

行動

	給予（加） ＋	移除（減） －
增加 ↑	S^{R+} 正增強	S^{R-} 負增強
減少 ↓	S^{P+} 正懲罰	S^{P-} 負懲罰

影響

圖 2-3 ▪ 藉由檢視行動（給予或移除）和影響（增加或減少），可辨識四種不同類型的後果

資料來源：修改自 Cooper、Heron 和 Heward（2007, p. 37）。Copyright 2007 by Pearson Education.

1. 你為學生做測驗（前事），學生很認真地學習而能正確回答試題（行為），因此，你「給」學生一個好成績（後果）。如果學生未來更可能認真地學習且正確回答，好成績就可能是一個正增強刺激。

2. 老師在講課的時候（前事），有一位學生在課堂上亂講話（行為），同學們笑了並「給」那位學生注意力（後果）。假如那位學生未來更常在上課時亂講話，同學的關注可能就是一個正增強刺激。

3. 在較不結構化的教學時段中（前事），一位學生「發脾氣」（包括躺在地上叫、哭、跺腳，和踢地板等一連串的行為）。老師通知學校的危機處理小組，他們立刻進入教室圍著學生、關心她，並溫柔地拍學生的背讓她「冷靜」（後果）。雖然這個反應看似在當下讓學生停止發脾氣，但如果學生未來發脾氣的機率增加，則危機小組的關注可能就是一個正增強刺激。

4. 教室進行靜態活動時（前事），一位學生重複且交替地用手拍打自己的臉頰、在眼睛前方甩動手指或「開關手指製造閃光」，或把手壓在大腿下來回搖動（行為）。學生因為這些行為而獲得刺激（從拍打獲得觸覺刺激、從手指開關獲得視覺刺激，並從搖動獲得動覺刺激，這些都是後果）。如果學生繼續表現這些行為，則前述感官刺激可能就是該行為的正增強刺激。

在前述的四個例子中，應該很清楚地了解正增強刺激可能是：(1) 有目的（例如：好成績）或無目的（例如：同學的注意）地給予；(2) 有意地當成增強物（例如：好成績）或無意地被當成增強物（例如：危機小組的關注）；以及 (3) 社會中介（例如：前三個例子的後果）或「自發性」的（例如：第四個例子中因行為而獲得的刺激）。因此，後果刺激對行為造成的影響與提供刺激者的目的、意圖，和給予刺激的方式沒有明確的關聯；這個原則也適用於接下來要說明的所有行為後果。正增強的關鍵要素是行動（加）對未來行為的影響（增加）。我們將在第七章討論正增強在

教室中的應用。

（二）負增強（S^{R-}）

在特定行為出現後**減少**一個刺激（行動）而使未來該行為發生率**增加**（影響），就稱為**負增強**（negative reinforcement）。一個簡單且常見的負增強例子，是你每次坐上車時，現在多數的車子會反覆發出聲響（前事）直到你繫上安全帶（行為），聲響才會停止（後果）。若你未來持續繫上安全帶（甚至在發動車子前）以停止（或直接避免）提醒的聲響，你的行為可能就是受到負增強機制的影響。

在教室裡，我們也發現許多負增強的例子。假設有一位學生在每次被要求做困難的任務時（前事），他就會揉掉學習單（行為），而老師可能會忽視學生或叫他去學務處，但以這二種處理的方式因應學生的行為，前事中的困難任務都被移除了（後果）。如果每次困難任務出現，學生揉掉學習單的行為持續出現，則我們可以推論他的行為被負增強了。此外，假設學生安靜且正確地完成（行為）習題（前事），老師告訴學生：「因為你們在課堂上這麼認真地練習，我決定今天不出這個主題的回家作業。」（後果）如果未來學生在課堂上安靜完成習題的次數提升了，這個行為後果（移除回家作業）可能就是一個負增強物。如前所述，負增強的關鍵要素是行動（減）的影響（增加），我們將在第七章討論更多應用的例子。

（三）正懲罰（S^{P+}）

在特定行為出現後**增加**一個刺激（行動）而使未來該行為發生率**減少**（影響），就稱為**正懲罰**（positive punishment）。請記得正懲罰刺激並不一定是「不好」的。事實上，提供特定的回饋（增加口語敘述）來矯正（減少未來的）錯誤，是好的教學的一部分。例如，如果有一位學生對「2＋2等於多少」（前事）的回答是5（行為），老師應該會說：「不對，2＋2＝4。」（後果）若學生未來不再回答「2＋2＝5」，我們可以

推論錯誤的回答就是受到正懲罰。（如果學生能正確回答，老師也可能在學生回答後說：「對了！2＋2＝4。」假設學生未來能持續正確回答問題，那麼老師的口語回饋對學生正確回答而言，就是一個正增強物。）同樣地，如果學生有不安全的行為表現（例如：對著同學丟東西），老師可能會說：「這樣不安全。我們只能在有需要的時候適當地使用我們的東西。」如果學生未來減少丟東西的可能性，則這個行為可能就是受到正懲罰。

　　雖然正懲罰是好的教學與教室行為支持的一部分，我們還是希望清楚聲明：某些正懲罰物永遠都不應在教室（或其他情境）中使用！意圖對學生施以羞辱或傷害的行為後果，是**絕對**不被接受的（或不符合專業倫理的）。例如，如果學生表現不適當行為，對學生尖叫、用身體把學生逼到牆角同時壓迫學生、要求學生穿不同顏色的衣服（或用其他可被指認的方式）讓同學知道這位學生的表現不適當，或在同儕面前嘲笑那位學生，都是**不被接受**的處理方式。所有這些「外加」的行為後果可能聽起來很極端或很滑稽，但卻都是我們近期曾觀察到或聽到的教師反應。雖然這些後果對不適當行為具有正懲罰的功能（亦即能減少未來行為出現的可能性），但這些刺激永遠都不應該被使用。相對地，老師平靜地讓學生知道他的行為不符合教室的規範，並提醒學生符合期望的行為表現，會是非常適當的反應。第八章將繼續討論適當（和不適當）使用正懲罰的方式。

（四）負懲罰（S^{P-}）

　　在特定行為出現後減少一個刺激（行動）而使未來該行為發生率減少（影響），就稱為**負懲罰**（negative punishment）。例如，學生在考試時（前事）回答錯誤（行為），就會被扣分（後果）。如果因為被扣分（行動），學生未來再次犯同樣錯誤的可能性降低（影響），該行為就是受到負懲罰。負懲罰通常用於教室的行為後果系統：老師可能會因為一位或更多學生表現不適當行為，而移除物品或活動；因為學生不安全的行為，而

在班級的晉級機制中「讓學生降級」並限制他接觸相關的權利；或因為學生的行為問題而不讓他接觸特定的物品或活動。在每一個例子中，如果移除或減少刺激導致特定行為減少，則教師就是使用了負懲罰。雖然這些方法能減少不適當行為，但無法具體教導或增強適當行為。因此，教師可自我挑戰，將依賴「移除」以減少行為問題（亦即負懲罰），轉化（或擴增）為允許學生以適當的行為贏得教師移除的相同刺激，進而增加學生的適當行為（正增強）。

　　雖然負懲罰可適當且有效地應用，但絕對不允許採用以下使用方式。因為學生的行為問題，而移除或限制學生接觸可滿足其基本需求的刺激（例如：不給學生食物、水，或上廁所），是**絕對**不被接受的（或不符合專業倫理的）。當然，教導學生定時照顧自己的基本需求是合理的（這裡指的並非讓學生在數學課時上廁所或喝水 50 次），但不應該因為學生的行為問題而禁止學生進食、喝水，或在休息時間上廁所。第八章將進一步討論負懲罰的應用。

四、消弱

　　除了上述四種後果外，還有第五種後果制約會影響未來行為出現的可能性。當行為曾被增強，而該增強穩定地被扣留或移除，則行為將會減少，最終會停止。這個程序稱為消弱（extinction）。例如，在老師講課的時候（前事），有位學生一直在講話（行為），而老師可能會點他、糾正他，或是以其他形式給予學生關注（正增強的後果）。當老師意識到自己的關注是在增強，或增加學生講話的行為，老師可能決定：(1) 教導學生安靜舉手適當地獲得老師的關注；和 (2) 忽視（亦即扣留關注）接下來學生所有講話的行為。剛開始採用這個策略時，學生講話的次數或強度可能會增加，這稱為**消弱爆衝**（extinction burst，或稱為消弱激增）。如果教師能夠穩定且一致地忽視學生講話的行為，該行為最終會消失，而教

師就是成功地執行了消弱。第八章將討論消弱的應用，例如計畫性忽視（planned ignoring）。

綜上所述，四種類型的後果（S^{R+}、S^{R-}、S^{P+} 和 S^{P-}）都是在特定行為出現後發生，而且是以行動（加或減）和影響未來行為發生（增加或減少）的可能性來界定。第五種行為後果的程序（消弱），是當以前被增強過的行為，因其增強（S^{R+} 或 S^{R-}）被扣留而導致該行為減少。因此，後果可解釋為何某些行為持續出現（增強的歷史），而某些行為減少或完全停止〔懲罰的歷史和（或）缺少增強〕（其他範例請參見專欄 2-2 後果的應用）。雖然知道不同類型的前事和後果，對解釋何時（前事情境）和為何行為持續（或停止）發生（後果情境）很重要，但是這些知識無法完全解釋行為在類似的前事和後果情境中出現的變異。接下來我們會在原有的三期後效之外，增加介紹「第四期」後效。

032

專欄 2-2　後果的應用：學生在教師主導教學活動的行為表現

無論你教導（或計畫教導）的年段或科目為何，你可能都會想像學生在你上課時應該有的表現。雖然不同年齡、能力和情境所對應的特定行為樣貌可能相異，但是你可能想要學生展現積極參與行為的某種面向，包括積極聽講、眼睛看老師、雙腳放在地上、使用雙手和文具來協助學習（例如：做筆記或安靜），或是緩和的身體動作。

除了使用前事刺激和明確的教學來誘發和教導期待行為之外，你可能也想使用後果來增加積極參與行為（和減少干擾行為）出現的可能性。為了達成此目的，你該思考如何善用各種類型的行為後果。

● **正增強（S^{R+}）積極參與的行為**：在學生表現參與行為後，你可以提供具體的讚美和關注。對於年幼的孩子，你可以說：「我知道你

們很認真聽老師說話，因為你們的眼睛看著我而且你們的身體已經準備好要上課了。」對年紀較長的孩子，你可以說：「謝謝你們安靜地做筆記！這些內容考試的時候會考，老師希望你們都能考好。」如果你具體的讚美提升了學生積極參與的行為，你就是使用了正增強。

- **負增強（S^{R-}）積極參與的行為**：開始上課時，你可能出了一長串與教學內容相關的作業。如果每五分鐘，大部分學生都能維持積極參與的行為，你就減少一項作業。（當然，這個做法只適用於所刪去的作業，不是會影響學生技能依循學習階段進步的重要作業。）

- **正懲罰（S^{P+}）干擾行為**：每次有學生出現干擾行為，你就給予具體的錯誤矯正（例如：「記得，如果要老師注意你，就請舉手！」）。如果學生的干擾行為減少了，你就是執行了正懲罰。

- **負懲罰（S^{P-}）干擾行為**：如果有位學生的干擾行為是跟同學講話，你可以請那位學生換到遠離同學的座位一分鐘（亦即，移除接觸同學的機會）。如果這個做法使未來的干擾行為減少，你就是採用了負懲罰。

　　如上述各點所列，通常有多種運用後果的方法可增加教室中的期望行為和減少行為問題。本書通篇都在鼓勵教師，將行為的後果策略融入整體正向和預防性的班級經營方法中。具體而言，教師應考慮：(1) 採用前事和教導策略以預防不適當行為和提升適當行為；(2) 著重使用以正增強為主的後果策略；(3) 蒐集資料以監控後果策略（或任何其他行為策略）的效果；和 (4) 依據學生行為的功能和資料調整策略的執行。

參 加入第四期：背景事件

我們都曾見證過，即使教室中的情境看似相同，但每位學生在某些日子的行為表現會跟其他時候不太一樣（亦即更好或更糟）。例如，你向學生交代一項作業（前事），通常學生會完成作業（行為）以獲得讚美、平時成績，和可進行接下來的活動（後果）。但是偶爾在你給學生類似的作業時，他會撕掉學習單（或可能只是趴在桌上）拒絕寫。即使前事和學生平時完成作業可獲得的後果相似，但在這個 ABC 序列中有某部分不同。背景事件或動機操作可用以解釋行為的這些變異。雖然背景事件與動機操作此二概念有些微的不同，以下將以「背景事件」一詞統稱之。**背景事件**（setting event）是暫時改變行為後果對特定行為的價值或效力之前事事件或情境（如 Horner, Vaughn, Day, & Ard, 1996）。下個段落，我們將描述背景事件的三個特徵：(1) 是前事刺激；(2) 改變行為後果對特定行為的價值；(3) 其作用是暫時的。

一、背景事件也是前事

背景事件的一個重要特徵，是**前事**刺激（antecedent stimuli）（亦即情境或事件）；也就是它會在行為之前出現（偶爾會持續至與行為同時出現）。背景事件可能出現於較久遠的過去，如行為出現的數小時或數天以前。例如，你可能注意到學生在家裡、公車上，或非教室情境（像是遊戲場、置物櫃、走廊）的問題會影響他在班上的行為，即使這些事件是在你觀察到其影響力的前幾個小時或前幾天發生。但背景事件也可能與 S^D 同時出現，而在行為發生時仍持續出現。例如，在你指派學生獨立工作時（S^D）學生正好感冒了（或身體不舒服），而在學生要完成工作的期間（行為）她生病的情況仍然持續。生病的症狀，可能降低了完成工作的行為後果（例如：分數）之價值，但提升學生趴在桌上的增強價值（例如：立即休息）。

二、背景事件會改變後果的價值或效力

　　背景事件影響行為出現的可能性（亦即讓它更可能或更不可能出現），因為它會改變該行為的後果之價值或效力；它使增強刺激或懲罰刺激更有效或更無效。回顧你自己的生活，試想你前一晚晚睡且睡眠不足，而隔天又要起床上班或上課時。雖然你總是準時到（行為）以維持幾乎完美的出勤紀錄，而這通常可獲得你所期望的老闆或教授的讚許（正增強刺激），這天早上你按了貪睡鬧鈴好多睡15分鐘，且在你最喜歡的咖啡店買了大杯的咖啡（行為），因此上班或上課遲到了。在這個例子中，睡眠不足是背景事件，因為它：(1) 降低了社會關注對準時行為的效力（或增強價值）；且 (2) 提升了獲得睡覺和咖啡因等增強刺激的效力，因而表現按貪睡鬧鈴和去咖啡店買大杯咖啡的行為。

三、背景事件的作用是暫時的

　　從定義亦可知背景事件的作用是**暫時**的。如同上述例子所示，背景事件可能包括匱乏（例如：疲憊、飢餓、口渴、冷、長時間缺少社會互動）或饜足的狀態（例如：睡太多、吃太飽、熱、過多的社會互動），但也可能包括其他生理的（例如：生病、過敏）、社會的（例如：和朋友吵架、家庭變故），或環境的刺激（例如：噪音、光線）。所有這些例子都是暫時的情況或事件。相對地，障礙、認知，和（或）心理健康不是暫時的狀態，因此無法作為背景事件；然而，前述狀況的暫時性症狀（例如：幻覺發作）可被視為背景事件，如果它改變了特定行為後果的價值。故此，背景事件幫助我們解釋行為的變異性，因為它短暫地改變了行為後果的價值。

　　綜上所述，現在我們可以運用更完善的四期後效以檢視與解釋行為（見圖2-4）。我們現在知道：(1) 行為最可能在 S^D 出現時發生，因為行

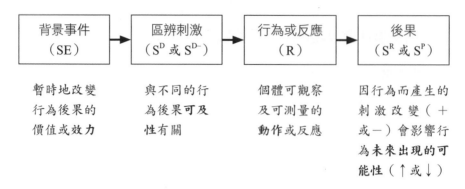

背景事件 （SE）	區辨刺激 （S^D 或 S^{D-}）	行為或反應 （R）	後果 （S^R 或 S^P）
暫時地改變 行為後果的 價值或效力	與不同的行 為後果可及 性有關	個體可觀察 及可測量的 動作或反應	因行為而產生的 刺激改變（＋ 或－）會影響行 為未來出現的可 能性（↑或↓）

圖 2-4 ▪ 除了行為的 ABC 之外，考慮背景事件的擴增（或稱四期後效）

為過去在該刺激出現時曾獲得（正或負）增強；和 (2) 如果背景事件提升了特定增強物的價值或效力，行為更可能會出現；若背景事件減少增強物的價值，則行為更不可能出現。另一方面，我們知道：(1) 在 S^{D-} 出現時，行為較不可能出現，因為行為之前曾在該前事刺激出現時經歷（正或負）懲罰的行為後果；以及 (2) 若背景事件提升了懲罰刺激的效力，則行為更不可能出現；若背景事件減少了懲罰刺激的效力，則行為較有可能出現。換言之，這裡所談的 ABC 比本章稍早介紹的概念更為複雜了！

第三節 與教學有關的行為策略

現在我們對行為的要素（ABC）已有基本的認識，接下來將介紹如何於教學中應用此知識。如同我們在第一章所學，教學的目標是提升並協助學習者依四個學習階段有效且持續地使用知識和技能，包括：**習得**新的知識和技能、**流暢**（在教學情境中正確且有效率地使用技能和知識）、**維持**習得的技能和知識（無須重新教學仍能在教學情境中持續使用技能和知識），和**類化**（在不同情境中應用並調整技能和知識）。以下將討論可協助此學習歷程的四個基本教學原則：提示、刺激控制、塑造和連鎖。

壹 提示

提示（prompting）是一種有用的教學策略，常與其他後續將說明的教學策略結合使用。提示是增加到 S^D 的前事刺激，以提升學習者對 S^D 做出反應時表現期望行為的可能性（Alberto & Troutman, 2013）。有效提示的關鍵要素包括：(1) 選擇「剛剛好」的提示——亦即不會太強也不會太弱，在不混淆 S^D 的前提下使學習者成功表現期望行為；(2) 盡快褪除提示，使學習者能只對 S^D 做出反應。例如，幼兒學習寫字時，老師會將幼兒平時口語表達的句子製作成虛線字母學習單，讓幼兒描寫。這個視覺提示能夠幫助幼兒學習適當的字母架構和位置，但是若一位大學生仍需要這個程度的提示才能清楚地書寫課堂作業或考試，就不免令人擔憂。因此，甚至在運用提示前，就應該針對每種提示制定褪除的計畫。以下將討論此二個主題（選擇正確的提示和褪除提示）。

一、提示的類型

提示的類型很多元（參考 Alberto & Troutman, 2013; Cooper et al., 2007; MacDuff, Krantz, & McClannahan, 2001），選擇最好的提示應該依據：(1) 技能的類型（例如，肢體引導可能適用於教導體能活動，但是不應該用來教導學生演算高等微積分的函數）；(2) 學習者的需求和偏好（例如，某些學生能對口語提示做出反應，某些學生則偏好或較能理解視覺提示，而有些學生可能需要肢體引導）。在每種類型的提示中，通常有不同「程度」的提示，而你應該選擇使用最少程度的提示以協助學生有成功的學習經驗。換言之，如果學習者能夠在暗示下就成功做出反應，就不需要提供完整的各步驟說明，過多的提示可能會延緩學習者進步到可獨立做出反應。

（一）口語提示

口語提示（verbal prompt）包括任何增加至 S^D 的口語敘述，以提升學習者對 S^D 做出反應的可能性。換言之，口語提示是提醒學習者當他遇到特定的情境、活動、教學，或其他類型的刺激時，他應該要做什麼。口語提示可能包括**規則**（例如：「在我們班，我們會尊重他人」）、**直接的口語**敘述或指令（例如：「若要在課堂上展現尊重，說話前請先舉手，等到被點名再發言」）、**間接的口語**敘述或暗示（例如：「記得喔，要獲得老師的注意該怎麼做？」），和在特定的情境中使用類似的口語提醒期待行為。口語提示也能夠自行操作：在學生有困難的特定情境中，學生被教導按數位錄音機的「播放」鍵，以播放預錄的直接口語提示或指令。請記得最終我們希望學習者在不需要提醒的情況下，仍能夠展現技巧或知識。因此，你應該選擇仍能使學習者成功做出反應之最少程度的口語提示。

（二）視覺提示

視覺提示（visual prompt）包括任何增加到 S^D 的視覺輔助（圖案或文字）（MacDuff et al., 2001），以提升學習者成功做出反應的可能性。視覺提示可能包括海報、連環圖，和學習單上的例題以說明正確的反應形式。多數教室的牆上張貼了各種視覺提示的範例。教師可以對全班提供視覺提示，也可以為需要額外提醒才能成功反應的學生製作個別化的視覺提示。例如，某位學生可能需要視覺（或圖示）時間表，以協助他遵守老師提供其他同學的文字時間表。無論視覺提示的形式為何，你的目標是要讓學習者能對自然發生的 S^D 做出反應；因此，應該計畫如何褪除視覺提示，使學生能夠在沒有海報提示下做出反應。（還能清理教室的牆面，多好啊！）

（三）姿勢提示

姿勢提示（gestural prompt）包括任何增加到 S^D 的動作或姿勢（例

如：點頭、用手指出），以提升學習者做出適當反應的可能性。姿勢提示意指以簡短方式取代完整展現（亦即示範）整體的期待行為。例如，當老師帶年幼的學生穿越走廊時，他可能會在走路時高舉兩根手指頭（全校通用的保持安靜訊號）。如果學生在走廊（S^D）安靜走路（行為）的可能性提升，則老師的保持安靜訊號就具有姿勢提示的功能。如同其他類型的提示，應該褪除姿勢提示，以確保學生知道如何在沒有提示時做出適當反應。

（四）示範

示範（modeling）是由一位「專家」展現整體的期待行為。例如，老師可能在要求學生在小組中完成數學題（行為）之前，展現（示範）如何解複雜的數學題（S^D）。另外，校長可能會在體育館進行新生訓練時（S^D），請幾位高年級的學生向新生展現（示範）如何尊重他人（行為）。研究顯示，有能力、「酷」，以及與學習者相似的示範者可能最為有效。事實上，研究顯示影片自我示範（video self-modeling）對許多學習者而言均可達期望的訓練成效，因為藉由編輯學習者（「酷」且相似）成功展現期望行為（有能力）的影片，即充分地融合前述三種特徵（Alberto & Troutman, 2013）。綜上所述，成功的示範應該：(1) 能正確地展現技巧（亦即有能力的）；(2) 在學習者眼中具有社會「聲望」（也就是很酷）；以及 (3) 與學習者相似（亦即相似的）（Alberto & Troutman, 2013），雖然示範者與學習者之間的相似度可能不是成功示範的關鍵要素（MacDuff et al., 2001）。

（五）肢體引導

提供肢體引導（physical guidance）或手動提示時，教師會以身體協助學習者完成訓練的技巧，以增加學習者成功對 S^D 做出反應的可能性。例如，教導年幼的學生正確使用剪刀時，老師會把手覆蓋在學生的手上引

導學生剪完前幾刀。如同這個例子所述，此類提示有時稱作「手把手」的提示。需澄清的是，意圖限制動作或減少行為問題而提供的肢體「協助」稱為身體束縛，不應該與肢體引導混為一談。例如，一位教師抓住學生的雙手以避免學生打自己即是使用身體束縛，**而非肢體引導**。如同其他類型的提示，教師應該盡快褪除肢體引導，以確保學習者在沒有提示的情況下對 S^D 做出反應。

二、褪除提示

如前所述，我們的訓練目標是褪除提示，以確保學習者能在沒有提示時成功地對 S^D 做出反應，避免學生習慣依賴提示（如 MacDuff et al., 2001）。如欲有效地使用提示，你應該規劃你的**提示階層**（prompt hierarchy），或你在教學中將使用的一系列提示以及褪除的程序（Riley, 1995）。雖然在每一種類型的提示中已有提示的階層（例如：從最密集到較不密集的口語提示），但也應該考量在你的提示階層中不同類型的提示間移動（例如：肢體引導轉為使用直接口語提示，進而改為間接口語提示，再使用手勢）。一般而言，你的目標是從學習者對 S^D 成功做出反應（亦即很少或完全沒有錯誤反應）所需要的提示程度開始，再逐步但有效率地褪除到較不密集的提示，直至學習者能夠成功地獨立做出反應。換言之，我們的訓練目標是使用**最多到最少的提示**（most-to-least prompting）。在特定的情況下，你可能想要確保你沒有使用太具侵入性的提示，因此你可能會逐步增加提示的程度直到學習者做出反應，亦即提供最少到最多的提示（least-to-most prompting）。使用這兩種程序時，也可以搭配使用**時間延宕**（time delay）程序。這些褪除策略各有其優點（如 Alberto & Troutman, 2013; Cooper et al., 2007; MacDuff et al., 2001; Riley, 1995），將分述如下。

038

（一）最多到最少的提示

最多到最少的提示從學習者成功所需的最密集提示開始，以減少學習者犯錯的可能。換言之，你逐漸在學習者展現技能時**減少協助**（decreasing assistance）（Riley, 1995）。依據你所使用的提示階層類型，最多到最少的提示可能有各種形式。對於褪除**口語或視覺提示**，你的提示可以逐漸地減少訊息（decrease information）（Riley, 1995）。亦即在口語或視覺提示中提供越來越少細節，首先從最容易回想的訊息開始褪除，逐漸使學習者進步到獨立反應。

褪除視覺提示時，你也可以使用**刺激褪除**（stimulus fading），此策略一開始通常會格外強調刺激的某個面向（例如：增加顏色的亮度、增加刺激間的對比），然後逐漸淡化被強調的面向，直到該刺激以自然的 S^D 呈現（如 Cooper et al., 2007; MacDuff et al., 2001）。例如，若你想要學生在兩個名字中正確指出自己的名字，你可以將學生名字用白色的字體印在黑色的字卡上，將另一個名字用黑色字體印在白色的字卡上。然後你可以逐漸地「褪除」學生名字卡上黑色的底色（同時加深名字的顏色），直到兩張名字卡都是白底黑字，且學生能適切地注意字卡上不同的內容（而非兩個刺激間其他不同之處）。另一個方法是**刺激塑造**（stimulus shaping），這個策略逐漸調整教學材料直到學習者能對期望的刺激做出反應（如 Cooper et al., 2007; MacDuff et al., 2001）。此策略常見的例子是公共電視的 *Word World* 系列，在此節目中所有的角色和許多物品是用組成該單字的字母畫成的（例如：狗是以 D-O-G 三個字母畫成的）。然而，在這個系列節目中使用的刺激塑造，不是更凸顯字母並淡化圖案，而是使刺激逐漸看起來越來越像 S^D，直到學習者能夠在沒有額外的提示下對 S^D 做出反應。

若要褪除**肢體引導**，你可以使用**漸進式引導**（graduated guidance）以逐漸減少：(1) 所提供之肢體引導**力道**（pressure）直到你只是「跟隨」（shadowing）學習者；或 (2) 提供支持的**距離**（proximity），移動你的

手以逐漸遠離需要協助的身體部位（例如：從手把手完成，移到前臂，再到手肘，再到肩膀），最後褪除所有的協助（如 Alberto & Troutman, 2013; MacDuff et al., 2001）。無論是採用何種形式，此種類型的褪除，其功能是要確保學習者在開始時獲得成功所需的提示程度，以使錯誤最少化。因此，又稱為**無錯誤學習**（errorless learning）（Alberto & Troutman, 2013）。

（二）最少到最多的提示

相反地，最少到最多的提示是在呈現 S^D 後，再視需求逐漸引入更為密集的提示，直到學習者能夠成功反應。雖然這個方法讓學習者有較多犯錯的機會，但可能更有效率（Doyle, Wolery, Ault, & Gast, 1988）。最少到最多的提示確保學習者不會獲得不必要的提示，因而影響其學習或進步到能夠獨立反應。因此，這個方法較適合用來評量學習者目前的表現（MacDuff et al., 2001）。

039

（三）搭配褪除策略使用時間延宕

你可以使用時間延宕搭配上述兩種褪除策略，使學習者在教師提供第一個計畫好的提示前，有機會對自然的 S^D 做出反應。時間延宕可以是**固定**的（例如，每次 5 秒）或**漸進**的（亦即隨著學生的流暢度提升而增加延宕的時間）（Alberto & Troutman, 2013）。最多到最少的提示搭配時間延宕是所有提示褪除策略中最具優勢的策略，因為它可以使學習者展現最少的錯誤，同時提供學習者獨立反應的機會（如 Libby, Weiss, Bancroft, & Ahearn, 2008），避免過度依賴不必要的提示而延長訓練的時間。例如，你可以使用下列的程序來教導學生認識五角形。

● 呈現一個五角形的圖片，並詢問學生：「這是什麼形狀？」（S^D）
然後等待 5 秒鐘。如果學生在 5 秒內沒有做出反應，就提供最多程

度的協助（例如，口語提示：「五角形是有五個等長的邊和五個一樣大的角。這個就是五角形。我問你什麼形狀的時候，要回答『五角形』。」）。

● 當學生在最多程度的協助下能夠正確反應之後，呈現同樣的 S^D 並等待 5 秒。再呈現下一個程度的提示（例如，較少訊息的口語提示：「這個形狀有五個等長的邊和五個一樣大的角。什麼形狀有五個等長的邊和五個一樣大的角呢？」）。

● 當學生在前一個程度的提示下能夠正確反應，呈現同樣的 S^D 並等待 5 秒。再呈現下一個程度的提示（例如，間接的口語提示：「數數看有幾個邊。」）。

● 重複這個程序，繼續褪除提示並在每次呈現 S^D 時使用時間延宕，直到學生能夠立即對 S^D 做出反應。

提示是一種提升學習者有效地對 S^D 做出反應的方法，藉由一開始增加額外的刺激（口語、視覺、姿勢、示範，或肢體），接著在學習者獨立地成功對 S^D 做出反應時有效率地褪除（提示的應用範例請見專欄 2-3）。雖然提示策略可以單獨使用，但它通常是更完整的教學方法的一部分。下個段落我們將說明三個教學方法：(1) 建立刺激控制，使適當的前事刺激能控制現有的行為（例如，在呈現字母 A 並詢問：「這是什麼字母？」時，說出「A」）；(2) 使用塑造來教導新的和相對簡單的行為；以及 (3) 使用連鎖來教導新的和相對複雜（多步驟）的行為。

貳 刺激或前事控制

040

在你思考教室中教導的不同技巧、概念和知識類型時，你可能會發現大多時候你是在教導學習者在正確的或期望的刺激情境中做出適當的反應。例如，你希望較初階的學習者在開始學習閱讀時在看到字母和單字（S^D）時，能正確放聲朗讀，然後改為默讀（亦即行為），而較進階的學

專欄 2-3　提示的應用：改善作業繳交情形

　　當你一想到你的學生，你可能會想到一位或更多位學生有繳交作業的困難。進一步思考繳交作業的任務後，你發現裡面包括許多部分：把作業抄在聯絡簿上、把需要的材料帶回家、在家裡完成功課、把完成的功課和材料帶回學校，和在適當的時間把作業交到適當的地方。

　　首先，你要教學生任務中的每個步驟（請見專欄 2-6）。

　　第二，為了提升學生完成每個步驟的可能性，你可以增加提示（亦即額外的刺激，以增加每個部分的 S^D 引發該反應之可能性）。例如，你可以：

- 增加口語指令提示學生拿出聯絡簿，在上課或活動開始前寫下回家作業〔為寫在黑板上的回家作業（S^D）增加提示〕。
- 在學生離開教室時會經過的門邊增加**視覺**提示（要放進書包的聯絡簿、書本等的照片），以提醒他們要帶需要的物品〔對一節課或一天結束時的鐘聲（S^D）增加提示〕。
- 在回家作業中提供範例，或為完成作業所需技巧提供**示範**說明，並 e-mail 給家長或主要照顧者〔在指派的工作中（S^D）增加提示〕。
- 你可以在門邊迎接學生，並以**手勢**指向他們要繳交作業的作業櫃位置〔增加在教室入口處的作業櫃（S^D）的提示〕。

　　在學生開始成功地展現每個技巧後，你就要逐步但有效率地褪除每個部分的提示，直到學生能夠在自然的 S^D 出現時完成每個步驟。

　　第三，你可以採用後果策略來增強繳交作業的行為，如專欄 2-2 中說明的其他行為，以及專欄 2-6 中描述的反應連鎖序列。

　　綜論之，提示可以用來增加作業繳交行為，它是完整教學方法中的一個部分。

習者能針對特定的寫作提示或研究問題（S^D），以相關的單字寫出通順的段落、短文，甚或作文（行為）。無論內容是文學、語文、數學、社會、自然，社會行為，或其他相關的主題，老師的目標是讓學習者在特定刺激出現的情境中，表現正確或適當的行為。換言之，大部分教學的目標是建立刺激控制（stimulus control）。刺激控制是以前述三種類型前事（S^D、S^Δ 和 S^{D-}）的知識為基礎。如果這些符號無法提示你回憶各種類型前事清楚的定義（亦即如果各種前事的定義尚未建立適當的刺激控制），那麼建議你適時地回顧相關段落。

一、建立刺激控制

建立刺激控制有兩個基本步驟。第一，你需要建立特定刺激（S^D）和期望反應（以下稱為反應 1 或 R_1）之間的連結。其次，你需要確認 R_1 是受到 S^D 之相關特徵（而且只有 S^D）的控制。在前述例子中〔當老師呈現寫著字母 A 的字卡，並詢問：「這是什麼字母？」（S^D）時，學習者會說「A」（R_1）〕，我們想確認學習者是對字卡上的字母做出回應，而不是在呈現任何一張字卡（例如 B 到 Z 的字卡）時都回答「A」。要達成前述的第二部分，你需要進行區辨訓練，各步驟說明如下。

（一）建立 ABC（亦即 S^D-R_1-S^R）連鎖

建立刺激控制的第一步是明確地教導學習者，在期望的刺激（S^D）出現時應做出適當的反應（R_1）（Alberto & Troutman, 2013; Cooper et al., 2007）。在社會技巧情境中，你可能想要學生在教室的不同例行活動都能表現尊重。要達成此目標，你可以定義尊重（R_1）並示範在教室某個例行活動情境中〔例如：老師主導的教學（S^D）〕尊重的表現。在高中的教室中，教師主導的教學可能是以講述為主，而尊重的表現看起來就是安靜地坐著聽講。接著，你可以制定全班的獎勵系統，以增強學生在該活動中尊重的表現（亦即增加未來行為出現的可能性）。在高中教室中，可能以團

體後效提供獎勵：若學生在老師講課時表現尊重的行為，就可以利用下課前的幾分鐘，邊寫回家作業邊聽音樂（否則，老師講課會持續到課堂最後一分鐘，而學生就不會有機會聽音樂或寫作業）。因此，你已經開始在該課堂例行活動中建立尊重行為的 S^D-R_1-S^R 連鎖。

除了上述例子外，試想你要教導學習者在行人號誌燈（想像綠色、黃色或紅色的火柴人圖案）指引下穿越斑馬線過馬路。期望反應（R_1）是學習者安全且有效率地過馬路，走向對街的行人號誌燈，並維持在斑馬線的範圍內。這個行為的 S^D 是當行走的訊號（火柴人）變成綠色的時候。因此，當學習者在 S^D 出現時表現出 R_1（亦即在訊號是綠色時行走），你應該讓學習者接觸令他愉悅的刺激（例如：具體的讚美、在路的另一端讓他接觸他喜歡的物品或活動）以增加回應的可能，或增強（S^R）學習者在行人號誌燈轉綠的時候過馬路（當然，只有在行為增加時，你才知道你真的提供了增強）。

（二）區辨訓練

除了建立 S^D-R_1-S^R 連鎖之外，重要的是進行區辨訓練以確保學習者
042 對 S^D（而且只對那個 S^D）做出適當的目標反應（R_1），並且只以 R_1 做回應（Alberto & Troutman, 2013; Cooper et al., 2007）。回到前述的社會技巧情境，你可能已經教過學生尊重的行為是在老師主導的教學活動中（S^D）可能看起來像安靜地坐著聽講（R_1）。然而，你可能也希望他們知道：(1) 在不同的教室活動中（亦即其他前事刺激），反應 1（R_1）的表現可能就不適當；以及 (2) 其他反應（R_{2-x}）不應該出現在此類教室活動中（S^D）。例如，在消防演習時（S^{D-}）安靜地坐在自己的位子上（R_1）可能會導致嫌惡甚或是懲罰的後果（S^P）。同樣地，其他行為（R_{2-x}；例如：和同儕講話或走出教室）在不同情境中可能是適當的表現（例如：小組合作學習或防災演習），但不會在老師主導的教學情境中獲得增強（S^D）。為了確保學生知道在何種情境中表現何種行為，區辨訓練有其必

要性。

　　再來看另一個例子，在前述老師要教學生過馬路的例子中，除了建立 S^D-R_1-S^R 連鎖之外，你也必須確認學習者知道只在 S^D 出現時過馬路（R_1）。換言之，你會需要明確地教導在紅燈出現時（S^{D-}；火柴人靜止）過馬路可能會招致懲罰（S^P），而且學習者不應該留意其他無關的刺激（S^Δ；例如：有鳥飛過、有人闖紅燈、有狗在叫），這些刺激與增強或懲罰的後果之間並無直接關係。此外，教師需確認學習者在 S^D 出現時不是表現不同的行為反應（R_{2-X}；例如：爬、坐，或走斜線），因為該情境可能同樣危險。教師需要提供每種可能的前事類型（S^D、S^Δ、S^{D-}）充分的練習機會，直到有資料支持學習者能夠在特定的 S^D 出現時適當地（以 R_1 而且只以 R_1）回應，而不會在 S^{D-} 出現時做反應。沒有進行區辨訓練，你無法確定適當的 S^D-R_1-S^R 連鎖會發生；亦即你無法確知刺激控制是否已經建立（刺激控制的應用說明請見專欄 2-4）。

二、計畫刺激與反應類化

　　通常我們希望學習者能對一群有一個以上相似特徵的刺激〔稱為**刺激群組**（stimulus class）〕做出類似的反應，而非只對某一個特定的 S^D 有反應。例如，我們想要學習者能夠辨識約克夏、英國史賓格獵犬和大丹都是「狗」，即使每種動物有不同的特徵。對刺激群組做出類似的反應稱作**刺激類化**（stimulus generalization）（Alberto & Troutman, 2013; Cooper et al., 2007）。在上述過馬路的例子中，我們可能希望學習者能對一組行人號誌（例如：有無聲音的號誌、火柴人號誌、「走」與「停」的字，或手掌形狀的號誌）做出類似的反應（亦即，當號誌是綠色的時候安全地過馬路）。為了促進刺激類化，我們需要使用足夠的**正例**（example），以：(1) 說明群組中不同刺激所呈現之重要特徵的**共同點**（例如：所有在對街的行人號誌在可以通行時都會變成綠色的）；和 (2) 強調在群組中的不同刺激之無關特徵的**相異點**（例如：號誌的不同聲音和形狀）。此外，我們

專欄 2-4　刺激控制的應用：琴恩的口語能力

　　我（Brandi）18 歲的時候在特殊需求青少年夏令營工作。其中一位學員琴恩是一位 19 歲的青少女，她會重複之前在家中、電影，或其他情境中聽過的字、句和對話（亦稱為鸚鵡式仿說）；然而她不會使用最基本的語言溝通其需求。換言之，她有口語能力，但是無法有目的性或在適當的情境中使用——行為還未受到適當的**刺激控制**（當然，我當時不知道何謂「刺激控制」。因此在以下的故事中我會將正確的行為科學用語標示在括弧中）。

　　夏令營的輔導員和我探究了琴恩的發展史，我們發現她小時候會較有目的性地使用語言。然而，隨著年紀增長，她逐漸展現鸚鵡式仿說的語言。因此，我們想知道是否能讓她的語言再次變得更具功能性——我們想知道她是否能使用字詞要求物品或溝通需求等。

　　琴恩最喜歡的物品之一是紅色的四格遊戲球，我們發現如果我們重複地說，或許就可以讓她說出「球」。如果她在球出現的時候說出「球」，我們就會給她球和大量的關注。但是，如果她之後在不正確的情境中說「球」，我們就忽略它。而如果她在球出現的時候說了別的話，我們也會忽略她的語言。

　　因此，我們的計畫如下（亦即區辨訓練）：

- 如果球出現（S^D）而她說「球」（R_1），我們就給她球和關注（S^{R+}）。
- 如果其他刺激出現（S^Δ）而球沒有出現，但她說「球」（R_1），我們就不會給她球（不給予 S^{R+}）。
- 如果球出現（S^D）而她說了其他的話（R_{2-X}），我們就不給她球（不給予 S^{R+}）。
- 為了增加她說「球」的可能性，我們會把球舉高並說：「說『球』。」（亦即，我們會提供示範。）

在執行了上述的計畫之後，驚奇的事發生了：當我們把球舉高並說：「說『球』」時，琴恩回答：「請問可以給我球嗎？」

在六週的夏令營結束時，琴恩可以從一系列放在她面前的東西中要求她期望的物品，而她有時候會要求眼前中沒有的物品。例如，如果我們拿著紅色、黃色和藍色的紙詢問她想要哪種顏色，她有時候會要求要橘色。（由此可知，我們至少為她的某些語言行為建立了適當的刺激控制。）對於她的進步我感到非常開心（被增強了），只希望我們能在六週的營隊結束後繼續幫助她。

需要使用**非例**（nonexample）來展現刺激群組的「範圍」（例如：車子的交通號誌與行人號誌有一些相似的特徵，但號誌的形狀和位置不同），以確保學習者完整地了解他們該做出相似反應的群組（如 Horner & Albin, 1988）。

此外，學習者偶爾需要因刺激群組中部分刺激的特性而調整他們的反應。換言之，他們需要藉由表現與最初的反應功能相同但表徵不同的行為〔亦即表現出屬於同一個**反應群組**（response class）中的一個反應〕，而微調或變化其反應。此程序稱為**反應類化**（response generalization）或**適應**（adaptation）（Alberto & Troutman, 2013; Cooper et al., 2007）。若你想要學習者對黑暗的房間和燈光開關做出開燈的反應，相較於逐一教導學習者如何對個別的開關做反應，你可以選擇幾個能代表整個「電燈開關」刺激群組的範例，強調群組內刺激的共同點與相異點。接著你可以從「電燈開關操作行為」的反應群組中選擇適當的反應，教導學習者如何操作那些開關。例如，你可以教導學習者使用簡單的（手指撥動）上下移動開關，（順時針旋轉）調光器，和（拉）拉繩來開燈。之後再測試學習者是否將其技巧類化到不同的刺激和反應群組（例如：他們是否能夠使用檯燈上的翹板開關，或操作「聲控開關」）。選擇並使用具代表性

044

的訓練範例以促進刺激和（或）反應類化，亦稱為**通例教學**（general case programming）（Alberto & Troutman, 2013; Cooper et al., 2007; Horner & Albin, 1988; Stokes & Baer, 1977）。

　　試想之前討論的社會技巧情境，你可能想要學生在不同的教室例行活動中（例如：教師主導教學、小組合作學習、防災演練）都有尊重他人的行為表現。然而，我們知道相同的具體「尊重」行為並不適用所有的情境。因此，我們想要：(1) 教導多種需要表現尊重行為的刺激情境（亦即所有類型的教室例行活動）；(2) 教導組成尊重行為此反應群組的各種反應變化；和 (3) 評量我們的學生是否能因應新的情境調整其表現，將尊重的行為類化到其他需要表現的情境（例如：未訓練過的教室或非教室例行活動）。第六章將進一步討論如何使用此方法教導社會技巧。

　　因此，建立刺激控制的程序是：(1) 建立 ABC 連鎖，以 S^D 誘發期待反應（R_1），以及明確地教導和系統化地在 S^D 出現時增強 R_1；(2) 進行區辨訓練以確保 R_1 不會在不適當的刺激（亦即，不是與 S^D 同一刺激群組的刺激，包括 S^Δ 和 S^{D-}）時出現，還有在 S^D 出現時不會做出不適當的反應（亦即，不是與 R_1 同一個反應群組的反應）。此外，我們的目標通常是在刺激群組（包括與 S^D 作用相似的刺激）和與 R_1 具有相同功能的反應群組之間建立刺激控制。在此情況下，我們會使用相同的程序（訓練 ABC 序列和進行區辨訓練的程序），但使用通例教學將此程序應用在不同的範例進行訓練。在各種情況下，只有在學習者行為目錄中已有特定行為反應時，才可能建立刺激控制。換言之，你只能為學習者已經學會的行為建立 ABC 連鎖。如果學習者尚未習得特定行為，我們可以使用塑造或連鎖進行教學。

045

參　塑造

　　塑造（shaping，或稱逐步養成）是教導相對簡單之行為表現的理想策略。塑造的步驟包括確認 (1) 期待行為，和 (2) 學習者目前與最終期待

行為相關的起點行為表現。接著，逐漸增強學習者展現越來越接近期待行為的表現。以行為科學的用語即是增強逐漸接近期待行為的反應（Alberto & Troutman, 2013; Cooper et al., 2007）。從下述範例可知，你可以塑造不同的行為面向（詳見第四章）。塑造可用以：

- 在學生手寫字母越來越可辨識時（亦即趨近正確的字母架構），提供特定的讚美以改善手寫字母的**型態**（topography）或形式。
- 獎勵學生準時繳交一項、接著兩項，然後三項作業（以此類推），以增加學生準時繳交作業的**頻率**（frequency），直到學生每週都能準時繳交所有作業。
- 使用塑造增強學生逐漸增加每分鐘的正確閱讀字數，以增加其閱讀**比率**（rate），直到學生達成（或超過）與年紀相符的指標（亦即期望的行為目標）。
- 獎勵學生逐漸拉長他在座位上的時距，以增加學生坐在座位上的**持續時間**（duration）（例如：目前能安坐 1 至 2 分鐘的學生，若能安坐 3 分鐘就可獲得增強，接著再將增強標準提升為 4 分鐘、5 分鐘，然後 7 分鐘、10 分鐘）。
- 藉由增強學生越來越短的延宕時距，以逐漸減少教師給予開始工作的指令到學生開始工作之間的**延宕時間**（latency）（亦即從呈現 S^D 到做出反應的時間）。
- 當學生在特定時間的音量越來越低即給予增強，以減少音量的**大小**（force）或強度。

在上述各例子中，教學者在增強下一個更接近期望反應的行為之前，應確認學習者能流暢地展現前一反應水準或形式。如上述例子所示，塑造可用以教導、增加或減少不同行為的多元面向（塑造的應用範例請見專欄 2-5）。然而，對於複雜行為（亦即由多個步驟組成的行為），則較適合以連鎖進行教學。

專欄 2-5　塑造的應用：提升你跑步的表現

　　你可能已經是一位續航力超強的馬拉松跑者……然而，若你和多數人一樣，認為自己尚未達到一項或多項的健身任務的期望表現，則可以考慮塑造（增強連續接近理想之）自己的表現。

　　我們先暫時假設你並沒有跑步的習慣——除了被追趕之外，在被追的情況下你可以短暫狂跑 1 分鐘（起始行為）——而你想要提升自己跑步的能力到持續跑 5 公里（終點行為）。要達成這個目標，你不會在一開始就要求自己一次跑完 5 公里而在第一次嘗試就失敗，你會逐漸增加在休息前的跑步時間長度（逐漸調整增強的標準）。一開始跑 3 分鐘，然後 5 分鐘，接著是 8 分鐘，以此類推直到你能跑完 5 公里。每次增加跑步的時間後，你可以藉由在運動的 app 上輸入你完成的里程碑，並在你最喜歡的社交平台上公告以慶祝自己的進步。當達成各階段性目標時（例如：持續跑 1 公里不休息），你甚至可以買一樣跑步裝備以犒賞自己。不知不覺間，你已輕易地達成 5公里的目標並向下一個大目標邁進！

肆　連鎖

　　連鎖（chaining）適用於教導複雜、多步驟的行為（Alberto & Troutman, 2013; Cooper et al., 2007）。例如，教學者不太可能使用塑造以教導初學者學習長除法、問題解決的程序，或照著食譜做菜。相對地，教學者需要進行工作分析，以確認表現複雜行為所需的步驟或技巧，再使用連鎖教導學習者如何依序表現工作分析中的每個步驟。以下將分別說明上述程序。

一、工作分析

　　雖然文獻中描述的工作分析（task analysis, TA）有很多類型（如

Carter & Kemp, 1996），以下將聚焦於其中一種最適用於連鎖策略的 TA——成分的工作分析（component TA）。此類型的工作分析目標是將複雜的技巧依表現該技巧所需的成分分為小步驟。你只需嘗試幾次用「容易了解」的操作說明來組合小孩的玩具、連接電子產品，或組合家具，就會發現寫出工作分析（並遵循其步驟）有時並不容易！在執行此類 TA 時，你的目標是把一個技巧分解成數個「剛剛好」的步驟：步驟不會太多以至於每一步都太仔細，也不會太少而使學習者需推論每個步驟中沒有提到的訊息。

要決定相關步驟的順序，教學者需：(1) 自己操作技巧並將自己在完成任務時實際表現的每個行為記錄下來；以及 (2) 觀察「專家」表現該技巧。若技巧很複雜或是有多種不同的反應方式，可以觀察多位專家以確認表現複雜任務所需之關鍵技巧，再移除完成任務時非必要、僅為個人偏好或習慣的步驟。例如，我們請一組大學部學生（未來的教師）針對準備一份花生果醬三明治進行工作分析。一位學生寫了整整 75 個步驟，其中除了關鍵的步驟外，還包括很多個人的偏好（例如：抹各種醬料的特定方式、麵包擺放的特定位置、沿對角線精準切片）。在教導學習者技巧時，尤其是學習困難的學習者，你需要聚焦於教導關鍵的步驟。

除了確認關鍵步驟的順序之外，你需要確認學習者完成任務所需之先備技巧和材料。針對尚未精熟之先備技巧，你需要在使用連鎖教導該任務前先教導那些先備技巧，或進一步將工作分析分為更小的步驟。例如，若要教導學生烤蛋糕，但發現學生不會測量材料，你可以在教烤蛋糕前先教學生測量，或是將測量分為詳細的步驟並融入原有的工作分析步驟中，使學生可以正確地測量製作蛋糕的材料。在確認任務中的步驟、先備技巧和材料後，你就準備好以連鎖策略教導學生了。

047

二、連鎖的類型

連鎖是教導 TA 中的一系列步驟。換言之，連鎖是系統化地教導並增

強複雜行為中的成分，直到學習者能夠表現整個複雜行為。連鎖的應用可分為三種方式。**前向連鎖**〔或稱順向連鎖（forward chaining）〕是從教導工作分析中的 S^D 後出現的第一個技巧（或步驟）開始。當學習者流暢地完成第一步驟時，你就給予增強，然後再增加第二步驟。接著，你只會在學習者流暢地展現第一步和第二步時才給予增強。這個程序會重複執行，一步驟一步驟地增加，直到學習者能流暢地表現所有的步驟以獲得增強。例如，若要教導學習者綁鞋帶（複雜反應連鎖），當她的鞋帶掉了（自然的 S^D），你會先教導她把兩條鞋帶拉緊（步驟一）並在她能流暢地表現這個步驟時給予增強。接著，你會教她把兩條鞋帶交叉後用其中一條穿過交叉處（步驟二），並在她拉緊鞋帶、交叉並穿過（步驟一和二）後給予增強。你（在接下來幾天）持續教導各步驟，直到她每次在鞋帶掉了的時候（S^D）都能表現綁鞋帶所需的每個步驟（反應連鎖），好繼續參與下一個有趣的活動（S^R）。當這個連鎖建立後，S^D 會引發整個反應連鎖，而學習者只有在完成連鎖時才會接觸增強刺激。

同樣的程序也可倒反使用，以**後向連鎖**〔或稱倒向連鎖（backward chaining）〕從工作分析序列中的最後一步開始，由後往前建立反應連鎖。後向連鎖適用於：(1) 連鎖中最後一步驟的技巧較為容易；或 (2) 與自然增強刺激的連結很具吸引力，有利於學習者能夠從由後往前建立連鎖。例如，教導烹飪時，連鎖中的最後一步驟會連結到享用烹飪的成品。因為對多數學生（和老師）而言，這是原級且具吸引力的增強刺激，就可選擇使用後向連鎖教導烹飪（亦即從最後一個步驟開始教導，接著教導最後兩個步驟，然後最後三個步驟，以此類推，以倒反的順序從連鎖的最後一步往前進行教學）。

在其他情況下，讓學習者只學習連鎖中單獨個別的技巧，或沒有以完整的反應連鎖進行學習是不合理的。例如，教導學習者過馬路時，你不會希望他只完成部分的步驟，因為這可能會導致危險的結果。相對地，學習者在學習穿衣服時，只學習把手臂穿進外套袖子裡，卻沒有真的穿上

外套，這會讓學習者感到挫折。在這些情況下，可使用**整體工作呈現法**（total task presentation）要求學習者在每次執行該任務時，於教師提供連鎖中每個成分不同程度的提示下表現整個反應連鎖，直到所有的提示都褪除且學習者可獨立對 S^D 做出反應連鎖。

綜上所述，教導複雜技巧的重點是：(1) 藉由執行成分的工作分析，將技巧細分出其成分；(2) 確認並教導先備技巧；(3) 使用連鎖教導複雜技巧的部分，包括由前往後（前向連鎖）、由後往前（後向連鎖），或每次皆完整表現（整體工作呈現法）等連鎖類型。連鎖可用以教導複雜的課業（例如：長除法）、功能性的技巧（例如：綁鞋帶、依照食譜做菜），或多步驟的社會行為（例如：問題解決、工作面試、打電話、進行適當的對話、尋求協助）。專欄 2-6 描述如何應用連鎖以教導學生繳交作業。

專欄 2-6 連鎖的應用：提升作業繳交的行為

回到專欄 2-3 呈現的情境，假設你想提升學生繳交作業的行為。如前所述你發現繳交作業是由一連串的步驟組成，包括：把作業抄在聯絡簿上、把需要的材料帶回家、在家裡完成功課、把完成的功課和材料帶回學校，和在適當的時間把作業交到適當的地方。你知道如果能將一項任務分為一連串的步驟，就可考慮使用連鎖來教導該項技巧。事實上，藉由確認繳交作業的步驟，你已經開始執行**工作分析**——連鎖的第一步！你也了解若要完成工作分析，需要觀察專家學習者（亦即能成功繳交作業的學生）以確認完成任務所需的步驟。

在完成工作分析後，你發現還要考量學生完成連鎖所需之先備技巧和材料。在這個例子中，你的學生已經精熟所有的先備技巧（例如：書寫、閱讀），而你每天會跟學生確認各項回家作業需要使用的材料。

因此，你的下一步是決定要使用前向連鎖、後向連鎖，或整體工作呈現法以教導反應連鎖。經思考後，你發現可以教導各步驟技巧，而且你想要學生每次都能完成整個程序。因此，你明確地教導每個步驟（例如：何時和如何抄寫聯絡簿）。接著，如專欄 2-3 所述，你系統化地針對每個步驟運用提示，並計畫一次褪除一個步驟的提示。

　　最後，你決定為繳交作業的行為執行增強計畫。一開始，當學生正確地抄寫聯絡簿（工作序列中的步驟一）就給予增強。接著，你會在學生要回家時進行抽查，並增強有正確抄寫聯絡簿和記得帶作業及所需的材料回家（步驟一和二）的學生。你持續在學生完成每個步驟後給予增強，直到他們能完成整個連鎖才獲得增強。然後你就逐漸褪除額外的增強，使自然的增強（成績、學習、老師的正向關注）可維持學生繳交作業的行為。

　　藉由 (1) 完成工作分析，(2) 決定所需的材料和先備技巧，(3) 選擇教導連鎖的方式，(4) 對連鎖中的各步驟適時地使用提示，和 (5) 學生完成連鎖的每個步驟時適時地增強學生，代表你已經成功地使用連鎖教導學生繳交作業。（這五個步驟正是連鎖的工作分析！）

049

● 摘要 ●

　　本章強調老師熟悉基本行為原則的重要性。如本章一開始所述，班級經營中常教導的「秘訣」偶爾會失敗；但了解秘訣背後的理論，可使你更加了解何時可使用以及如何調整秘訣。在閱讀本章（並完成每個學習階段的活動）後，現在你應該對行為的 ABC 有基本的了解。也就是，現在你應該熟悉：(1) **前事**的種類，以解釋行為何時最可能以及最不可能發生；(2) **後果**的種類，以解釋為何行為較可能和較不可能發生；(3) 前事和後果

之間的關係（亦即三期和四期後效）。你應該也能夠應用這些知識，透過提示、建立刺激控制、塑造和連鎖，有效地教導不同的技巧。在本書後續的章節中，我們將討論如何在全校（第三章）和在你的教室中（第四章至第八章）應用這些基本原則，我們也會介紹如何進階應用行為的原則，以因應需要特定小組（targeted-group）（第九章）或個別化（第十章）正向行為介入與支持的學生行為。

各學習階段之活動

一、習得

1. 列出可解釋你的教室中一位或多位學生行為的 ABC 序列（亦即，三期後效）。

2. 舉出你教室中現有的視覺提示。回想你是在何時及如何說明每個提示，並適時地決定如何褪除提示的計畫，以確保學生可以對教室中「自然的」S^D 做出反應。

二、流暢

1. 針對「習得」階段活動 1 所列的各個 ABC 序列，指出可以預測行為最可能和最不可能出現的前事類型（S^D、S^Δ、S^{D-}）、維持行為的增強類型（S^{R+} 或 S^{R-}），並思考是否有背景事件可解釋所觀察到的行為變化。

2. 使用塑造教導學習者一個新的技巧（或使學習者增加／減少使用一個現有技巧的特定面向）。

三、維持

1. 針對「習得」及「流暢」階段活動 1 所列的各個三期後效，試著向一位同事以簡潔的行為用語說明這些三期後效序列（描述時需移除任何可辨識的訊息）。接著再對其他同事說明，重複練習直到你習慣在每天的

對話中使用行為用語。

050 2.列出教室中你會使用連鎖來教導複雜技巧和行為的情境。針對課程中會使用的技巧，檢視工作分析（TA）的適切性（列出先備技巧、描述所需的材料，並包括必需的步驟）。針對已完成工作分析的技巧，再次考量 TA 是否適當。視需要調整前述二種 TA，以提升教學的成效及效率，並思考最適合用以教導該技巧的連鎖方法（前向、後向，或整體工作呈現法）。

四、類化

1.當你在專業工作中經常性地使用行為用語（和辨識行為原則）後（亦即在完成維持階段的活動 1 後），看看你是否能夠在每天生活的其他面向中應用行為用語和原則（例如：解釋幼兒在超市哭鬧時家長的行為反應、分析特定前事刺激出現時你自己的行為反應）。

2.列出一些你會想要在教室中加強的社會技巧。針對每個技巧，從本章所介紹的教學策略中（亦即建立刺激控制、塑造和連鎖）選擇一個或多個最適合的教學策略，並決定你會如何在主要的教學策略之外使用提示。針對每種教學策略，選定一個技巧發展教學計畫。執行計畫以教導社會技巧，並蒐集資料以檢視你的教學是否有效（亦即，學生是否增加使用該社會技巧）。

五、其他增能活動

1.列出你常用的班級經營策略。分析各個策略融合了哪些行為原則（例如：前事的類型、後果的類型、教導策略），並思考每種策略是否達到了預期的成果（例如：你的增強策略確實使期待行為增加了）。

2.挑戰：若你現在正在使用負懲罰以減少不適當行為（例如：在行為問題出現後扣除某種權利），想想看你能否「翻轉」既有的系統，使學生可以因為適當的行為表現而贏得期望的刺激（例如：某種權利）。蒐集並檢視資料以判斷哪種方式對你的班級更有效。

●● 第三章 ●●

第一層級全校性
正向行為介入與支持

本章目標

讀完本章後，你應該能：

1. 確認全校性正向行為介入與支持（SWPBIS）的定
   義。

2. 描述成果、資料、系統和實務如何構成全校性正向行
   為介入與支持的架構。

3. 將全校性正向行為介入與支持整合在你的全班性正向
   行為介入與支持系統中。

試 想 ······

　　喬治是玫瑰高中（Rose High）的新進老師。當他到學校報到的第一天，他依指示把他的班級帶到集會上。在這次集會上，校長介紹了全校性正向行為介入與支持團隊的成員。團隊成員熱情地向學生宣導學校的期待（「尊重」、「組織」、「安全」、「努力」）；之後又花幾節課（請學生角色扮演）說明期待，並與學生一起了解全校的增強系統〔可作為學校商店貨幣的「玫瑰」（ROSE）花瓣〕。喬治在自己的郵箱找到了一疊他可以發放的玫瑰花瓣，而且花瓣上預先印上喬治的名字。旁邊另外放著一張列有學生行為的清單，說明每個行為「值多少花瓣」。

　　「哇！」喬治心裡想：「在一個已經有了這些系統的學校裡，實現我的全班性正向行為支持是很容易的。我真是選對了學校！」他走在走廊上邊吹口哨，邊尋找那些遵循學校期待的學生。

第一節 什麼是全校性正向行為介入與支持？

　　全校性正向行為介入與支持（schoolwide positive behavioral interventions and supports, SWPBIS）是在學校中提供**所有**學生行為支持的架構。如同介入反應模式（RTI）和多層級支持系統（MTSS），SWPBIS也是基於公共衛生和疾病控制模式的多層級預防系統（Walker et al., 1996）。公共衛生模式努力透過為每一個人提供正向照護以盡可能地預防疾病，包括像接種疫苗、飲用水中加氟化物、食品中富含葉酸以減少新生兒神經管缺陷，以及公共服務宣導（例如：反菸草廣告、抗肥胖努力）等預防措施。這個邏輯很簡單：透過投入於預防工作，盡可能預防疾病，就

可以使更少的人需要密集的照護。由於這種「普及的」（universal）預防層級沒有辦法讓每個人都不生病，因此公共衛生模式提供了其他層級的支持。第二層級為高風險群的人提供「特定的」介入措施。在第二層級，為家族中有某種疾病史的人提供資源；為易發生藥物濫用的人提供支持團體；為生活貧困或缺乏保健服務的人提供社區診所。公共衛生模式的第三層級為患有慢性疾病、嚴重損傷或其他緊急醫療需求的人提供了「個別化」的介入措施。透過將資源分配到預防工作，公共衛生模式的目的是盡可能減少需要密集服務的人數。這種模式使更多人保持健康，這在經濟上別具意義。

在 SWPBIS 中，將多層級的預防邏輯應用於學生行為。有一個「普及的」介入層級（即第一層級），旨在盡可能**預防**行為問題。這層級的介入包括建立期待行為、將這些期待行為教授給所有學生，並有一個全學校性的獎勵系統來獎勵學生表現這些期待行為（詳見本章後文的討論）。如果精準地實施普及層級的支持（亦即有效、周全地執行所有策略），大約 80% 的學生（小學比例高一點，國中和高中的比例會低一點），一年中僅會有一次或零次因違規被轉介（Spaulding et al., 2010）。SWPBIS 提供高風險學生（即具輕微的慢性行為問題之學生）第二層級的介入，「特定的」（即第二層級）支持，包括「簽到／簽退」系統或有特定主題的社會技巧教學；大約 15% 的學生需要次級的介入。有一些學生需要更加個別化、密集的行為介入，也就是第三層級介入〔例如：行為功能評量（FBA）和行為介入計畫，也有可能轉介給特殊教育〕；這些學生約占學生總人數的 5%。多層級的預防模式通常用一個三角形代表（我們在第一章中介紹了這個三角形；圖 3-1 提供另一種版本）。本章聚焦於第一層級（普及性）的支持。

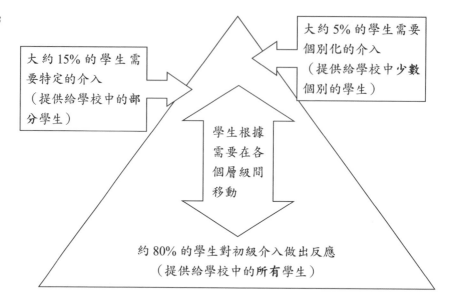

大約 15% 的學生需
要特定的介入
（提供給學校中的部
分學生）

大約 5% 的學生需要
個別化的介入
（提供給學校中少數
個別的學生）

學生根據
需要在各
個層級間
移動

約 80% 的學生對初級介入做出反應
（提供給學校中的所有學生）

圖 3-1 ▪ SWPBIS 多層級的支持模式。大約 80% 的學生只需要普及的行
為支持；20% 需要特定的或個別化的行為介入，才能達到學校
的期待。

資料來源：修改自 www.pbis.org。經 OSEP Technical Assistance Center on Positive Behavioral
Interventions and Supports 許可使用。

第二節 為什麼需要全校性正向行為介入與支持（SWPBIS）？

　　為什麼學校會想要致力於實踐 SWPBIS 呢？畢竟，SWPBIS 著重
預防，而不是立即消除行為問題；培訓過程很長，通常是一年；而且
SWPBIS 團隊需要持續努力——需要蒐集和分析資料、需要教導期待行
為；學校的所有教職員在處理學生符合期待的行為和違反期待的行為時，
都要保持一致。這聽起來像是很多工作要做——值得嗎？

　　正如這篇文章所言，美國有兩萬多所學校會說：「是的，這是值

得的」（OSEP 正向行為介入與支持技術支援中心在其網站 www.pbis.org 上不斷更新這個數字）。自 1990 年代以來，有許多學校已經實施 SWPBIS。精準地實施 SWPBIS 的學校通常會繼續實施多年（參見 McIntosh, Filter, Bennett, Ryan, & Sugai, 2010，關於持續實施 SWPBIS 的豐富和詳實討論）。實施 SWPBIS 與以下幾個現象有關：處室違規轉介率降低、出席率提高、考試分數提高、轉介特殊教育人數減少以及學校氛圍整體改善（如 Bradshaw et al., 2010; Lassen, Steele, & Sailor, 2006）。有更少的學生被送到行政處室處理，行政人員空出了幾個小時的時間，可以用在提供更優質的教學領導。SWPBIS 著重於學校內的所有系統，包括教室情境（本書的重點）、非教室情境和個別學生。無論學校是否有嚴重的紀律問題，SWPBIS 都可以提供一個系統來支持所有學生的行為需求，並在所有教職員努力鼓勵學生遵從學校的期待時提供支持。

054

第三節 SWPBIS 的要素

當學校實施 SWPBIS 時，他們的努力是由成果、資料、系統和實務四個特定的要素組成的文化意識所驅動。這些要素通常以第一章中看到的交錯的圓來展現，圖 3-2 再次為你呈現（參見 Sugai et al., 2010，關於 SWPBIS 實踐的完整描述）。圓圈是同心的，因為它們不能獨立存在於 SWPBIS 中；四個要素對 SWPBIS 的實施、成功和持續可能性都至關重要。

壹 成果

在開始實施 SWPBIS 之前，學校團隊必須確定他們**為什麼**要實施 SWPBIS。他們是否想減少處室違規轉介（office discipline referral, ODR）？增加師生出席率？減少因行為問題被轉介到特殊教育？鼓舞士

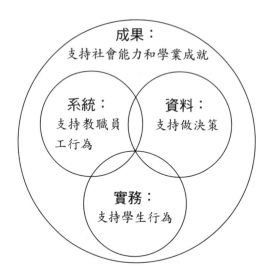

圖 3-2 ▪ SWPBIS 的四個要素

資料來源：修改自 www.pbis.org。經 OSEP Technical Assistance Center on Positive Behavioral Interventions and Supports 許可使用。

氣？提高考試分數？減少霸凌事件？無論實施 SWPBIS 的理由是什麼，學校團隊必須能夠確定可評量的成果。當 SWPBIS 在運作時，如果你
055 不確定 SWPBIS 要帶你去哪裡，你怎麼會知道 SWPBIS 有在運作呢？任何成果都應該是可觀察、可評量、具體和可實現的。此外，成果應是文化平等的，也就是說，學校內所有的文化群體都應同樣體驗到因為實施 SWPBIS 而改善的成果（Vincent, Randall, Cartledge, Tobin, & Swain-Bradway, 2011）。研究顯示，有色人種的學生經常因為比白人學生出現較輕微的違規行為，卻遭受到比白人學生更嚴厲的懲罰（Skiba et al., 2011）。學校內來自所有文化背景的學生，應該同享 SWPBIS 所達成的正向成果（例如：減少處室違規轉介、減少停學處罰）。

1. 以下是成果的正例

- 實施一年後，我們的處室違規轉介次數將比上一年減少 10%。
- 實施兩年後，實施將更為精確，且在全校性評估工具（School-wide Evaluation Tool, SET；這是一份經過研究驗證評量 SWPBIS 實施精準度之工具）上獲得 80/80 的分數。
- 實施三年後，霸凌事件減少了 60%。

2. 以下是成果的非例

- 會覺得學校是一個工作和參與的好地方。
- 學生會更快樂，表現得更好。
- 主管有更多的時間與教師合作。

成果應由 SWPBIS 團隊共同決定和同意。除了可觀察和可評量之外，成果還應與環境脈絡有關。例如，在退學率高於平均水準的學校，符合環境條件之成果將是退學人數減少。在一所難以找到代課教師的學校，符合環境條件的成果就是可任用的代課教師人數增加。在幫派事件發生率高的學校，符合環境條件的成果就是減少幫派事件的數量。在家長很少參與學校活動的學校，符合環境條件的成果就是增加參與所有學校活動的家長人數。成果如果要得到整個學校的重視，並用於調整 SWPBIS 的實施，就必須是由學校成員決議並認為是有意義的。

貳 資料：支持決策

一旦 SWPBIS 團隊選擇了可評量的成果，團隊必須確定如何蒐集資料來評量這些成果的進展。有些資料蒐集起來相當簡單；大多數學校都有追蹤處室違規轉介（ODRs）和學生出席率的方法。SWPBIS 培訓人員鼓勵學校使用有效的系統追蹤處室違規轉介並彙整資料（參見 www.pbisapps.org 列出的處室違規轉介資料蒐集系統）。SWPBIS 團隊應將資料用於兩個目的：(1) 資料應用於追蹤成果的達成進度；(2) 資料應用於決

056

定是否修改 SWPBIS 的行動計畫或調整系統中效果不佳的部分。

　　此外，資料應支持具有文化效度的決策（Vincent et al., 2011）。我們定義不當行為時應該盡可能是操作性的（例如：「干擾行為」不是操作性定義，但「離開座位」則是可以看到和評量的），以消除相關人員對行為認定任何潛在的差異。即使有了操作性的定義，我們也可能有文化偏見，如「上課說話」在權威文化中可能是問題行為，但在不同的文化，它可能是符合文化的（甚至被獎勵的）行為。除了剛才描述的資料蒐集的兩個目的之外，我們還需要使用資料來確定學校是否對於校內所有文化背景的學生都能公平地執行管教。我們的處室違規轉介率、中輟和其他處罰對於一所學校內的所有文化群體應該是相同的；資料可以向我們保證，確實執行的狀況是如此的，如果資料反映出不符合文化公平，則要提供重要的訊息來改變目前實施的做法。

　　為了促進資料的蒐集和評估，SWPBIS 團隊必須確定如何和由誰蒐集與分析資料，使資料輸入和輸出的效率最大化，以提高團隊在每次會議上依據資料做決策的可能性。學校應考慮有一個專門的資料輸入人員，無論是 SWPBIS 團隊的成員、管理者還是行政助理，他負責的主要工作就是資料輸入。如果學校不將資料輸入和整理作為優先事項，團隊將發現自己沒有資料可以在會議上檢視成效和使用，而依據資料做決定正是 SWPBIS 的關鍵要素。畢竟，如果你沒有證據證明你所做的是有效的，你要如何說服你的同事繼續努力執行？除了網絡的系統，如全校性訊息系統（School-Wide Information System, SWIS）和其他可以追蹤資料（www.pbisapps.org）的應用程式外，有時一個簡單的 Excel 表格就可以提供 SWPBIS 團隊相關訊息。無論學校選擇什麼資料蒐集系統，都必須是高效、可靠和可持續的。

　　除了蒐集關於學生表現成果的資料外，還必須蒐集關於 SWPBIS 實施精準度的資料。這可以在當地（即在學校內）透過使用 PBIS 自我評量調查（Self-Assessment Survey, SAS；可在 www.pbisapps.org 上查閱）取

得。SWPBIS 團隊運用初始的 SAS 結果來查看 SWPBIS 哪些方面的執行已經到位、哪些方面部分到位，以及哪些方面不到位。SAS 調查包括了全校性、全班性、非班級和個別學生的系統，填答者（包括學校中的每個人）以「1」、「2」或「3」標訂各項措施實施的先後順序。另一個快速評量精準度的工具是團隊實踐檢核表（Team Implementation Checklist, TIC；此工具也可以在 www.pbisapps.org 上找到）。這個自陳評量提示 SWPBIS 團隊成員考量 SWPBIS 的各面向，並對這些面向是否已完成、正在進行或尚未啟動進行評估。該小組還可以透過使用品質基準量表（Benchmarks of Quality, BoQ；同樣可在 www.pbisapps.org 上查閱）來評量 SWPBIS 的執行精準度。這是年度評量工具，是利用小組成員的年度回饋來評量 SWPBIS 幾個關鍵面向的實施情況。還可以透過使用 SET（可在 www.pbisapps.org 上查閱）來評量實施的精準度，該工具每年由一名訓練有素的評鑑人員（即不是在學校工作的人員）執行。一所學校若要被評定為有「精準地實施」，必須在 SET 上獲得 80% 的總分，以及期待行為是否被教導的分量表上獲得 80% 的分數。SWPBIS 小組可以利用 SET 的結果來評量實施的優缺點，並據以修改行動計畫以因應該方案的任何改變需求。有一種新的工具，即層級精準度檢核表（Tiered Fidelity Inventory, TFI；也可在 www.pbis.org 上查閱），可以讓 PBIS 團隊和 PBIS 教練透過行動計畫的訊息，跨層級評量精準度。

一旦建立了有效果和有效率的資料蒐集系統來衡量學生的成果和實施的精準度，團隊就可以開始使用資料來促進和改進 SWPBIS。如果學校蒐集資料，但不將資料用於任何目的，教職員理所當然會抱怨資料蒐集不如期待，造成資料的可靠性降低。

1. 以下是有效使用資料的正例

- SWPBIS 團隊檢視每月的 ODR 數字，並製成圖表張貼在學校公布欄明顯處，公告下降的趨勢。

- SWPBIS 團隊檢視 ODR 資料，並確定大部分的轉介來自學生餐廳，團隊就決定加強餐廳的監督。
- 出席資料顯示，學生在要上半天課的出席率下降；團隊建議教師在這些天安排考試或設定為作業繳交最後期限日，以鼓勵出席。
- 從 SET 的結果發現並不是所有的教師都同意行政單位對於哪些行為應該在課堂上處理，哪些應該轉介處室處理的意見，所以團隊建議下一個專業發展日專門討論這個主題。

2. 以下是有效使用資料的非例

- ODR 資料蒐集後，放入校長辦公室的檔案櫃中。
- 缺席率向政府報告，但沒有提供給 SWPBIS 團隊。
- SAS 已發放，但團隊成員沒有督促大家完成，以致從教職員那裡蒐集到的資料很少。

除了根據資料修訂行動計畫外，還應利用這些資料慶祝成功。團隊可以考慮制定一個目標（例如：在半個學期或三個月內減少 100 個 ODR 轉介案），然後目標達成後舉辦一個全校性的獎勵活動（例如：午餐時提供每個人一份冰淇淋三明治）。還應與家長和社區分享成功經驗，以引起大家對 SWPBIS 團隊努力的關注。資料可以在親師會談日發布、以校訊形式發送給家長或是張貼到學校網頁上，並刊登於地方報。

參 系統：支持教職員的行為

SWPBIS 的「系統」是驅動 SWPBIS 運作的動力。在 SWPBIS 模式中，系統是支持教職員行為的結構；若沒有足夠的員工支持則難以建立模式。以系統的方法來執行，可確保萬一發生人事變動時（例如：在 SWPBIS 團隊中擔任領導職務的副校長贏得彩券並搬到大溪地），SWPBIS 是可持續進行的，因為已經建立了基本結構。雖然人員可能會發生變化，但系統本身仍然穩定地矗立在學校文化中。

SWPBIS 的關鍵系統是 SWPBIS **團隊**。團隊成員應該是自願的，並且應該有來自全校的代表。該團隊應包括一名管理者，以及來自各年級的普通教育和特殊教育教師。此外，該團隊還可以包括教師助理員、臨床工作人員（例如：輔導諮商人員、社工）、監護人、校車司機、家長（適當時）、學生（適當時），以及任何能夠提供關於如何支持學生行為的觀察和想法的人。這並不是說團隊應該包括學校裡的每個人；團隊越大，就越難有效率地達成一致的決策。理想的情況是，該小組的實際規模應反映並代表學校教職人員總數（即與學校環境有關）。

每個 SWPBIS 團隊都需要一名教練（有些學校選擇兩名教練協作）。教練應該是一位參加了所有的 SWPBIS 培訓，並有能力向團隊和學校教職員傳遞培訓知能的人。教練必須願意接受委派任務並能追蹤執行情形（即「嘮叨」，但是以最禮貌的方式），以確保這些任務都被完成。教練也應該是一位在學校裡受到尊重並常與同事相處的人。雖然這些特質很主觀，但如果你想想你認識的人，肯定會有一些人比其他人更適合擔任領導角色。至少有一位 SWPBIS 教練應該是校內的人員（即在學校工作），並且可能有外部教練（即為該地區或校外組織工作的人員）的支持。外部教練必須定期訪問學校、團隊和檢視資料，以便有效地支持 SWPBIS 團隊的努力。

在教練的指導下，SWPBIS 團隊應該定期開會（至少每個月一次；在最初的規劃和實施階段可能需要更高的頻率）。會議應有效率，有明確的議程和計時，以確保依據議題和表定時間進行討論。在會議期間，團隊應檢視任何現有資料，並利用這些資料對行動計畫或當前執行工作中的任何必要調整做出決定。下次會議之前要完成的任務應該分配，且若成功，應該得到認可，並與學校其他教職員分享。

SWPBIS 中的第二個關鍵系統是**資料管理系統**。正如我們所描述的，資料蒐集需要高效率和穩定。一旦團隊確定要蒐集和檢視的資料類型，就應該立即指定專人輸入和匯總資料，以供檢視之用。資料檢視應在每次

SWPBIS 團隊會議上列入議程，並且向學校教職員說明的任何 SWPBIS 資料，都應該有資料顯示成果完成的進度。

　　SWPBIS 的另一個關鍵系統是**教職員接受的培訓**。所有教職員都需要接受 SWPBIS 幾個方面的培訓，包括：(1) 教導期待行為；(2) 提示學生出現符合預期的行為；(3) 獎勵表現期待行為的學生；(4) 對於不符合期待的行為建立與使用連續性的回應；以及 (5) 文化知識和自我覺察。任何基於 SWPBIS 的專業發展都應解決特定的需要或挑戰。如果教職員使用 SWPBIS 實務的方法不一致（例如：如何促進學生表現期待行為），則應安排「加強課程」。專業發展應該是有目的和成果取向的，如此才能有效率和有效果地滿足學校的需要。此外，專業發展應持續進行，並以學習階段為基礎。教職員初次學習 SWPBIS，並應用習得技能時，需要經常給予回饋和支持。隨著他們的運用更加流暢，教職員也需要機會練習他們的 SWPBIS 技能。專業發展課程應包括角色扮演和解決問題的情境。為了確保教職員能夠維持他們的 SWPBIS 技能，所有專業發展課程都應從檢視以前教過的材料開始。而且在課程結束一段時間後，可以提供「加強課程」和提示（例如，教練可以在晨會中說：「歡迎大家回來！記得找那些符合我們期待的學生，用玫瑰花瓣獎勵他們！」）。

　　因為教職員工培訓系統對學校所有行為支持的成功至關重要（包括教室層級的支持），必須再加以說明。除了上述培訓重點外，管理者還必須向所有教職員——特別是教師——提供與學生相同的支持，以鼓勵適當的行為；也就是說，管理者必須模擬他們想從老師那裡看到的東西。管理者應設定期待行為，並明確教導教職員如何表現符合這些期待的行為（例如：透過專業發展，甚至在必要時提供特定或個別化的支持；參見 Myers, Simonsen, & Sugai, 2011，以了解如何將 RTI 模型應用於教師培訓）。當教師開始實施新學到的技能時，管理者應該提供提示、追蹤和回饋，以確保教師已習得並能流暢運用這些技能。此外，管理者應主動增強教職員的行為，以提高 SWPBIS 實施的精準度和成功率。關於增強的方法將在本

章後文描述。

最後，必須有一個系統來認證教職員在專業發展的努力。雖然大部分的重點是（而且應該是）獎勵學生的行為，但 SWPBIS 團隊應該建立一個系統來獎勵那些行為表現有助於團隊實踐的教職員。有一些學校獎勵那些使用最多正向轉介券的教職員；另有一些學校獎勵經常參加課外活動（例如：籃球比賽、音樂會）的教職員。這些獎勵可以是社會性的（例如：藉由校內廣播公開宣布史密斯老師籌劃了一次成功的停車場清理工作，展現了優良的學校精神）或有形的（例如：在校車司機持續提示學生遵循搭公車的期待行為之後，給他咖啡店的禮券）。有一些學校在其員工獎勵制度中表現出令人難以置信的創造力，包括在一天結束時將「黃金馬桶吸把」（即塗有金色噴漆的馬桶吸把）授予最乾淨的教室，或是將一個主要停車位授予一名因實施 SWPBIS 優於其他人，由其同事提名為「當月 SWPBIS 模範」的教職員。藉由增強員工有助於 SWPBIS 運作的行為，團隊可以增加這種行為未來繼續出現的可能性——這就是設計 SWPBIS 系統想達成的。

060

SWPBIS 系統正確運作的正例

- 團隊在每個月的第一個星期三開會，檢視 ODR 的資料，然後在教職員會議中公布。
- 在 SWPBIS 的任何專業發展研習之後，團隊成員追蹤教師狀況，看看是否有問題，並就使用 SWPBIS 實務策略的情形提供回饋。
- 在每月抽獎時，在抽出玫瑰花瓣以確定哪位學生贏得 SWPBIS 獎勵的同時，發放被抽中花瓣的教職員也會獲得可以在當地教材商店使用的禮券。

SWPBIS 不僅僅是改變學生的行為，並且改變環境以增加適當行為的可能性和減少不適當行為的可能性。環境變化則由教職員工完成，其中包括教職員工自己的行為變化。SWPBIS 的成功取決於該學校系統的可行

性、適當性和持續性。

肆 實務：支持學生行為

一旦 SWPBIS 團隊確定了成果，確定了相關的資料來源，並建立了支持教職員工行為的系統，團隊就需要選擇有實證基礎的實務來支持學生的行為。如前所述，SWPBIS 不是改變學生行為的魔杖；它重新安排環境，提高某些行為出現的可能性，降低其他行為出現的可能性。SWPBIS 透過一系列可作為 SWPBIS 基礎的實務來實現這一觀點，這些實務可用 BoQ、SET 和 TFI 來評量，而且所有教職員都熟悉這些實務。

首先，SWPBIS 團隊必須為學校制定**行為願景**（behavioral vision）。這個實務包括建立全校性的管教方式，而全校的教職員都要承諾致力於實踐 SWPBIS。團隊所決定的「成果」，應當作為學校願景的基礎。例如，假設學校訂定的成果是減少 ODR 事件和提升考試成績，這些目標可以化成一句願景：「在玫瑰高中，我們對學生維持高期待和標準，以確保這些年輕人學業學習和社會互動的成功。」好的領導者知道他們要往哪裡去，這個願景要能反映學校所期望的方向。

在學校建立行為願景之後，SWPBIS 團隊必須決定學校對於學生的**行為期待**（behavioral expectations）。行為期待數目要少（大約三至五項）並且應該正向陳述（如：行為期待是「尊重」而不是「不點名」）。正向陳述行為期待，可以提醒學生該做什麼，而不是**不該**做什麼。「期待」應該是符合年齡和特定的背景，應該足夠廣泛，以包括所有預期的學生行為。圖 3-3 顯示了全校性行為期待的例子。本節所述的所有實務都應以符合文化的方式發展；也就是說，所有期待都應以學校中所有文化所使用的語言發布和教導，這可能需要有不同文化和語言背景的成年人參與（Vincent et al., 2011）。在學校，來自不同文化、擁有不同經歷的學生可能需要多種行為期待的示例，以澄清這些期待在學校環境中相關的應用方式。

061

在布萊克中學，我們會：

尊重

我們會用自己想被對待的方式來對待別人。

負責任

我們對自己的行為負責。

準備好

我們是有組織的，準備好要學習的。

圖 3-3 ▪ 中學的全校性行為期待示例

　　確定行為期待後，下一步是**明確地教導**所有全校例行的**行為期待**。社會技巧教學是一種有實證基礎的實務，它與增加學生適當行為和減少不符合期待的行為非常有關（Simonsen, Fairbanks, Briesch, Myers, & Sugai, 2008）。為了確定要教什麼，SWPBIS 團隊必須首先在學校規範的環境脈絡下定義行為期待。例如，如果整個學校的期待之一是「負責任」，那麼團隊就要定義「負責任」在走廊該如何表現（例如：直接去你的目的地）、在學生餐廳該如何表現（例如：準備好午餐錢）、在操場該如何表現（例如：天氣寒冷時穿外套）、在圖書館該如何表現（例如：在到期日前歸還書籍），以及在學校內的任何其他環境中該如何表現負責任的樣子。有一個簡單方法可以幫學校彙整跨情境的行為表現，就是使用矩陣格式（matrix format）；有關學校中的矩陣的範例，請參見圖 3-4。

　　行為期待應盡可能在自然環境中教導：搭公車的期待行為，就應該在公車上教導；遵守解散規範的行為，就應該在容易發生解散行為的教室和走廊教導。SWPBIS 團隊應制定課程計畫，在日常工作中教導全校性的行為期待，這些課程計畫應盡可能由負責監控和增強遵守規範行為的教職員教導。如果沒辦法讓管理學生餐廳的教職員教導學生餐廳的期待行為，學

	走廊	學生餐廳	集會	圖書館	校車
尊重	保持安靜。能管好自己的手腳。	向學生餐廳的員工問好。說「請」和「謝謝」。	注視演說者。把腳放在地板上。	保持安靜。拿東西時小心謹慎。	跟司機問好。能管好自己的手腳。
負責任	經過而不任意逗留。靠右邊行走。	將垃圾扔進垃圾桶。和你的班上坐在一起。	舉手提問。專心專注。	按時歸還物品。離開前整理好。	知道自己的校車號碼。離開校車前檢查自己的物品。
準備好	直接前往目的地。準時到達。	聽員工指示。準備好錢和想好餐點選擇。	準時到達。一直坐到結束。	看時鐘,聽鐘聲。在下課前檢查一下書。	早上準時到校車站。當輪到你下車時,準備好。

圖 3-4 ▪ 在學校例行活動的情境中定義期待行為的全校性矩陣（schoolwide matrix）示例

生餐廳教職員至少應該參與課程的情境練習。

　　每一節課都應該定義所教的期待行為和常規,並給出符合期待行為的正例和非例（例如:「在走廊上要安全,邊走邊將手放在自己的身體兩旁」;「在走廊上要注意安全,不跑步和不砰砰地敲儲物櫃」）。課程應包括示範全部教導的行為,以確保學生知道期待的行為是什麼樣子,並應給予學生充分的機會,透過角色扮演、區辨正例和非例或任何其他有助於流暢的活動。學生應該因為投入與練習期待的行為而獲得回饋和增強。教導這些行為時,要像在教學科課程那樣（即示範新的技能,讓學生練習,提供回饋,透過要求學生獨立執行技能來「測試」,並在學生們正確地執行新技能時給予肯定,在他們做錯時提供回饋）。在教完這些行為之後,教職員應該提供學生們機會,讓他們表現新行為,並且獲得增強。此外,

所有教職員都應該盡可能的適時提示學生遵守行為期待。例如，當學生在操場上排隊返回教室時，糾察隊可以說：「記住在走廊上的安全是什麼樣子！走路時，雙手放在你的身體兩邊！」（在第六章會重新檢視教導期待行為的策略，並提供一個課程計畫格式。）教導期待行為是 SWPBIS 不可或缺的一部分，只有當學校在 SET 的「教導行為期待」分量表上達到 80% 時，才算有精準地實施 SWPBIS。即使一所學校在 SET 上的總分為 80%，在所有其他分量表的分數為 80% 或更高，如果「教導行為期待」分量表分數低於 80%，則不認為學校有精準地實施 SWPBIS。

當有新教師和新學生來到 SWPBIS 學校時，應該盡快引導他們適應行為期待和其他實務。一些學校採用「護照」策略，新學生會收到一本小冊子，並在完成遵循規範行為期待每一門課程時「加蓋印章」（或給教職員簽名）。例如，一位新學生會被帶著走過體育館、到餐廳到更衣室到校車，同時被明確地教導每個地方期待的行為是什麼樣子。對於新教師，SWPBIS 團隊應該準備一個「歡迎」包，描述學校內的行為期待、增強系統和任何其他與 PBIS 相關的實務。新老師也會拿到代幣並了解如何使用。

現在行為已經建立和教導，學生符合期待行為的表現必須受到增強。我們已經知道，若行為之後緊隨著愉快的後果，可以使行為重複出現，進而習得這個行為。因此，當學生出現期待行為時，應該伴隨愉快的後果，以增加未來出現這行為的機率。至少，學校教職員應該能辨認學生遵守了行為期待，並給予特定的後效讚美陳述（關於特定後效讚美和其他增強策略的完整介紹，請參閱第七章）。讚美陳述應該使用融合了期待行為的語言，例如，「伯尼，把設備放回我們拿取的地方正是我們在體育館展現負責任的方式」或「這門課大家真的理解了尊重的含義！看看你們是多麼專心的看著演講者呀！」這些陳述不僅增強了學生表現適當的行為，還提醒了所有學生期待行為的表現。

大部分學校選擇用一個更公開的增強系統來認可符合期待的行為。

第三章第一層級全校性正向行為介入與支持　085

研究證明，代幣（token）對於所有年齡和能力的學習者都是有效的（Simonsen et al., 2008），SWPBIS 將此原則應用在全校性層級。儘管稍後將在第七章會詳細討論代幣制度，我們在這裡仍提供一個簡短的說明。代幣制度中，目標行為（在 SWPBIS 的情況下，任何已經教導學生的期待行為）都透過給予代幣被持續增強。換句話說，學生表現我們希望未來再看到的行為時，我們就給學生「代幣」（即我們在第七章所解釋的類化制約增強物），同時明確地說明我們增強的行為（例如：「在走廊上以安全的方式走路，羅曼！這是你努力所得的玫瑰花瓣。」）。然後，這些代幣可以在稍後的日期交換有價值的東西（即後援增強物）。

學校通常盡可能選擇與期待行為相關的代幣；在我們舉例的玫瑰高中，「ROSE」是全校性行為期待 —— 尊重（Respect）、組織（Organization）、安全（Safety）和努力（Effort）的縮寫，學生遵守行為期待就可以賺取「玫瑰花瓣」。一所擁有老虎吉祥物的學校可以使用「老虎爪」作為代幣；其他學校也可以選擇簡單的「好行為獎卡」（Caught Being Good Cards）。有關全校性的代幣示例，請參見圖 3-5。

064 在 SWPBIS 增強系統中，必須確保所有教職員都有代幣的發放權。可以每週或是每個月將一疊代幣放在教職員的個人郵箱中（而且是先將各教職員的名字列印在他的那疊代幣上，以便他們隨時可以發給學生）。可以透過電子郵件、公告或在教師會議上的口頭提示，來提醒教職員分發代幣。如果行政人員希望增加代幣分發的數量，那麼他們自己就應該很明確地示範將代幣發給遵守行為期待的學生。

代幣可以根據環境脈絡進行調整。如果 SWPBIS 團隊知道在某一個情境或前事下有可能出現行為問題（例如：校車上、代課教師），他們可以在這些情境中增加代幣的發放，或者可以創建一個特殊的代幣（例如：價值 10 個常規花瓣的超級玫瑰花瓣），由教職員在該情境中分發。當代幣與周延的提示結合（例如：「記住，當班上有代課老師時，展現遵守規範的行為時，就可以獲得一個巨大的老虎爪代幣」），代幣的數量與遵守

圖 3-5 ▪ 全校性增強系統的代幣示例

行為期待的難度之間若有對應的數量關係，即使在最具挑戰性的環境中也可以提升表現適當行為的可能性。

　　選擇了全校性代幣後，SWPBIS 團隊需要建立兌換系統。學生應該能夠將他們的代幣交換對他們有價值的物品；有一些學校會調查學生，以多了解學生喜歡的獎品。為了方便學生用代幣兌換獎品，有一些學校選擇了學校商店模式。學生每天有一定的時間（例如：早上、下課、午餐），可以到「商店」用代幣兌換不同價值的東西（像是鋼筆、鉛筆、筆記本、玩具、糖果）。含括各種價值範圍的後援增強物，讓所有學生——即使是那些只獲得很少代幣的學生——都能夠因為他們表現的適當行為獲得增

強。有些學校選擇使用抽獎方法，將學生的代幣（代幣上通常包含他們的姓名、獲得代幣的期待行為和發放代幣的教職員姓名）放入一個容器中，每日、每週、每月或每季抽獎一次。這些獎品可以是當地企業捐贈的物品（例如：iPod、當地餐館的禮券、學校運動衫）或活動獎勵（例如：班級的披薩派對、電影票）。另一種選擇是舉辦「付費遊戲」活動（例如：學校舞蹈、教職員工對學生籃球比賽、田野活動日），學生必須用掙得的代幣「支付費用」。

有些學校選擇使用無形的增強系統。我們之前描述過具體的讚美陳述；另一種選擇是讓學生的獎勵與慈善捐款連結。一所參與「和平便士」（Pennies for Peace）的學校（參見 www.penniesforpeace.org）讓學生賺取可以捐贈的便士，以促進巴基斯坦和阿富汗的教育。一所與國際小母牛組織（Heifer International；參見 www.heifer.org）合作的學校以捐贈幫助飢餓和貧困的國際家庭，增強遵循期待的行為。許多學校使用這些兌換系統的組合模式，任何系統最重要的是其與環境脈絡的適切性和執行的一致性。

即使有最仔細教導的規則和一致的增強系統，一些學生仍會表現違反期待的行為。當這種情況發生時，所有教職員都應該使用一致的、**持續的策略和具有實證基礎的實務來應對違反期待的行為**。對輕微的行為錯誤的第一反應應該是糾正，類似於糾正學業錯誤。思考下列情景：

- 老師看到一名學生在走廊上奔跑。老師喊道：「不要跑！」學生停止跑步。當老師轉身離開時，學生又開始跑步了。
- 老師看到一個學生在走廊上奔跑。「這看起來不像安全地在走廊走路。你能告訴我安全是什麼樣子嗎？」當學生開始正確地走路，老師說：「太好了，這就是安全的樣子。謝謝。」然後學生慢步離開。

在第一種情況下，老師的反應是我們所謂的對行為問題「不，停止，

不要」的反應。這其實是透過給予嫌惡刺激（即「不要跑」聲明）來正向懲罰學生的行為。在第二種情況下，教師糾正錯誤，提醒學生期待行為，並且在學生表現期待行為時予以讚揚。第二個場景提供學生一個練習和於表現遵守期待行為後接受回饋的機會；我們對待學業錯誤也是一樣的。如果學生拼錯了一個單字，我們不會告訴他：「不要那樣拼寫那個字。」我們會（希望是如此！）說一些像：「這不是正確的拼法，你能再試一次嗎？」也許還會增加提示（例如：「你能把它唸出來嗎？」）當學生拼寫正確時，我們會說：「沒錯。」通常，當以「不，停止，不要」回應時，學生停止不適當的行為但沒有接下來的回饋。讓教職員對輕微的違規行為做出反應就如同他們對學業錯誤所做的反應，這是對行為問題連續反應的第一種實務做法。 *066*

當然，簡單的糾正錯誤有時並不夠，亦不適用於嚴重違反期待行為的情形。對於這些行為，因應方式需要一致、可預測和做記錄。大多數 SWPBIS 學校使用流程圖來描述他們因應行為問題的系統（範例參見圖 3-6）。SWPBIS 團隊的一個關鍵作用是確定哪些行為應該是由教師在教室裡處理，哪些行為應該由處室處理，這種區別是用 SET 評量。在一所 *067* 精準地實施 SWPBIS 的學校中，教師將和行政人員對於哪些行為問題在課堂管理，哪些行為問題應送到處室，有一致的處理。通常，課堂上會處理一些輕微的違規行為，比如大聲說話、遲到和小小的不尊重。而重大的違規行為，比如打架，則由行政處室處理。

所有教職員必須明白哪些行為要在課堂上處理，SWPBIS 團隊需要確保教師在課堂上發生這些行為時具有處理這些行為的必要技能。SWPBIS 團隊應該為教師安排持續的專業發展，讓他們有機會在課堂上練習處理行為問題和接受回饋；除非老師讀過相關書籍（我們強烈推薦這本書！）或者上過一門關於班級經營的課程，不然的話，他們在處理學生的行為問題方面接受過正式培訓的可能性很低。大多數師資培育課程沒有強制修班級經營的課程（Begeny & Martens, 2006），因此，如果他們打算讓教師在

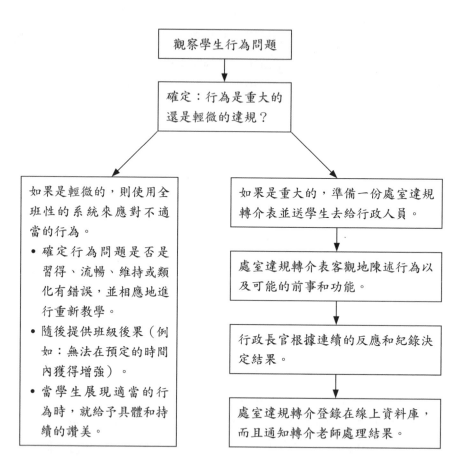

圖 3-6 ▪ 說明教職員應該如何因應違規行為的流程圖

課堂上處理輕微的違規行為，SWPBIS 團隊必須提供支持。有些學校選擇把三個輕微的違規行為視為有一個重大的違規行為，因此學生在第三次違規後會被送到行政處室。與 SWPBIS 中的所有其他實務一樣，對行為問題的因應方式應該依據環境脈絡，並由學校的需求決定。

1. 使用實務支持學生行為的正例

- 當學校開設新的電腦實驗室時，所有的學生都有一份關於在新的實驗室裡「負責任行為表現」的宣導資料。他們在實驗室上第一堂課之

前，所有的學生都被提示：「記住，負責任的表現是用電腦做課堂作業，當你完成的時候關掉它。」

- 當 SWPBIS 團隊注意到在學校商店使用代幣兌換的學生較少時，他們在商店放一個「建議箱」，並要求學生建議他們想在商店看到的獎品。
- 當蓋拉老師注意到她的學生在準備下課前很吵鬧，她第二天就花了幾分鐘來重新教導準備下課前的程序，並告訴學生她將在那天下午觀察符合期待的行為，並發放代幣。

2. 使用實務支持學生行為的非例

- SWPBIS 團隊建立行為期待，並製作期待行為的海報。懸掛海報後，團隊查看 ODR 數量是否有變化。
- 當一位新老師來到學校，問她在海報上看到關於行為期待的事，另一位老師告訴她：「別擔心，你往後就會了解規則的。」
- 當蓋拉老師注意到她的學生在準備下課時很吵鬧，她大叫：「別吵了！」當全班安靜下來時，她才讓他們離開教室。

 摘要

SWPBIS 為學校提供了一個架構，給予全校所有學生行為支持。本章描述了第一層級的介入，學校主動地教導學生遵守期待行為，並盡可能預防違規行為。SWPBIS 由四個關鍵要素組成：支持社會能力和學業成就的**成果**、支持決策和評量成果進展的**資料**、支持員工行為和為 SWPBIS 實施提供結構的**系統**，以及透過教學、提示和增強期待行為支持學生行為的**實務**。當 SWPBIS 精準地實施時，學校可以預期 ODR 次數減少和更正向的學校氛圍。

那麼，為什麼在一本關於管理**班級**行為的書中會有一章關於全校性的介入和支持？主要原因是班級支持在系統地支持學生行為的環境中更容易實現和持續。教師可以在全校性期待行為的範疇內示範自己的期待行為，也可以調整全校增強系統以便在班級使用。SWPBIS 團隊應與行政人員合作，提供專業發展以提高教師的班級經營技巧，注重有實證基礎的實務策略，例如使用具體的讚美、提供回應的機會，以及應對輕微的行為問題，就像因應學業學習的錯誤一樣。SWPBIS 背後的概念架構（即行為科學），也是我們有效班級經營策略的架構；我們援用同樣的原則（如：提示、增強、前事控制）來鼓勵全校、班級和個別學生遵守期待行為。雖然在 SWPBIS 學校中進行班級經營更容易，但你可以在任何環境中使用本書中的技術。如果你的同事和長官對你的班級經營技能印象深刻，你可以展示全校模式的好處，並自願領導 SWPBIS 的實踐工作！

各學習階段之活動

一、習得

1. 你的學校最近決定實施 SWPBIS，而你自願加入學校的 SWPBIS 團隊。描述第一堂培訓課程的情形，並提供具體的教材和內容示例。

2. 確定並描述 SWPBIS 的關鍵特徵，包括四個關鍵要素和實施基礎。

二、流暢

1. 在一次教師會議上，你被要求向同事介紹 SWPBIS。你會在投影片中放上哪些內容？

069 2. 你負責計畫返校集會，在集會中要將 SWPBIS 介紹給學生。為當天創建一個議程，以確保學生了解 SWPBIS 以及它將如何影響他們在學校的日常經驗。

三、維持

1. 你在第二章中學到的行為原則如何應用於 SWPBIS？

2. 如何使用資料來延續 SWPBIS 的實施？在你的答案中至少提出三個具體示例。

四、類化

1. 說明在以下情境中，實施 SWPBIS 會有哪些方面是相同的，哪些方面是不同的：(1) 城市小學；(2) 郊區高中；(3) 學生有行為問題的替代中學。

2. SWPBIS 如何支持有效的班級經營？在 SWPBIS 的特徵與教室中的行為支持之間建立特定的連結。

3. SWPBIS 模式與 RTI 模式有什麼關係？

4. 你自願去學校董事會要求資源以實施 SWPBIS。根據你的要求提出理由，並舉例說明 SWPBIS 將如何影響你的學校。此外，列出所需資源並說明需要每種資源的原因。

●● 第四章 ●●

簡介全班性正向行為
介入與支持：聚焦於
成果、資料和系統

本章目標

讀完本章後，你應該能：

1. 確定在班上實施全班性正向行為介入與支持
   （CWPBIS）的成果。

2. 在教室中蒐集並運用資料做決定。

3. 確認可以長久支持、促進和持續執行策略的系統。

試 想┄┄┄┄

　　史考特老師走過來跟你說他的班級快翻了。你請他說清楚一點，他看起來一臉茫然；問他希望他的班級看起來是什麼樣子，他還是眼神空洞的看著你。你很快地意識到，他不確定自己希望班級變成什麼樣子，也不確定要如何描述目前的問題或評估進步，而他正在尋求你的支持。你告訴他確定自己班級要達成的成果的重要性，並舉例說明你今年希望學生和你自己達成的成果（史考特老師看起來更加茫然）。你也提到關鍵是要有資料來了解實務策略的成效（他的眼神開始渙散並翻白眼）。你已經參加了多個委員會、指導三位新老師，也覺得自己負擔有點重。因此，你想要找資源來協助史考特老師確認成果、發展有效的資料蒐集系統，並實施能達成他預期成果的全班性正向行為介入與支持（CWPBIS）的實務工作。你請他先讀本章，以幫助他初步了解這些要素，同時也幫他確認額外的學校支持。

第一節 全班性正向行為介入與支持概覽

　　用以描述班級中行為支持的名詞很多，包括班級經營或行為管理。本書使用全班性正向行為介入與支持（classwide positive behavior interventions and supports, CWPBIS），來說明此取向與廣泛的正向行為介入與支持（PBIS）執行架構一致，並凸顯我們對正向和預防策略的重視。誠如第一章所述，執行 PBIS 有四個關鍵要素：成果、資料、系統和實務（Sugai & Horner, 2006; Sugai et al., 2010）。在第三章，我們描述了這些要素如何在全校中執行（SWPBIS）。我們也提及執行 SWPBIS 與許

多正向的成果有關，包括減少行為問題（亦即處室違規轉介、停學、退學、霸凌事件），以及增加學生和教職員期望的成果（亦即利社會行為、學業成績、學校氛圍或組織健康）（如 Bradshaw et al., 2008, 2009, 2010, 2012; Horner et al., 2009; Waasdorp, Bradshaw, & Leaf, 2012）。

　　本章將概述以上四個要素在班級中的應用。若你任教的學校中，多數的教職員都有效地實施 SWPBIS 或類似的預防和正向的全校介入方法來支持學生的行為，你應該調整班級的關鍵要素使其與學校的情境一致。如果你任教的學校尚未於全校層級支持學生的行為，你仍然可以在自己的班級實施 CWPBIS 中有效的要素。現在你了解了刺激控制的概念（見第二章），就應該知道你可以藉由使用**自己**班上特定的前事，使學生的期待行為獲得刺激控制。即使學校中其他的班級使用懲罰性或反應性的方法來「管理學生」，你還是可以在門口迎接學生、提醒他們你的期待、執行正向和預防性的方法、蒐集資料以了解哪些策略有效，並達成你想在班上看到的成果！

第二節　全班性正向行為介入與支持的成果

　　「成果」是以資料為基礎的目標敘述，用以描述你對學生的期待（例如：期望行為增加和學業成績進步、行為問題減少），或你對自己的期待（例如：一致地執行正向和預防性的 CWPBIS 策略、減少使用反應性的策略）。一般而言，研究已證實當你精準地執行有實證支持的 CWPBIS 實務工作時，就可以期待學生增加適當的社會行為、改善學習行為（例如：專心、課堂參與）和學習表現（例如：正確的反應），並減少行為問題（例如：分心、干擾行為或不適當的行為；參見 Simonsen et al., 2008 的文獻回顧）。

欲為你的班級確認適當的成果，你可以思考在執行 CWPBIS 後你想看到自己哪些特定表現的進步（例如：執行策略）以及學生改善什麼行為（例如：社會行為、學業表現，或兩者都是）。如同所有好的目標敘述，你訂定的「成果」應包括：(1) 要在什麼**情境**中達成成果；(2) 被期待達到成果的**個人**（學生或老師）；(3) 特定的**行為**；與 (4) 達成目標的**標準**（Alberto & Troutman, 2013; Cooper et al., 2007）。以下的例子展示了如何在學生（示例 1 和 2）及老師（示例 3 和 4）可能的成果敘述中融入這四個成分。

1. 在定期的社會技巧教學、接受持續的檢視與督導，和定期的回饋時（**情境**），學生（**個人**）將在第一學期 80% 的抽樣機會中（**標準**），藉由在班上認真聽課、想說話時舉手、用善意的話語與同儕和老師交談，以及對自己和他人友善的表現來展現尊重（**行為**）。

2. 在高比例的反應機會以吸引學生參與的教學活動中（**情境**），90%的學生（**個人**）將藉由在第二學期的學業評量中獲得 90% 的分數（**標準**），以展現成功的學習行為〔亦即維持專心、完成大部分的作業，與正確地應用知識和技能（**行為**）〕。

3. 在教師主導的教學活動中（**情境**），我（**個人**）會在 80% 的抽樣課程中（**標準**）提供所有學生每分鐘 1 到 5 次的反應機會（**行為**）。

4. 在所有的班級例行活動中（**情境**），我（**個人**）會在 90% 抽樣的評量機會中（**標準**），做到每糾正學生一次，就對學生適當的行為提供至少 4 次正向的回饋（亦即具體的讚美）（**行為**）。

在閱讀本章接下來的部分之前，為你的班級草擬幾項成果敘述（見本章末「習得」階段活動 1）。為了協助教師決定成功達成成果的具體標準和了解成果的進步情形，就需要蒐集並使用資料。我們在下一節即描述可用以蒐集教室中行為資料的幾種策略。

第三節 資料：實施 CWPBIS 時做決策的依據

為了了解達成你訂定的 CWPBIS 成果之進步情形，使用資料來做決策至關重要。你可能已經習慣在班級中蒐集與學生學業表現有關的各種資料；然而，我們發現除了處室違規轉介（ODR）的次數之外，教師很少蒐集學生社會行為的資料。雖然 ODR 是協助做全校性決策時有用的參考資料，但此資料卻無法對你於教室中執行 CWPBIS 策略提供夠準確的訊息。因此，額外針對你實施 CWPBIS 的策略和學生對策略的反應蒐集資料有其必要性。正如俗話說的，沒有依據資料進行教學（或執行介入策略）就像在晚上開車沒開大燈一樣：你可以這麼做，但很危險！

為了確認蒐集資料的可行性，你要先思考並確定資料蒐集的目的或待答問題。在班級中，你蒐集資料可能有各種目的，包括評量現在的表現（例如，使用社會技巧的情形、行為問題的程度）、確認或定義問題、決定介入的策略、評量介入的效果，以及監控進步和策略執行情形。在確定蒐集資料的目的後，你就可以思考有哪些有效蒐集資料的方法。雖然你可以設計非常複雜的方法來測量行為，但我們堅信簡單至上！本節將描述各種策略，以界定行為的操作性定義、確認行為的相關向度，以及設計系統來測量、摘要和使用資料，進而引導你為教室中學生的相關社會行為做決策。

壹 行為的操作性定義

在蒐集和使用資料之前，了解你將蒐集什麼資料以及你計畫如何使用這些資料來引導決策有其必要性。因此，第一步即須針對你感興趣的行為，界定其操作性定義，包括在教室中想增加的期待行為和想減少的行為問題。操作性定義（operational definition）意指描述行為如何「運作」，或具體說明行為「看起來」的樣子。一個好的操作性定義會先描述行為，

再提供正例和非例進一步說明行為看起來是什麼樣子，和不是什麼樣子。例如，圖 4-1 界定之「專心」行為的操作性定義，依據例子中的描述和正例與非例，老師、學生和外部觀察者都應該能分辨學生是否專心。

為了對學生特定的行為訂定操作性定義，通常需要直接觀察學生幾次。即便是你很了解這個學生，但在教學時你可能專注於許多事情所以很難準確地描述行為「看起來」是什麼樣子。因此，你可能需要空出幾分鐘來觀察或請同事幫忙觀察，以準確描述行為。一旦對行為有詳細的描述，接著就要考量行為的向度，進而調整初步的定義以臻完善。

一般性的描述	
「專心」的學生會在課程的情境脈絡中展現適當的表現。換句話說，學生表現的行為是符合老師當下所期望的特定行為。	
行為的正例	行為的非例
• 老師說話的時候看著老師。 • 執行指定的任務。 • 關注適當的人或活動。 • 手裡拿著正確的材料（例如：鉛筆）。	• 老師說話時學生看著牆壁。 • 在個別練習時與同學交談。 • 關注非指定的活動（例如：拿著桌上的蠟筆玩）。 • 不當地玩弄材料。

圖 4-1 ▪ 「專心」行為的操作性定義

貳 確認行為的相關向度

074

在初步擬定行為的操作性定義後，經常會有另外的問題：行為「看起來」到底是什麼樣子？它多常發生？它發生時持續多久？會在哪裡發生？有多強烈？每一個問題都指向不同的行為向度。在接下來的章節中，我們將：(1) 定義每種向度並提供範例，(2) 討論行為的向度在操作性定義和評量行為時的重要性。

一、行為的向度

　　行為的主要向度，描述行為是什麼樣子（型態）、多常發生（頻率、比率和速率）、有多久（持續時間、反應間隔時間和延宕時間）、在哪裡發生（位置或地點），和有多強烈（強度或力道）（Alberto & Troutman, 2013; Cooper et al., 2007）。每一個向度都代表行為的不同面向，且在行為發生的情境脈絡中可能都各有其重要性。

（一）什麼樣子：型態

　　行為的型態（topography）是清晰且豐富地描述其「形狀」或它看起來的樣子（就如地形圖）。因此，一個好的操作性定義總會包含行為的型態。例如，相較於只幫行為貼上「自我傷害」的標籤，你可以描述學生：「用左手抓住自己的右手腕，把他的右手腕拉向嘴巴，然後咬右手前臂的手腕上方內側。」有了這個清楚的描述，外部的觀察員（或代課教師）就能確切知道特定學生的「自我傷害」行為看起來是什麼樣子。同樣地，相較於只告訴學生「要尊重」，你會向學生解釋「尊重」的表現是：「透過講好話、主動傾聽和展現關心的行為來善待他人。」簡言之，「型態」描述了行為，也是所有操作性定義的關鍵要素。

（二）多常發生：頻率、比率和速率

　　行為的頻率（frequency）就是行為有多常發生。然而，若只單純計算行為發生次數（例如：行為發生了 50 次）而不知道行為是要多長的時間才達到這個次數，就很難解釋。例如，我們會認為同樣的行為頻率如果是 50 分鐘內說話 50 次（平均每分鐘一次）會比 50 節課說話 50 次（平均每節課說話一次）更為頻繁（且更嚴重！）。要在時間的脈絡中考量行為發生的頻率，你需要：(1) 記錄每次觀察或蒐集資料的時段長度；(2) 將頻率（次數）除以觀察的時間（以分鐘、小時或其他相關時間為單位）以計

算比率（rate）。在前面的例子中，將說話 50 次除以 50 分鐘，會得到說話比率為每分鐘一次（即 50/50 = 1）。因此，若你對行為多常發生感興趣，在思考和報告行為時比率是更有意義的向度。你可能也有興趣記錄比率或是**速率**（celeration）隨時間變化的情形。例如，你可能想知道學生每分鐘正確閱讀單詞的比率是否增加〔加速（accelerating）〕，或他說話的比率是否減少〔減速（decelerating）〕。

075

（三）有多久：持續時間、反應間隔時間、延宕時間

在檢視「多久」時，我們可能想了解：(1) 行為從開始到結束持續了多長的時間〔行為的**持續時間**（duration）〕；(2) 在兩次行為出現之間隔了多長時間〔**反應間隔時間**（inter-response time）〕；或 (3) 在區辨刺激（S^D）出現後，需要過多久行為才開始——行為的**延宕時間**（latency）。例如，你班上可能有三個學生上課「分心」。你可能在意其中一位學生一整天分心的時間有多長（累計的持續時間）；第二位學生在個別練習時，他在二次分心行為發生之間專心工作了多久（分心行為的反應間隔時間）；以及在你發布學生課堂任務後（S^D），第三位學生要過多久才開始做（專心行為的延宕時間）。因此，行為的持續時間（行為開始到結束的時間）、反應間隔時間（二次行為發生之間過了多久的時間）和延宕時間（S^D 出現到行為開始之間過了多久的時間），都是用來表示「多久」的不同方式。

（四）在哪裡發生：地點或位置

行為的**地點或位置**（locus）意指行為在哪裡發生，可用以描述**環境裡的地點**（例如：學生在走廊行走的安全行為，是靠右邊行走、走路時手腳要靠近自己、物品收好），或行為出現時涉及（或傷害）的**身體位置**（例如：學生的右上臂被同伴擊中，導致淺色瘀傷）。瘀傷其實是力道的指標，下一段將詳細說明。

（五）有多強烈：強度或力道

行為的強度或力道（force）意指強烈的程度。例如，在學校餐廳（地點），行政人員可能會在意學生的聲音和其他噪音的音量。在日托中心，教保人員可能會關注幼兒咬人行為的力道（例如：皮膚損傷的程度——從沒有痕跡到破皮）。聲音音量和咬人力道都是強度的例子。

二、行為向度的重要性

行為的向度之所以重要，有兩個關鍵原因。首先，藉由從行為的相關向度了解和描述行為，你就能夠更完整和準確地描述行為。例如，如果學生看向窗外 2 秒後立刻回到教師指派的任務，這個行為算是分心嗎？或者，學生要看向窗外 10 秒或更久才算分心？第二，可能是行為的一個（或多個）向度的表現，而非行為本身，使得該表現被認為是有問題的。例如，每個人（包括你！）在上課時都會短暫的分心；然而，當一個學生例行性地在 60%～80% 的上課時間（持續時間）分心，那這個行為就有問題了。同樣地，我們希望學生在午餐時交談、互動，並練習他們的社交技巧；然而，當他們音量太大（強度）時，行為就變成是有問題的。因此，了解哪些向度對特定的學生、特定的行為和（或）特定的情境而言是最重要的，因為你需要選擇一個（或幾個）行為的向度，以設計測量該行為的系統。

076

參 選擇或設計測量系統

確認標的行為的操作性定義和相關的行為向度後，你就可以準備測量行為了。本節將回顧測量系統的類型，標示資源以指出現有（已出版）的測量系統，和選擇與設計你自己的適當測量方法之原則。

一、測量系統的類型

無論你是要設計自己的系統還是選用已出版的工具，熟悉各種測量行

為的方法是很重要的。描述或測量行為有五種主要的方式：軼事記錄、行為成品、事件記錄、時間本位的推論或取樣，和時間（如 Alberto & Troutman, 2013; Cooper et al., 2007）。此外，還有其他策略可以用來測量行為的特定向度，或以混合系統測量多種行為向度。如前所述，你所選擇的測量系統應考量：(1) 你蒐集資料的目的（或待答問題）；(2) 行為的操作性定義；和 (3) 該行為的相關向度。以下將描述每種測量系統，提供使用的範例，並強調適當的使用時機（即適用的行為類型和向度）。

（一）軼事記錄

軼事記錄（anecdotal reports）是對行為的詳實描述。欲發展明確的行為操作性定義，可先使用軼事記錄協助以詳實的描述行為看起來的確切樣貌（亦即型態）。老師有時會使用軼事記錄，以藉由連續的前事—行為—後果序列來描述行為發生的情境脈絡。軼事記錄也可以用來描述行為的其他向度，如地點或位置（以標示行為發生的地方）和強度或力道（描述行為的強烈程度）。因為軼事記錄很難量化，故應該被認定是一種描述性的系統，而非真正的測量系統。

（二）行為成品

077

當行為在環境中產生物理變化，而且在行為停止後，這個變化持續存在，你就可以使用行為成品（permanent product）來測量行為。行為成品可用於測量頻率（例如：小考錯誤或正確作答的題數），和描述型態（例如：寫字的結構）、地點或位置（例如：環境中物品被破壞的地點、身體瘀傷或受傷的位置），以及可能的強度或力道（例如：牆上的洞的大小、受傷的程度）。

（三）事件記錄

欲測量行為發生的頻率，最簡單的系統也許就是事件記錄（event

recording），常見的有計數（tally count）或計次（frequency count）。要進行事件記錄，你只需（用紙筆、計數器，或智慧型行動裝置上的應用程式）在指定時間內簡單地計算行為發生的所有次數。如前所述，欲將頻率轉換為比率，須將次數除以所觀察的時間長度；欲描述速率，則需摘要行為比率隨著時間的變化（亦即，以行為比率繪製折線圖中的斜率）。為了使這個測量系統準確地反映行為，每次的行為畫記（或計數）都需要代表相近的行為。換句話說，行為具有以下特性才合適以此系統計算：(1) **低比率**或「**可計數**」；(2) **獨立的**行為（亦即有明確的開始和結束）；(3) **持續時間、強度和在其他相關向度皆相似**的行為。例如，計算罵髒話的次數通常是合適的，因為大多數學生使用髒話的比率夠低因此可計算，還有每句髒話都是獨立且長度相似（例如經典的四個字母的髒話！）。相對地，計算上課分心的次數是不合適的，因為分心的開始和結束通常較不清楚，而且學生可能這次分心 10 秒，下次分心 10 分鐘。同樣地，計算學生打自己的頻率可能看似適當（「打」通常是獨立且相似的行為），但如果學生以較高的比率打自己（例如：每分鐘 75 次），就很難準確或甚至無法計算他打了多少下。

（四）時間本位的推論或取樣

當你對行為多常發生（次數或比率）感興趣，但事件記錄不合適（亦即行為不是低比率、獨立的或相似的），最好就以時間本位的測量來推論行為表現。**時間本位的推論（或抽樣程序）**（time-based estimates or sampling procedures）讓你能夠推論（抽樣）高比率、不太獨立或變異性大的行為有多常發生。時間本位的推論有三種類型：部分時距記錄、全時距記錄和瞬間時間取樣。這三種方法都得先將觀察時間劃分為若干相等的時距（時距長度通常為 10 秒到 2 分鐘）。時距越短（例如 10 秒）越能精準地推論行為，但較長的時距（例如 2 分鐘）則更容易操作且實用，可讓你在教學的同時蒐集資料。例如，如果你使用 10 秒的時距觀察 10 分鐘，

你的觀察記錄表就會有 60 個 10 秒時距（見圖 4-2）。

　　　在將資料記錄表依時距劃分後，接下來就要選擇如何推論行為。若使用部分時距記錄（partial-interval recording），假如行為在一個時距內的任何部分時間點出現，無論它持續多長時間或發生幾次，你都要將行為記錄為有發生。也就是說，無論行為是：(1) 在一個時距內只出現 1 秒或持續整個時距；和 (2) 只發生一次或多次，你都會在記錄表上該時距空格處畫一個「＋」（或其他代表行為有發生的符號）。若使用全時距記錄（whole-interval recording），則只有當行為持續整個時距時，你才會將行為標記為有發生。換句話說，如果你使用的是 2 分鐘的時距，那麼只有在時距開始時已出現（或剛好出現）並持續到整個時距結束的行為，才會被記錄為「＋」。如果使用瞬間時間取樣（momentary time sampling），你會在時距結束的瞬間，觀察並記錄行為是否發生。也就是說，如果學生在時距內都不在座位上，但在時距結束時回到他的座位，那麼離座行為仍然會標記為沒有發生，因為你只會依據時距結束當下觀察到的行為表現來記錄。

　　　為了說明這些推論程序的運作，試想若是你將記錄表劃分為 30 秒一個時距，你的計時器會從觀察開始持續跑到結束。學生在第 15 秒開始出現標的行為並於第 45 秒停止。如果你使用的是部分時距記錄，你會將行為標示為發生於第一個和第二個時距，因為行為在第一個時距（0 分 0 秒到 0 分 30 秒）的第 15～30 秒，和第二個時距（0 分 30 秒到 1 分 0 秒）的第 30～45 秒都有發生；如果使用全時距記錄，則應該標記行為在第一個和第二個時距都沒有發生，因為該行為沒有持續出現於整個時距；如果你使用瞬間時間取樣，就應標示第一個時距結束時行為有出現。換言之，依據你所選擇的時間本位推論方法，你會將行為記錄為發生於「2 個」（部分時距記錄）、「0 個」（全時距記錄）或「1 個」（瞬間時間取樣）時距。因此，（如果在要讓他人閱讀的報告中欲使用這些資料）清楚地描述你使用的測量程序有其重要性，你應將資料摘述為「時距百分比」

編碼		
前事 (A)	行為 (B)	後果 (C)
1. 老師注意 2. 同儕注意 3. 個別練習（沒有被注意） 4. 活動轉換／中斷 5. 其他（其他具體的前事）	1. 專心（注意老師、執行被分派的任務、關注適當的人或活動等） 2. 干擾性的分心行為（口語和非口語） 3. 非干擾性的分心行為 4. 其他（其他具體的行為）	1. 老師注意他 2. 同儕注意他 3. 移除工作／任務 4. 接觸其他刺激（如活動、物品） 5. 其他（其他具體的後果）

日期：＿＿＿＿＿　　開始時間：＿＿＿＿＿

事件	0:10	0:20	0:30	0:40	0:50	1:00	1:10	1:20	1:30	1:40	1:50	2:00	2:10	2:20	2:30	2:40	2:50	3:00	3:10	3:20	3:30	3:40	3:50	4:00	4:10	4:20	4:30	4:40	4:50	5:00
A																														
B																														
C																														

補充說明

日期：＿＿＿＿＿　　開始時間：＿＿＿＿＿

事件	5:10	5:20	5:30	5:40	5:50	6:00	6:10	6:20	6:30	6:40	6:50	7:00	7:10	7:20	7:30	7:40	7:50	8:00	8:10	8:20	8:30	8:40	8:50	9:00	9:10	9:20	9:30	9:40	9:50	10:00
A																														
B																														
C																														

補充說明

圖 4-2 ▪ 以時間本位推論程序進行 10 分鐘的 10 秒時距觀察記錄表。這個資料蒐集工具除了記錄行為 (B) 之外，還有記錄前事 (A) 和後果 (C) 的選項。

資料來源：Brandi Simonsen 和 Diane Myers（2015）。Copyright by The Guilford Press. 購買本書的讀者可自行影印，唯僅供個人使用。

而不是行為發生的次數或持續時間，並在考量可行性後盡可能使用最短的時距，以提升你推論行為的正確性。

（五）時間（持續時間、反應間隔時間與延宕時間記錄）

雖然時間本位推論適用於推論行為的頻率，但無法測量行為持續了多久。為了準確地測量持續時間（duration）、反應間隔時間（inter-response time）或延宕時間（latency），就必須使用碼表、計時器或智慧型裝置上的其他應用程式，從行為開始時計時到結束（**持續時間記錄**）、從一個行為的結束計時到下一個行為的開始（**反應間隔時間**），或從區辨刺激（S^D）出現開始計時到行為出現為止（**延宕時間記錄**）。圖 4-3 是用以記錄持續時間的資料蒐集工具範例，只需稍做調整就可將此工具用來記錄反應間隔時間或延宕時間。持續時間記錄和延宕時間記錄只適用於獨立的行為（亦即行為有明確的開始和結束）；如果行為不是獨立的，那麼時間本位的推論會是最好的方法。

（六）其他測量行為向度的策略

剛才討論的系統可能是測量行為最常見的方法；然而，可能有其他策略或工具可測量特定的行為向度。例如，如果你想測量聲音的音量（強度），可以使用分貝儀。這些裝置已在研究中使用（如 Kartub, Taylor-Green, March, & Horner, 2007），在音量超過一定程度時會發出「警示燈」信號，並已於市面販售。此外，可以結合不同測量系統的面向，以同時記錄多個行為向度（參考 Alberto & Troutman, 2013; Cooper et al., 2007）。例如，若要關注行為發生的頻率、地點或位置和型態，你可以使用「描述分析卡」（Descriptive Analysis Card）（參見圖 4-4）。每張卡代表一個行為事件（頻率），而卡片上會提醒你記錄事件的持續時間、行為發生的地方（地點或位置）和行為發生前後的情境特徵（前事和後果，見第二章的討論）、構成事件的獨立行為（型態），以及任何額外的註解

觀察日期：		觀察員：	
行為：			
操作性定義：			

事件	開始	停止	持續時間	細節
1				
2				
3				
4				
5				
6				
7				
8				
9				
10				

總持續時間：_____	平均持續時間：_____
將每個事件的持續時間加總以計算行為的總持續時間。	將觀察的總持續時間除以記錄的行為事件數，以計算每次行為的平均持續時間。

圖 4-3 ▪ 記錄行為持續時間的資料表

資料來源：Brandi Simonsen 和 Diane Myers（2015）。Copyright by The Guilford Press. 購買本書的讀者可自行影印，唯僅供個人使用。

學生姓名：＿＿＿＿＿＿＿＿＿＿＿

日期／時間	前事	行為	後果
持續時間	☐指令或要求 ☐困難的任務 ☐活動轉換時間 ☐同儕衝突 ☐喜歡的物品或 　活動被移除 ☐＿＿＿＿＿	☐不適當的口語 　行為 ☐肢體攻擊 ☐破壞物品 ☐逃跑 ☐自傷 ☐＿＿＿＿＿	☐移除或避免指令 　或要求 ☐移除或避免困難 　的任務 ☐老師的關注 ☐同儕的關注 ☐獲得／拿到物品 ☐＿＿＿＿＿

觀察記錄人員：＿＿＿＿＿＿＿＿＿＿＿＿＿＿＿＿＿＿＿＿＿＿＿＿＿

意見：＿＿＿＿＿＿＿＿＿＿＿＿＿＿＿＿＿＿＿＿＿＿＿＿＿＿＿＿＿

＿＿＿＿＿＿＿＿＿＿＿＿＿＿＿＿＿＿＿＿＿＿＿＿＿＿＿＿＿＿＿＿＿＿＿

＿＿＿＿＿＿＿＿＿＿＿＿＿＿＿＿＿＿＿＿＿＿＿＿＿＿＿＿＿＿＿＿＿＿＿

＿＿＿＿＿＿＿＿＿＿＿＿＿＿＿＿＿＿＿＿＿＿＿＿＿＿＿＿＿＿＿＿＿＿＿

＿＿＿＿＿＿＿＿＿＿＿＿＿＿＿＿＿＿＿＿＿＿＿＿＿＿＿＿＿＿＿＿＿＿＿

＿＿＿＿＿＿＿＿＿＿＿＿＿＿＿＿＿＿＿＿＿＿＿＿＿＿＿＿＿＿＿＿＿＿＿

＿＿＿＿＿＿＿＿＿＿＿＿＿＿＿＿＿＿＿＿＿＿＿＿＿＿＿＿＿＿＿＿＿＿＿

＿＿＿＿＿＿＿＿＿＿＿＿＿＿＿＿＿＿＿＿＿＿＿＿＿＿＿＿＿＿＿＿＿＿＿

＿＿＿＿＿＿＿＿＿＿＿＿＿＿＿＿＿＿＿＿＿＿＿＿＿＿＿＿＿＿＿＿＿＿＿

圖 4-4 ▪ 描述分析卡。這種卡是一種有效的工具，可記錄頻率、持續時間、地點或位置、型態和行為的其他面向。

資料來源：Brandi Simonsen 和 Diane Myers（2015）。Copyright by The Guilford Press. 購買本書的讀者可自行影印，唯僅供個人使用。

（你也可以在此記錄主觀判定的行為強度）。因此，在一份資料蒐集工具 *081*
中，記錄大量關於學生行為的訊息是有可能的。

二、選擇已出版或現有的測量系統

　　了解測量行為的各種方法和各種方法適用的時機以後，就可以選擇一種方法進行測量。在選擇時，你可以先考慮使用已出版或現有的工具。目前已有多種可用來測量學生行為的工具，例如，行為的直接評分表（direct behavior ratings, DBR; www.directbehaviorrating.com）提供了可行、高效率和有效的方法，以簡單的（每個行為一個題項）評分表對學生的行為進行評分。DBR 已經建立信效度（如Chafouleas, Sanetti, Kilgus, & Maggin, 2012）和線上培訓與記錄的應用程式。另一個例子是學生在校行為觀察表（Behavior Observation of Students in Schools, BOSS）（Shapiro, 2013），這個工具現在已有應用程式，可在智慧型手機或行動裝置上使用。BOSS 可以讓你記錄特定標的行為的頻率，也可以讓你在觀察時記錄學生（被動和主動）參與的情形。除了這些例子外，你可以在專業的文獻（如Riley-Tillman, Kalberer, & Chafouleas, 2005）、網頁（如National Center for Intensive Interventions; www.intensiveintervention.org/chart/behavioral-progress-monitoring-tools），以及在iTunes的應用程式商店中找到更多的工具。

三、設計測量系統的注意事項

　　雖然已出版的測量系統可能有其優勢（例如：易取得、已建立信效度），但我們常發現，針對你要教導的社會技能或要解決的行為問題特別設計測量系統，會很有幫助。由於描述和測量行為有各種選擇，以下是你在設計自己的測量系統時，可幫助你選擇最合適方法的原則。首先，考慮標的行為的操作性定義。注意所描述的行為是否為獨立的行為（亦即有明 *083*
確的開始和結束），是低或高比率的行為（亦即一般而言會多常觀察到行

為發生），以及每次的行為事件是否相似。行為的這些面向會開始將你引導到（或幫助你排除）特定的測量系統。例如，事件記錄、持續時間記錄和延宕時間記錄只適用於獨立的行為。

第二，依據情境脈絡考量最重要的行為向度。重新思考可引導調整操作性定義的問題（亦即，多常發生？發生多久？發生在哪裡？有多強烈？）。考慮對於你正在努力增加的行為（例如：塑造班級尊重行為的型態）或減少的行為（例如：離座行為的持續時間），哪些向度是最重要的。一旦你確認相關的向度，應該就會清楚哪種評量系統是合適的。例如，如果你對低比率且每次發生時都是相似的獨立行為的頻率感興趣，事件記錄就是最簡單的方式。

第三，考慮誰要負責蒐集資料，以及他同時還要做什麼。如果你計畫要蒐集整個班級的資料，以檢視在你教學時所有學生有多常舉手和有多常說話，因為你要同時執行多個任務，你會需要使用一個非常簡單的系統來記錄資料（例如：在便利貼中間畫一條線，一邊記錄講話而另一邊記錄舉手的次數）。相對地，如果你請專家進班觀察學生，並蒐集深入的資料來引導制定支持計畫，專家可能可以使用複雜的 10 秒部分時距記錄系統，以推論多個行為的頻率，並記錄情境的面向（如圖 4-2 的例子所分享的地點或位置、前事和後果事件）。無論你選擇如何蒐集資料，你的目標都是摘述你的資料，並用來引領決策。

肆 摘述和繪製資料圖

在測量任何行為時，需要確認你有具代表性的行為樣本來做決定。由於每個人都有情況好和情況不好的日子，你要確認行為樣本的資料蒐集（例如：10 到 30 分鐘的觀察）要維持幾天（至少 3 到 5 天），並且都是在行為問題發生的相關情境或例行活動中進行。當你蒐集到足夠資料後，接下來的步驟就是總結摘要資料並將它們呈現在一個圖表中，以助於做決策。

一、摘要數據

　　每次觀察或資料蒐集應總結為一個量化整個觀察主要的**摘要數據**（summary score）或數值。例如，如果你使用事件記錄來測量行為的比率，那麼你對該次觀察的摘要數據就會是行為的比率（亦即每單位時間行為出現的次數）。如果你使用持續時間記錄，你摘要的數據可能會是整個觀察過程中行為的累計持續時間（每個行為事件的記錄持續時間總和），或每次行為事件的平均持續時間（該觀察的累計持續時間除以觀察到的行為事件次數）。欲決定哪一種摘要數據最好，就要回到資料蒐集的目的來思考。例如，如果你的目標是增加學生的專心行為，你可能最感興趣的是學生在整個活動中專心的時間（累計持續時間）。如這些例子所示，透過每個測量系統獲得的資料可以多種方式進行摘述（參閱圖 4-5 的列表，以了解每種測量系統可能的摘要數據）。當你用一個摘要數據簡潔地總結每一次觀察或資料蒐集的結果時，將你的資料以有意義的圖示呈現就變得很容易。雖然表格可以用來摘述資料，但古語說「一張圖勝過千言萬語」：圖是摘要資料最簡單和最有效的方法以協助決策。

084

二、圖的類型

　　雖然有許多繪圖或視覺化呈現資料的方法，但主要有兩種類型的圖對摘要資料最有幫助：折線圖和長條圖。**折線圖**（line graphs）對於展現行為水準隨著時間的變化模式很有用。換句話說，折線圖有助於說明各次觀察之間行為多常發生或發生多久的變化情形。一般而言，折線圖應該有一個描述性的標題；有沿著 x 軸（水平軸）表示時間的單位（例如：觀察次序、日期）；有沿著 y 軸（垂直軸）標示的行為數量單位（亦即圖 4-5 呈現的摘要數據類型之一）。如果你在圖上呈現多個行為，對不同行為的記錄要確認使用不同形狀的資料標示點，並使用不同粗細或形式的線條來呈現每條資料路徑（Excel 和專業繪圖程式的預設值都已如此設定）。

測量系統	摘要數據
軼事記錄	• 敘事描述
行為成品	• 事件的次數 • $\dfrac{\text{次數}}{\text{時間}}$（比率） • 占總數的百分比
計數／計次	• 事件的次數 • $\dfrac{\text{次數}}{\text{時間}}$（比率） • 每個類別中事件的數量或百分比
持續時間或反應間隔時間記錄	• 總時間（累計） • 時間的百分比 • 每個事件（開始到結束）或事件之間（結束到開始）的平均時間
延宕時間記錄	• 總時間（累計） • 準時的百分比 • 平均時間（在 S^D 和行為發生之間的時間）
部分時距記錄	• 時距百分比
全時距記錄	• 時距百分比
瞬間時間取樣	• 時距（或機會）百分比

圖 4-5 ▪ 測量系統和適當的摘要數據的對應情形

085　　　你可以使用進階的繪圖技巧在圖示中傳遞額外的訊息。例如，如果你在教學過程中改變方式（例如：開始實施或修改介入策略），就可以藉由在開始改變的時間點繪製垂直線加以註記。這條垂直線稱為**階段線**（phase line），而你要使用文字標記每條階段線之前和之後發生的事情（例如：基線期、介入期）。此外，如果資料蒐集因故中斷一天或更多天（例如：學校假期、學生生病），你應該刪除中斷期間前後的資料點的連接線以表示中斷。這個**連續線中斷**（continuity break）表示資料蒐集受到干擾。你可以在圖的下方描述被干擾的情形（圖 4-6 呈現一個折線圖，說

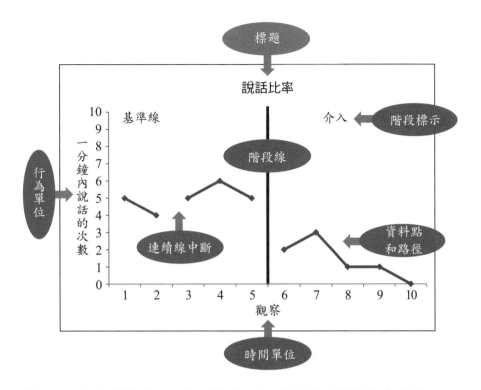

圖 4-6 ▪ 折線圖說明：(1) 跨時間（x 軸）的行為水準變化（y 軸）；(2) 介入（階段線）前後行為的變化；(3) 因學校放假稍微干擾資料的蒐集（連續線中斷）。

明上述的各種繪圖規則）。

　　長條圖（bar graphs）有助於說明事件或行為的類別。換句話說，長條圖可以用來比較不同類型（型態）的行為相對發生的情形、行為發生的不同地方（地點或位置），或其他可分類的情境特徵（例如：常見的前事和後果事件）。如同折線圖，長條圖應該有一個描述性的標題和沿著 y 軸（垂直）表示行為的單位（亦即適當的摘要數據）。但是，長條圖沿著 x 軸（水平軸）呈現的是類別（而不是時間）。長條圖易於閱讀和解釋，可以快速掃視得知最高或最低的長條（參見第十章末 FBA 案例中的前事、行為和後果長條圖範例）。

086

三、呈現資料

當你準備以圖表回應每個資料蒐集的目的或待答問題時，應考量以下提醒。呈現資料時，保持簡單。雖然專業的繪圖程式提供無數的選項讓圖形看起來「漂亮」，但標記清楚的黑白圖形往往比多種顏色、大量資料，或其他不必要花樣的圖形更容易理解和解釋。如果你要分享資料給其他人（例如：同事、父母、學生），你的目標應該是用你的知識讓他們留下深刻的印象，而不是你製作花俏圖表的能力！同樣地，使用通用語言（而不是專業術語）清楚而簡潔地呈現你的資料，使每個人都能了解訊息並有意義地參與對話。藉由有效地呈現資料，將增加以你的資料協助決策的可能性。

伍 使用資料引導決策

如本節開頭所述，你可能因為各種目的而蒐集和使用資料。你可能是要使用資料來監控哪些部分運作良好或思考問題解決的過程（Riley-Tillman et al., 2005）。在 CWPBIS 的情境中，蒐集資料可以：(1) 監控特定 CWPBIS 策略的執行情況（例如：回應的機會、具體讚美）；(2) 評估執行 CWPBIS 策略的情形（例如：學業和社會技巧教學、適當行為的回饋系統）；(3) 確認行為問題的範圍（例如：全班、特定小組、個人）；(4) 描述和測量一位或多位學生行為問題的向度；或 (5)（依據行為問題的範圍和向度）選擇並評估其他介入策略的成效。在 CWPBIS 中，每種蒐集資料的目的，都應該能引導你選擇標的行為、相關的行為向度、測量系統、適當的摘要數據，和有效的視覺呈現。然後，資料應該被用來引導決策，好在你的教室中繼續使用有效的策略並調整無效的策略。請參考專欄4-1 和 4-2，以分別了解教師與學生行為有關的介入成果和資料範例。

專欄 4-1 記錄具體讚美比率的進步情形

以下將說明老師如何使用本文中描述的過程，選擇一個目標作為成果並使用資料來記錄自己在這個目標的進步情形。

成果（括號內是目標的構成要素）：

在教師主導的教學活動中（**情境**），我（**個人**）能在第一學期 90% 的抽樣評量機會中（亦即，教學中抽取 10 分鐘）（**標準**），平均每分鐘會說一句具體的讚美（**行為**）。

資料（包括設計測量系統的建議步驟）：

1. 具體讚美的操作性定義

老師在學生的行為表現後，給予一位或多位學生具體的正向回饋。

正例

- 在老師主導的教學活動中，一位學生舉手。**老師說：「謝謝你舉手。」**
- 一位學生在老師上課時進入教室，學生靜靜地走到座位上。**老師走到學生面前低聲說：「謝謝你安靜地進教室。」**
- 在老師指著 though 字中畫底線的字母 th 後，問學生：「這怎麼唸？」一位學生正確發出 /th/ 的音。**老師說：「發音很好喔。」**

非例

- 老師上課時，學生們也在底下說話。老師翻白眼說：「哎呀，謝謝你們聽課喔。」
- 一位學生在老師上課時走進教室，他靜靜地走到座位上。大約 90 秒後，老師對這位學生比個「讚」。
- 直接教學時，老師指著 though 字中畫底線的字母 th 後，問學生：「這怎麼唸？」

2. 相關的行為向度

比率（具體讚美的次數除以觀察時間）。

3. 測量系統

使用計數器（高爾夫計數器或記錄頻率的應用程式）進行事件記錄。具體而言，老師將從每節課取樣 10 分鐘，並使用計數器記錄這 10 分鐘內的具體讚美比率。

4. 摘述和繪製資料圖

在蒐集資料後，老師會將資料輸入 Excel 的表單，並畫出折線圖，以呈現不同時間的具體讚美比率。

5. 使用資料來做決策

在五次的取樣時間完成資料蒐集後，老師會檢視資料，計算平均的具體讚美比率，並確定自己是否達到目標成果。如果沒有，老師可以設定一個目標，以提高比率和（或）實施自我增強計畫（亦即，每天若目標達成，放學後就給自己一個獎勵）。一旦達到目標成果並且維持一段時間，老師可以褪除支持或資料蒐集的頻率以維持讚美技巧的表現。老師也可以取樣其他的班級教學時間進行記錄，以增進讚美技巧的類化。

088 **專欄 4-2 記錄學生上課說話和舉手的進步情形**

以下將說明老師如何在教師主導的教學活動中，蒐集學生隨意說話和舉手的資料。

成果（括號內是目標的構成要素）：

在老師直接教學時（**情境**），學生（**個人**）在第一學期 80% 的抽樣評量機會中（亦即，教學中抽取 10 分鐘）（**標準**），會以舉手取代隨意說話（**行為**）。

資料（包括設計測量系統的建議步驟）：

1. 操作性定義

舉手：學生安靜地舉起一隻手，高於肩膀，直到被老師叫到才說話。

隨意說話：（在例行教學活動中，當安靜傾聽是被期待的行為）學生未經老師允許大聲說話，音量足以干擾自己和他人的學習。

舉手的正例（亦即隨意說話的非例）

● 在老師主導的教學活動中，一位學生舉起手等待老師叫她的名字，然後說話以參與課程。

● 當學生需要處理個人事務時（例如：去洗手間、喝水），他舉手等待老師叫他（或接近他），然後才要求使用相關設備。

舉手的非例（亦即隨意說話的正例）

● 在老師主導的教學活動中，一位學生在空中迅速揮動她的手，喊道：「叫我！叫我！」然後在老師叫她之前，就很快地說出問題的答案。

● 一位學生站起來，告訴全班他要去洗手間，然後就拿了一張通行證自行離開教室。

2. 相關的行為向度

比率（舉手和隨意說話的次數除以觀察的時間）。

3. 測量系統

事件記錄：用一張便利貼或一個應用程式以記錄多個行為發生的次數。具體而言，老師要先決定用哪些課程中的 10 分鐘來記錄每次學生在課堂中舉手和隨意說話的行為。

4. 摘述和繪製資料圖

在資料蒐集之後，老師將資料輸入 Excel 的表單，即可畫出每個行為的比率圖（如圖 4-6 所示）。

5. 使用資料來做決策

在五次的取樣時間完成資料蒐集後，老師會檢視兩種技能的行為資料。如果資料顯示學生已經能舉手而非隨意說話（亦即達到預定的目標成果），老師可以繼續使用目前的方法，並持續蒐集資料以確保學生的行為表現能維持。如果資料顯示，學生在某些或所有取樣的時間中沒有舉手就隨意說話，老師可以進行介入（例如：聚焦於舉手行為的社會技巧課程和團體後效），並繼續蒐集資料以確認介入是否有達到期待的效果（亦即增加舉手且減少隨意說話的行為）。

第四節　系統：支持教師實施 CWPBIS[1]

如果設定成果、蒐集和使用資料的說明讓你覺得不勝負荷，那麼接下來的這個章節將能夠給你一些幫助！我們知道有效地實施 CWPBIS 的所有要素，尤其對初任老師而言可能會覺得是一項挑戰。可惜的是，許多人在正式教學之前，在職前訓練課程接受的班級經營訓練即使有也非常有限（Begeny & Martens, 2006; Freeman, Simonsen, Briere, & MacSuga-Gage, in press）。如果你很幸運的話，你可能會在正式成為教師後接受一些培訓；然而，大多數老師卻很少獲得與班級經營有關的專業發展訓練（Wei, Darling-Hammond, & Adamson, 2010），以增進他們一直都擔憂學生的行

---

[1] 我們要感謝我們的同事，包括 Susan Barrett、Chris Borgmeier、Jen Freeman、Terry Scott 和 George Sugai，以及修讀博士的研究生，包括 Kate Dooley、Laura Kern、Kristine Larson 和 Eleanor Maddock，他們為本節的討論貢獻良多。

為管理知能。事實上，這些擔憂往往是導致老師考慮離開這一行業的原因（Ingersoll & Smith, 2003; Smith & Ingersoll, 2004）。但我們相信有改變的希望！最近，研究人員、實務工作者和行政決策者開始認真地檢視可支持和評估老師實務工作的策略，包括 CWPBIS。

壹 支持老師實施 CWPBIS 的方法

在研究和實務工作中，支持教師的方法主要有三種取向：自我管理支持（self-management supports）、同儕支持（peer supports）和專家支持（expert supports）。本節將描述這三種方法，我們也會說明如何強化每種方法，以支持所有的教師。

一、自我管理

自我管理（self-management）就是以管理別人行為的方式來管理自己的行為：透過改變環境或前事、監控或評估自己的行為、學習和使用新的行為或技巧，並為行為提供後果，以增加我們使用期待行為或減少我們表現不被期待的行為（如 Skinner, 1953）。例如，你會把隔天上學需要的東西放進袋子並放在門邊（前事策略），以增加你帶用品出門的可能性（期待的行為）。同樣地，你可以使用待辦事項清單（前事提示和監控系統），以增加你完成列表上事項的可能性（期待的行為），並在完成列表上的項目後給予自己獎勵（後果）。如這些簡單的例子所示，你可能已經在現實生活中使用自我管理策略，而研究建議同樣的策略可以增進老師執行簡單的 CWPBIS 實務策略的表現（Chalk & Bizo, 2004; Simonsen, MacSuga, Fallon, & Sugai, 2013; Simonsen et al., 2014; Sutherland & Wehby, 2001; Sutherland, Wehby, & Copeland, 2000）。在沒有任何外部支持的情況下，你可以使用自我管理策略來增進你運用 CWPBIS 實務的策略。就像所有的策略一樣，自我管理可以依據需要而加強，詳見下一段落。

二、同儕支持

　　在班級經營的領域，同儕支持變得越來越受歡迎。我們看到學校運用各種團隊（例如：年級團隊、特定學科領域團隊、專業學習社群）和夥伴關係（例如：「夥伴」老師）結構，以增進老師之間同儕本位的支持。雖然在 CWPBIS 領域針對這些結構的有效性之研究仍有限，但我們相信同儕本位的支持或許有助於你了解並執行 CWPBIS。這些支持可能包括非正式的支持（例如：要求同儕就班級經營提出建議）到正式的支持（例如：請同儕觀察你執行特定策略並蒐集資料），此策略可以根據需求加強，詳述如後。

090

三、「專家」支持

　　也許最「典型」或傳統類型的支持，就是依靠外部專家提供「研習」（sit and get）的專業發展。雖然研究一致顯示這種「提供訓練然後抱持希望」的方法是無效的（Allen & Forman, 1984; Fixsen, Naoom, Blase, Friedman, & Wallace, 2005; Stokes & Baer, 1977），但我們認為當專家以學校或當地經驗為基礎提供支持，或他提供的支持與老師的需求符合時，專家支持就具有作用。首先，專家可以針對特定的 CWPBIS 技巧提供簡短、明確的教學培訓，我們認為這種形式的專家支持有其必要性，但這並不夠。此外，有許多學校透過建立初任教師導入計畫或藉由非正式的校本輔導方案，聘請專家（如資深教師）擔任新老師的導師。若執行得當，研究顯示這些支持可以幫助新進老師實施 CWPBIS（如 Briere, Simonsen, Myers, & Sugai, 2013）。我們也觀察到學校越來越重視在學校提供教練或諮詢支持（參見 Reinke, Herman, & Sprick, 2011，他們對 Classroom Check-Up 這種教師諮詢模式的討論很清楚，可協助增進教師使用實證本位班級經營實務）。雖然以這些方法支持教師實施 CWPBIS 的證據仍持續建置中，但我們認為這些支持都可能成功，特別是用來幫助需要密集

支持才能成功執行策略的老師們（如 MacSuga & Simonsen, 2011; Reinke, Lewis-Palmer, & Merrell, 2008）。

貳 概述 CWPBIS 的多層級支持架構

　　學者們也開始意識到，就像給學生的支持一樣，單一種支持不可能適合所有教師。因此，研究人員建議採用多層級支持（multi-tiered support, MTS）架構，以支持老師實施 CWPBIS（如 Myers et al., 2011; Simonsen et al., 2014）。如同第一章討論的其他多層級方法（亦即 PBIS、RTI、MTSS）一樣，所有老師都應獲得第一層級支持，持續在執行 CWPBIS 策略時遇到新的挑戰或輕微困難的老師則應獲得第二層級支持，而在執行 CWPBIS 過程中有長期或重大困難的老師應獲得第三層級支持。本節將概述給老師的 MTS 架構（見圖 4-7）。在閱讀時，你應該考量你目前在實施 CWPBIS 關鍵要素的需求，並確認適合自己的支持。由於這個架構尚

091

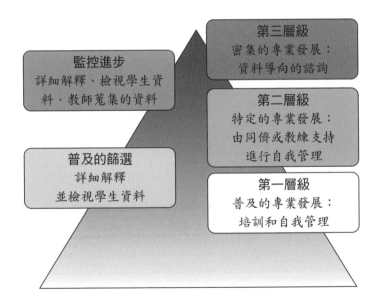

圖 4-7 ▪ 支持教師實施 CWPBIS 的多層級支持架構

資料來源：修改自 Simonsen 等人（2014）。Copyright 2014 by Sage Publications.

未經測試，我們強調這是一種組織實證本位實務的方法——就像提供學生的 PBIS 一樣——我們會分享許多可能有效的策略，你可以自己使用（自我管理）、與同事一起使用（同儕支持），或在橫跨 MTS 的三級架構內由專家支持你執行。我們也想強調如何結合這三種類型的支持（自我、同儕和專家），以為教師創造多元彈性的支持選項。

一、第一層級專業發展：支持所有教師

作為老師，持續的提醒和支持如何確立目標成果、蒐集和運用資料，與執行有效的 CWPBIS 實務，都能使我們受益。第一層級支持應該是有效果（亦即採用實證支持的方式）、有效率（簡短的）和具一般性的（提供給所有教師）。每種支持教師的方法（自我、同儕和專家支持）都有一些特點，可以單獨或融合在第一層級支持內實施。例如，「專家」（行政人員、駐校的行為教練、學校心理師、資深老師）可以利用教師會議的 10 到 15 分鐘，向所有老師提供關於 CWPBIS 技巧簡短且明確的訓練。由於這種訓練是必要的，但可能不夠，老師可以用自我管理和（或）同儕支持來補足。例如，老師可以使用第一層級自我管理策略，選擇一天中的 15 分鐘，監控（亦即計數或記錄進步情形）他們使用專家教導的技能的情形。然後，可以設定一個目標以提升自己的表現，評估自己是否每日都達到目標，並在達到目標時給予自己獎勵。此外，老師可以選擇在現有的同儕小組（例如：年級小組、學科領域小組）內與同事一同腦力激盪如何提升策略的執行、實際執行指定的策略，並向小組回報成功經驗和遭遇的困難。教師也可以選擇在第一層級同時使用三種方法（亦即參加培訓、自我監控和評估技巧的使用情形，以及與同事分享他們的資料，並一起慶祝成功或腦力激盪以改進執行情形）。

二、第二層級專業發展：對部分教師的特定支持

對於遇到些微困難的老師（例如：需要增加使用正向回饋並減少負向

回饋的教師）或遇到新的挑戰的教師（例如：某一年特別難帶的班級、初
任老師），就應該考慮在第一層級以外提供第二層級支持。第二層級支持 *092*
應該是有效果（亦即實證支持）、容易執行（亦即需要最少的時間和精力
來執行第一層級以外的工作），並且特定的（即符合教職員認定的特定需
求）。如前所述，三種支持方法的特性都可以在第二層級內實施。例如：
專家會與需要第二層級支持的老師會面，並簡短提供關於特定目標技能的
培訓（例如，增加具體讚美）。另外，學校可以組成一個技能本位的專業
學習社群，讓教師在社群中針對特定的技能進行相關的學習和同儕支持活
動。第三種選擇，是老師可以藉由聚焦於額外的 CWPBIS 技能、加強他
目前針對預先認定的技能（例如：增加前事策略、監控的方法、達成目標
的標準、可用的獎勵）所設定的自我管理方法，或結合這兩種方法以強化
其自我管理計畫。最後，老師可以結合所有方法中的策略，為第二層級支
持創造更多的可能性。例如，老師可以要求與專家會面，以檢視他的自我
管理計畫，並詢問額外的執行要點，然後老師可以與一位或多位同儕分享
他的資料和計畫內容，以獲得同儕支持。

三、第三層級專業發展：對個別教師的密集支持

　　若有教師 (1) 在參與第一層級和第二層級支持後持續面臨班級經營困
難，或 (2) 經歷重大困難，就可能需要密集和個別化的第三層級的支持。
與其他層級一樣，第三層級的支持應該是有效的（即實證支持），但它們
應該個別化地針對特定老師，並足夠密集地幫助老師改善其執行。前述三
種方法在第三層級都可以被強化，但更可能需要結合這些方法以看到期待
的變化。例如，第三層級中的專家支持可能看起來像是教練或諮詢支持，
以針對具體技能表現提供改進的回饋。**表現回饋**（performance feedback）
包括依據資料定期更新教師目前的表現和提供改進實務的具體建議，這
是一項提高老師執行各種介入措施的有效策略（如 Noell, Witt, Gilbertson,
Rainer, & Freeland, 1997）。雖然教練或諮詢可以由專家主導（亦即由專

家確認所需技巧、蒐集資料，和提供表現回饋），但也可以結合其他支持方法。例如，專家可以與老師合作檢視教師自我監控時所蒐集的資料、制定詳細的行動計畫以加強已納入其自我管理計畫的策略，並繼續與教師會面和依據教師蒐集的資料提供回饋。無論具體特徵如何，第三層級的支持應繼續進行並加以調整，直到觀察到老師有足夠的改進。

因此，在多層級支持架構中，所有老師都會獲得其達到成功所需的方法（自我、同儕或專家）和程度（第一層級、第二層級或第三層級）的支持。雖然仍需要進一步的研究，但我們認為這個方法有希望可以改善CWPBIS 專業發展的經驗與成果。

第五節 實務：第二部分概述

CWPBIS 的第四個關鍵要素是**實務**，或說是給學生在班級中的社會行為介入與支持。本節將簡要概述 CWPBIS 的實務，再於本書的第二部分「全班性 PBIS 的實務」和第三部分「支持學生的額外層級」中詳細描述。具體而言，有五項實證支持的關鍵原則應引導你執行第一層級CWPBIS（Simonsen et al., 2008）：

1. 透過建立例行程序和有效地規劃教室，以使結構最大化。
2. 主動促使學生參與你的教學活動。
3. 選擇、定義、教導、監控和檢視幾項正向敘述的期待行為。
4. 實施連續性的策略來獎勵和增加適當的行為。
5. 實施連續性的策略來回應和減少不適當的行為。

我們在第五章（關鍵原則 1 和 2）、第六章（關鍵原則 3）、第七章（關鍵原則 4）和第八章（關鍵原則 5）中介紹這些原則，以及每個原則的實例。對於行為仍然需要更多支持的學生，我們提出了策略以：(1) 加

強並提供這些實務給需要第二層級支持的學生（第九章）；(2) 為需要密集的第三層級支持的學生制定個別化的實務（第十章）。

欲執行 CWPBIS，教師需訂定成果、蒐集和使用資料來推動決策，並確認支持系統以協助其實施有實證支持的實務工作。正如我們在本章中所強調的，關鍵是保持簡單！首先，依據資料設定對你和你的學生有意義的目標成果，並使用包含四部分（情境、個人、行為和標準）的成果或目標語句陳述之。第二，採用有效率的測量系統蒐集資料，使你能監控目標成果的進步情形，並協助你做關於執行、調整或停止介入策略的決策。第三，依據你的資料選擇和實施有實證支持，且與目標成果一致的實務（會在本書的後續章節中詳細討論）。最後，也是最重要的，是依據 (1) 你喜歡或能夠使用的方法（自我、同儕或專家）和 (2) 你的需求層次（第一層級、第二層級或第三層級），來確認系統特徵以支持你執行 CWPBIS。

各學習階段之活動

094

一、習得

1. 確認你和班級學生成功實施 CWPBIS 欲達到的*成果*。
2. 確認學校和學區能提供你目前的角色（職前、初任、資深等）在實施 CWPBIS 時需要的相關*系統*或支持結構。

二、流暢

1. 選擇一個有行為問題的學生，針對其行為問題擬定操作性定義，確認相

關的行為向度（思考為什麼這個行為在班級環境脈絡中會有問題），設計一個測量系統，蒐集三天的資料，並在圖表中摘要資料。

2. 選擇一個自我管理策略，如「系統：支持教師實施 CWPBIS」一節所討論的，並用它來監控、評估和（或）增強你使用特定班級經營技巧以達成你的目標成果。

三、維持

1. 找兩個或更多今年在你班上的學生，重複進行「流暢」階段活動 1。

2. 褪除你在「流暢」階段活動 2 中執行的策略，然後定期檢視在沒有執行自我管理策略的情況下，你是否有維持使用技巧。如果你仍維持使用你的技巧，非常恭喜！如果沒有，加強「流暢」階段活動 2 的策略。

四、類化

1. 發展資料或測量系統，以記錄你和（或）學生在「習得」階段活動 1 中所訂定的一項或多項成果的表現。

2. 當你的技巧使用流暢且能維持後，就可以與同儕合作，針對他需要協助的特定 CWPBIS 領域提供支持。

五、其他增能活動

1. 閱讀第五章後，將本章所學的概念應用於：(1) 設定成果；(2) 設計並實施一個與增加學生反應機會和改善學業成果有關的資料蒐集系統。

2. 閱讀第六章後，應用本章與資料相關的概念，來測量學生在班上對於重要的社會技巧（例如：遵守規範）的行為習得、流暢、維持和類化。

全班性 PBIS 的
實務

●● 第五章 ●●
教室結構最大化及主動促進學生參與教學

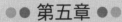

讀完本章後,你應該能:

1. 建立並教導班級活動的例行程序,周全地安排物理環境,以最大化你教室裡的結構。

2. 透過增加提供給學生反應機會的頻率及多樣性,讓學生主動地參與課堂。

試想 ·······

　　杰瑞柯是一位中學普通班老師，常常聽到他對著學生吼。校長接獲好幾次他教室附近的其他老師抱怨後，校長請你這位班級經營良好的老師去觀察他的班級，並分享一些有用的策略。當你第一次走進杰瑞柯老師的教室觀察時，你嚇了一大跳，並不是因為聽到老師吼學生的聲音或是因為學生的行為（大多為分心），而是因為他教室呈現的景象。你朝白板看過去，想要看看學生們正在做些什麼，但白板上卻什麼也看不到，除了一些字彙卡（幸好還有……），和學生的塗鴉。為了想要試著獲得一些課堂例行作息或日程表的訊息，你掃視牆上和學生的桌子。和剛才一樣，你看不到任何有關時間表、教學目標，或例行作息的訊息。

　　當你掃視這間教室時，你也發現到教室裡最乾淨的地方竟是學生的桌子——而這些人是中學生耶！杰瑞柯老師的桌子卻被一堆紙淹沒，每個地方都是差不多的一堆紙，甚至連地上都有。真的不騙人，每個平面都是沒有組織的一團混亂，除了學生的桌面和課桌間的走道以外。你了解到你得先幫助杰瑞柯老師在教室裡提供一些結構。

　　看到這裡，你也開始研究杰瑞柯老師到底怎麼對學生說話。你似乎聽到的是關於州和首府的講述，但你卻聽到杰瑞柯老師指出錯誤的州與都市組合（你聽到他說塔拉哈西是喬治亞州的首府，而羅里是維吉尼亞州的首府）。隨著他一直講下去，你注意到學生兩眼茫然地看著窗外、在紙上塗鴉，甚至在打瞌睡。因此，他不僅教導了錯誤資訊，而且傳達訊息的方式如此無效，學生都沒在聽他上課。（你接著想也許學生沒有聽到錯誤的州與首都，至少是件好事情！）

　　你閉起眼睛，在腦海描繪出你自己教室的景象：在教室裡，你將例行作息海報貼在白板旁邊，學習目標則是寫在白板的正上方；你準備好一個「現在做……」的教學活動，等著學生抵達教室。牆壁上，

會有學生作品的展示櫃，還包含著提示適當學業行為、社會行為的海報（像是：寫作流程、書面報告的格式；安全、尊重、做個學習者）。你想起你教室布置了有點發亮的金屬作業籃，當學生一進教室時就可以把作業交進去，你還精心組織了教材，好幫助他們完成多樣的學習任務。你的桌面上，一些紙張有次序的堆疊著，但基本上都用托盤或籃子井井有條地收納好。你想到你的課程計畫書整理了實證本位的課程，以及其他的教材，你回想自己有效率地運用策略（例如：同步反應、反應卡）來促進學生參與課堂。你張開眼睛，深呼吸一口氣，你決定帶著杰瑞柯老師去逛一趟辦公文具用品店，並且和他談談怎麼建立例行程序、找到學區核准的課程，並且和你一樣主動地讓學生投入課堂。

第一節 教學結構化及主動參與教學之概覽

　　正如前述試想中描繪的景象，營造有結構的教室並提供主動參與的教學，對於學生的學習及適當行為表現來說皆至關重要。在我們的經驗裡，我們理解到結構化是執行所有 CWPBIS 原則的基石。當我們被要求去支持一個運用 CWPBIS 遇到困難的老師時（就像杰瑞柯老師那樣），我們總是會先從教室結構化開始著手（也就是例行程序及物理環境配置）。一旦結構化不足，無論是建立和教導期待行為、進行教學，或是一致性地執行其他行為支持策略，都會相當困難。

　　更進一步來說，很難想像一個有良好行為支持的教室會欠缺好的教學。雖然所有的師資培育方案都著重在教學法和學科內容的專業，確保教學能以有效促進學生主動參與的方式進行仍是很重要的。在本章，我們會

介紹如何將教室結構最大化，以及促進學生主動參與教學。

【第二節】 **教室結構最大化**

教室結構包含活動的例行程序／作息（routines）與物理環境配置（physical arrangement）兩部分。研究指出有結構的教室和能減少擁擠與分心的環境，可以使學生學習成果符合期望，也比較受到教師青睞（參見 Simonsen et al., 2008）。然而，研究並未指出一個可以創造結構的明確單一方式。（很遺憾，並沒有一種神奇的座位安排方式可以改善你教室中所有的行為問題！）相反地，構思教室結構與物理環境時要周全地考慮你的目標，並同時依據實證資料做調整（詳見第四章所強調的）。在這一節，我們會說明如何：(1) 建立和教導教室例行程序／作息；(2) 促進適當行為的教室配置。

壹 建立與教導例行程序／作息

有效的教室例行程序／作息對於有效的班級經營是很關鍵的。當老師們建立好並一致地依循這些例行程序／作息，我們會看到例行程序／作息（而非老師本身）變成教室的「管理者」。學生們會知道被期待做什麼，他們不用很多的提示就能在教學活動（甚至整天的在校時間中）一直往下進行。換句話說，當我們花時間在 (1) 學年的一開始建立並教導學生例行程序／作息，並且 (2) 在這一年中週期性地加以檢討，你會將你自己和你學生們從反覆提醒、處理行為問題而耗掉教學時間的泥淖中解救出來（例如：如何在活動間轉換、分發和收回教學材料、繳交蒐集作業，以及其他日常活動）。因此，訂定、描述、張貼、教導和區分你的教室例行程序／作息是重要的工作。

一、訂定和描述教室例行程序／作息

為了訂定你的教室例行程序／作息，想一想當你的學生在那一節或一天的一開始踏進你教室的那一刻直到他們離開的那一刻，你想要他們做什麼。可能的考量流程有：

● 進入教室。

● 繳交回家作業或課中隨堂作業。

● 把教材相關物品收好（一進到教室和活動轉換時）。

● 準備活動〔提供一個開場活動，像是「暖身」（warm-up）或「現在做」（do-now），讓學生很快地進入學習任務〕。

● 獲取所需要的教學素材（例如：寫作用具、書本或操作教具）。

● 分發學習材料（例如：發還學生的作品、將學習單傳下去發）。

● 參與和主動傾聽教師主導的教學。

● 向老師或同儕尋求協助。

● 參與合作性的學習團體活動。

● 完成獨立的作業或測驗。

● 和老師指派的同儕夥伴一起學習。

● 照顧學生的個人需求（例如：如廁、喝水）。

● 有人進來教室觀摩的時候能妥善安排。

● 當有代課老師或實習老師的時候，學生仍能表現良好。

當你考慮上述這些林林總總的課堂例行程序，你也可能會想到針對特定於你的教室、年級或學校情境的許多其他例行程序。請你思考在每一個例行程序中希望學生做的事，並描述你希望這段時間「看起來如何」。舉例而言，當學生進入教室時，你會想要他們禮貌地跟你打招呼（當你站在門邊以正向的態度歡迎他們，並簡要的提醒期待行為時）、看看白板上的宣布事項、走向作業籃、把昨晚作業拿出來交、走到教材教具櫃並拿好他

們所需要取用的學用品（如：鉛筆）、走去他們的座位且把他們的書包掛在椅子背後、拿出這節課需要用到的東西，並開始進行暖身的活動。藉由在課程的一開始很清楚明確地教導你的例行程序，你會將課堂上沒事做的時間與行為問題降到最低。

（一）確保學生的例行程序適合情境脈絡

在訂定學生的例行程序時，要確定你有考慮到學生的年齡、能力，以及班上的課堂教學內容。例行程序對所有情境都很重要，但是依據學習者不同特質（如：年齡、能力、學習經驗）、老師特質（如：偏好、教學風格），以及教學內容（如：語文 vs. 科學 vs. 工藝），會有明顯的不同。例如在幼兒園的教室，老師們可能需要更清楚地教導例行程序的每個步驟，因為有的學生也許還沒經驗過像是排隊、雙腳盤腿坐或一般幼兒園常見活動。相較之下，一位高中科學課的老師則應該對於使用多樣複雜的實驗室活動及設備的教導說明得更加清楚，因為要是例行程序或期待行為沒有建立與遵守的話，那些活動及素材會有現實上的安全風險。甚至在大學課堂上，我們也有必要建立清楚的上課例行程序，包括隨堂測驗、小組工作與講述，還有課後如何和學生溝通（像是運用 e-mail 的期待行為，例如你希望的是一個工作天內回覆而非一個小時，特別如果你是在凌晨三點發信的），還有如何處理課程作業（像是學生要怎麼繳交、領回作業，以及回應你對於作業或考試結果的回饋）。

（二）盡可能在例行程序中融入一些選項

雖然你希望例行程序都有清楚的定義並一致地進行，也要考量讓學生在程序內或程序之間有一些選擇的機會。提供選項（providing choice）對於促進學業參與及預防或降低行為問題都是很重要的前事策略（如Dunlap et al., 1994）。例如你可能有一個要學生在課堂上進行的獨立作業，此例行程序的其中一個內容便是讓學生自己決定作業進行的順序。其

他你可以融入在例行程序的選項有：

- 哪一個活動要先完成（亦即，活動的順序）。
- 學生要用來完成作業活動所需的材料（例如：形式、顏色或書寫文具）。
- 採取獨立工作，還是和小組或是和一個夥伴完成（如果覺得合適的話，讓學生自己選擇夥伴）。
- 學生要在教室中的哪裡完成這項工作（例如：在座位上、在地墊區，還是可以在老師附近）。
- 學生要如何反應（反應的模式：手寫、打字、口頭等）。
- 學生可以得到什麼獎勵。
- 其他學生可以選擇如何完成或參與各個例行程序的類似選擇。

（三）運用行為的動能

在例行程序中甚或全程，我們也可以創造建立「行為動能」（behavioral momentum）的機會（如 Cooper et al., 2007）。想一下，在每個活動的一開始，或至少在一天主要活動的一開始，安排一些能夠讓學生獲得成功（也就是獲得增強）的活動，如此產生的動能（亦即，最近學生參與學業活動時能頻繁獲得增強的經驗）會增加學生企圖與投入較困難任務的可能性。同理，也可以在一整天中，穿插點綴一些較為簡單的例行程序或任務（亦即，讓學生以較少耗力獲得多一點高頻增強的機會）。舉例來說，如果你要跟學生上一整天課，千萬不要把你課程中那些困難的部分塞進連續不間斷的三個小時裡面。反之，你可以：(1) 在困難的內容中穿插一些有趣的複習活動；以及 (2) 用較不喜歡的學科穿插在較喜歡的學科中，來增加學生一整天都持續參與課程的可能性。

（四）將人員的作息納入考量

除了學生的作息，你也要將你自己和你教室裡的其他教職員工的作息一起納入考量。如果你已經有一年以上的教學經驗，你應該會知道這些你第一年任教時想弄清楚的東西。例如：

- 你會什麼時候備課，特別是你需要和夥伴教師，或學年教師群／學科教師社群共同備課時？
- 你要什麼時候以及如何批改、給評語回饋，與發還學生作業？
- 你要怎麼和教室裡的志工、教師助理、不同的特殊或相關服務提供人員，還有其他進入你教室的人談話溝通？你要怎麼處理這些而又不至於干擾到教學？
- 你什麼時候要照顧你自己的個人需求（例如：如廁、用餐、喝水、泡杯咖啡等）？
- 你要什麼時候以及如何和學生家長或監護人聯繫溝通？好確認你每個學期都有好幾次與學生的家人有正向的聯繫互動。
- 你要怎麼參與例行的會議、輪值，和其他「非教學性」的工作？
- 要怎麼確保你自己得以持續地參加有意義的專業發展活動？讓自己持續更新知識、一直保有效能，成為終身學習的教師。

_102_

再一次提醒，你可能訂出除了上述所列的以外更多難以數計的其他例行程序。即便你最終還是透過嘗試錯誤找出管理這些例行程序的方法，但與經驗豐富的教師夥伴聊聊蒐集靈感還是會比較好的，看看他們怎麼安排一天的行程、發展出管理反覆出現例行程序的一致性計畫。如此一來，你將能更妥善處理例行程序中的干擾和例外狀況，因為你大多數的程序都已經「自動導航」了。

二、將教室時間表／例行程序張貼在明顯處

一旦你訂定並描述給學生和其他人員參考的教室時間表，請把它們書

面化。對於學生，請把你教室的日常時間表貼在顯眼的位置（例如白板上），並且在每堂課、每個活動、每天的一開頭都要複習一下。再次強調，考慮如何和在哪裡呈現這些訊息時，請考量學生的年齡與能力水準。對於某些學生來說，貼在白板上的詳細時間表是有效益的；而對於其他閱讀能力有限的學生而言，圖像化的時間表可能更為合適。考量班上學生能力的多樣性，你可以考慮很多不同的張貼方式。比方說，你可以把一般例行的時間表貼在白板上給所有學生看；然後提供有個別需要的學生較為詳細的書面計畫，包含這位學生她要上的資源班課程或參加其他活動之個人日程表。而對於另一位學生，你可以把魔鬼氈板貼在他的桌上，上面排有一整天活動的圖畫序列。你也可以讓教師助理帶著那位學生在每天的一開始瀏覽當日時間表、陪伴他完成每個活動、在做完一項相對應的活動後就移除那張圖片，再帶著他檢視接下來的活動。

此外，也請在顯眼、有意義的位置，貼出特定例行程序的行進動線指引。例如，你可以在學生一進入教室視線可及的範圍（例如：門口、白板旁邊），張貼你期待他們進入教室該做些什麼的步驟海報。清楚地標示出例行程序相關的素材與地點（例如：在他們繳作業的籃子處貼上「作業籃」的標籤），並在適當的位置張貼相關的例行工作。又譬如，如果你設定當學生進入教室就會經過一個工作站，你可以在那裡貼出步驟指示來引導學生，例如：(1) 把作業交進作業籃；(2) 拿取今天需要的物品材料；(3) 走去座位並開始暖身活動。

你可以將自己與給教職員看的時間表，登錄在個人的行事曆或其他自我管理的設備（或許你的課程計畫手冊裡也放一份）。我們發現電子的提醒裝置很有用，即使對重複性的活動，而規劃時間以完成各種活動（例如：每週撥出兩小時給家長打電話或寫 e-mail），對於我們掌控個人的例行程序而言非常重要。

在訂定和描述你教室的例行程序，並找出適當的張貼方式（例如：寫在白板、掛式海報、標示出相關的位置和材料）後，很關鍵的是要教導你的學生這些程序中的例行工作看起來是什麼樣子。一開始，你先向學生介紹每一個例行工作，然後示範你希望他們怎麼做，並介紹提示例行工作的海報或其他策略。帶領學生們透過活動來讓他們區分這些例行工作中期待行為的正例與非例。然後藉由練習的機會（例如：假裝現在是一天的開始，並且練習進教室），來「測試」他們是否了解，並對他們做得好與做不好的地方提供具體的回饋。教過以後，未來也要確保持續給予提醒並監控他們能否遵循教室的例行程序（如果你有督導其他職員，你應該也想要用類似的歷程，來建立及教導教室裡的其他成人，使他們清楚知道例行程序）。正如我們在下一章說明的，你會想要教導學生在例行工作中應該要如何做到正向肯定陳述的期待行為。社會技巧明確的教學將會讓你的學生們更精確的理解你在教室例行活動中對他們的期待。

貳 規劃教室物理環境以提升學生適當行為

除了用清楚的課堂例行程序來加強教室結構化以外，也請思考你教室的物理環境。雖然世上沒有一個適用所有班級的完美室內空間方案或位置安排，但是我們確實有些一般性的原則能夠促進學生表現適當行為（並預防不適當行為）：避免擁擠與分心、確保適足的監控、考量轉換與移動、配合教學方式來調整座位安排，以及利用有效的設計來預防可預期的問題。

一、避免擁擠與分心

盡可能的想想那些可以避免擁擠與分心的策略。確保教室呈現的視覺布置都是有意義的、與教學相關，而且有時效性。所有你貼在牆上及掛在

天花板上的物件都要有呈現的目的，並且想好你要呈現多久時間。張貼的海報應該要能提示所期待的學業與社會行為，有明確的意義，並與你教室的教學有關。展示學生作業成果來慶祝他們的努力與成就當然重要，但你應該每隔一段時間就要更替，才不會讓九月的作業一直到隔年五月了都還在牆上。要是你的教室布置是有目的的，就不太可能會導致學生們分心，而較能提示或指出適當的行為。相對來說，如果你呈現學生曾經做過的每樣東西，你可以想像得到你教室從一開學就會相當容易令人分心，而且到放寒假前都很難安定下來。

同理，請規劃和妥善選擇教室裡的桌椅設備以盡可能避免擁擠。首 104 先，要考慮你放在教室中所有的物品或桌椅設備。有些可以輔助教室的結構化（例如：收納物品的籃框、放課本或作業的資料夾），但有些東西就沒什麼意義。無論如何，請移除教室裡雜亂的物品。其次，配置能配合你教室例行程序的桌椅設備。如果你在小學任教，經常用圍繞中心式或地板式的討論活動，就應該確認教室裡有空間來進行這些活動。如果你想要學生有機會「分開來獨立各自進行活動」，請有計畫地創造一個某個程度上能在視覺上有所區隔（但你仍能監控）的空間。第三，在你觀察了學生在開學幾週的狀況以後，你應該調整一開始的配置，像是你看到有些擁擠（例如：轉換時間會有學生擠在一堆的地方），或令人分心（例如：學生因為太靠近一些教學素材而無法專注在教學中）的問題。

二、確保適足的監控

不管你教室空間的設計或配置如何，你能主動監控到所有區域是至為關鍵的。如果既有的結構（如：外套櫃、實驗桌）可能阻擋你的視線讓你無法一次掌握所有區域，那就要想一想你需要站在哪裡，以及當活動進行中或轉換時走動管理的必要性，以確保你能夠適當地、主動地看到你所有的學生。即便這看來好像是一般常識，但老師常常忙著太多工作而忘了這個預防行為問題的關鍵步驟。有時候，簡單的調整就可以大幅改善你對學

生的監控。例如，當你與特定學生談話時，不要背對著全班其他人，你應該：(1) 面向班上學生；(2) 每隔一段時間就掃視一下全班；(3) 指導個別學生時，每隔一段時間就對全班獨自活動的表現提供正向的（或矯正性的）回饋。

三、考量轉換與移動

當你規劃教室空間配置時，也想一想學生在教室裡要怎麼移動。考慮進入和離開教室的路徑，以及他們在教室不同位置與活動間要如何移動。確保你擺放的桌椅設備能創造容易通行的路徑，如果你學生需要的話，可以利用視覺提示（例如：在地上貼膠帶）來讓「人流移動」有效率，並觀察學生的狀況後依需求調整。

四、配合教學方式來調整座位安排

在安排學生的座位時，請思考你常用的教學法。如果你通常採用教師主導的教學方法，將桌椅整齊面向前方縱橫排列會是最適合的。如果會大量運用合作學習的團體活動，將座位群組排列會是最有效率的安排。如果你有學生很難不動手動腳干擾到別人，謹慎的做法是將桌子的間距調整大於一隻手臂的距離。再重申一次，世上沒有一體適用的座位安排方法。因此，請周詳地思考規劃，配合你擬定的教學任務，並且做必要的調整。

五、利用有效的設計來預防可預期的問題

想想發生在教室裡讓你感到最厭煩的事或是過去發生過的狀況。不要等到這些狀況變成真正的問題，想想可以預防可預期問題的環境策略。舉例來說，多數的老師都不希望學生碰觸老師的個人物品。不要因為學生沒有尊重「你的物品」而惱怒，我們建議你應該將你的貴重物品鎖好，並且用口語加上視覺的（例如：用有顏色的膠帶標記）提示，教導學生區辨老師所屬空間，並與學生空間有所區別。

也可以想想你教室特有的狀況，例如，或許你事實上並未擁有自己的教室——可能得在教室間移動，或必須安排學生到一些非傳統教室的空間上課（例如：舞台）。要想一想在這樣的環境中如何組織素材以促進適當的行為並避免問題。例如，巡迴老師可能會準備一台規劃好的移動式推車，把老師期待的行為貼在推車的正面，學生要用到的物品放在推車最頂層，然後老師要用的部分放在比較底層的地方。需要到舞台上課的音樂老師可以：(1) 用有色膠帶區隔出樂器、樂譜和其他素材的區域（如果教室中各區的界線不清楚的話，也可以使用膠帶協助界定）；(2) 張貼並教導每個區域的例行程序。

綜言之，執行有效 CWPBIS 的首要原則就是讓你教室的結構極大化。為了創造結構，例行程序與物理教室環境都是要考慮的。我們說明了對你教室裡的學生（和教職員）擬定、描述、張貼、教導及區分例行程序的方法。我們也討論了教室的物理空間應該要怎麼細心規劃，並依照你觀察到的學生行為與其他實證資料來做必要的調整。一個結構化的教室有助於準備好提供下一個階段的活動——有效、主動參與的教學。

第三節 主動促進學生參與教學

我們常常說好的教學（亦即，有效的教學設計及實施）是行為管理最好的工具之一。當老師能有清楚的程序、明確對學生教導期待的行為、執行良好的行為回饋系統，與其他的行為支持策略，可以幫助學生好好坐在位子上並且準備好學習。然而，要是老師的教學本身難以吸引學生投入且沒有成效的話，其他行為管理策略將不足以促進學習或維持適當行為。促進主動參與（promoting active engagement）對於提升學生學習成就與適當行為表現是至關重要的，對所有年紀群體、能力水準和學習內容皆然

106

（Simonsen et al., 2008）。即便各學科或學習內容有其特定的教學策略來吸引學生主動參與，我們會聚焦在兩大主要原則，這些原則均有廣泛的實證支持並且能夠在各種情境實行：提供高比率的**反應機會**（opportunities of respond, OTR），以及確認老師有提供多樣的反應機會。所謂的 OTR，是指任何老師都可運用這樣的行為（例如：問問題、提出要求、呈現任務），來誘發出學生可觀察的反應（例如：口語反應、書寫反應）。

壹 提供高比率的反應機會

　　確保你的教學能夠促進學生主動參與的一個關鍵方式，就是提供高比率的教學相關反應機會（OTR）。研究指出，教學期間提高 OTR 頻率可以促進期望的學習結果（例如：增加正確的反應、提升期望行為、減少行為問題）（參見 MacSuga-Gage & Simonsen, in press）。對於不同學生特徵（亦即，不同年齡與能力）、不同教師教學活動（例如：教師主導教學或獨立作業）和學科內容領域而言，怎樣才算是高比率的反應機會，研究上尚未有確切結論。舉例來說，早期研究建議對輕度，或高出現率的身心障礙學生，老師在進行教師主導的教學活動時，新活動應該安排每分鐘 4 到 6 次的 OTR，複習活動則是每分鐘 8 到 12 次的 OTR（Council for Exceptional Children, 1987）。而目前的描述性研究則是指出，典型有效能的老師會在教師主導教學中提供每分鐘 3 到 5 次簡單的 OTR（例如：很快的口頭或動作性反應），遇到反應方式較為複雜的狀況時（例如：在白板上進行數學解題），則也會每分鐘至少有 1 次 OTR（MacSuga-Gage & Simonsen, in press）。更甚者，如果學生要從事的是時間較長的作業，像是寫短文，老師則也許每 10 到 30 分鐘才給予 1 次 OTR（寫作的提示），但如果學生有正確且主動地參與活動，就算這樣的 OTR 也依然會有效。因此，我們的整體建議是：在你的整個教學活動中提高 OTR 的次數，但也不用為了求數量而犧牲掉品質。換句話說，不要只依賴用反覆練習的活動來促進 OTR。如我們下段談的，建議提供多樣化的 OTR，雖然

這會造成 OTR 頻率的高高低低。永遠要記得，運用學生的學業及行為表現資料來監控你的教學成效，並依據資料來調整你呈現 OTR 的頻率。

貳 運用多樣的反應機會

在規劃教學中要使用的 OTR 型態時，請同時考慮你提供 OTR 的方式（教師行為）和各種學生反應的型態及模式（學生行為）。整體而言，研究發現能夠 (1) 運用於多數或所有的學生（例如：混合或同聲反應），及 (2) 讓老師能判斷出學生反應的正確與否（例如：反應卡）的 OTR，會比其他型態 OTR 更為有效（如 MacSuga-Gaga & Simonsen, in press）。然而，這是個近來才被關注的研究主題，我們還是建議運用多樣的策略來增加 OTR。

一、提供 OTR 的策略

107

以下會討論多種提供學生 OTR 的方式。當教師主導教學時，你應該考慮是以學生個別的（個別反應）、一次全體的（同時反應），還是結合這兩種的方式，來提供教師主導的 OTR。如果是其他教學方式（亦即，夥伴學習或合作學習活動），也會有其他提供 OTR 的策略。

（一）個別反應

正如其名，個別反應（individual responding）是指當提供 OTR 給一位個別的學生時。也許最經典的方式就是傳統的舉手問答，老師問一個問題，然後點舉手的個別學生回答。這種方式的挑戰在於往往都是同一群學生一直舉手參與，但是其他學生則變得沒那麼投入教學。然而，個別反應其實有幾種替代的變形方式。有些老師會問一個問題，提供一點等待時間，然後隨機點學生回答（像是抽籤筒裡學生的名字條）。這樣一來所有的學生都有平等的機會可以被點到，學生們自然會主動參與課程。而有些老師也會在問完問題後插入一個步驟，就是在老師點人回答以前，讓學生

有機會與一個夥伴討論他們的反應答案。

　　如果你選擇運用個別反應的方式，請確定你的安排能讓所有學生都獲致成功。舉例來說，你可能要事先計畫好你的提問，並在教學中就要事先教導有關答案的內容，以及處理學生遭遇內容或參與技巧上的困難狀況時可以給予的反應。這麼一來，所有的學生都有機會給出一個「正確」的答案。你或許也可以問一個意見性的問題，無論什麼答案都無關對錯，得以鼓勵各種學生的參與（無論能力高低）。此外，請考慮運用後面章節會介紹的 CWPBIS 策略來 (1) 教導你期待學生如何在個別反應中支持他的夥伴（第六章），以及 (2) 運用全班性的增強策略來指出學生參與課堂的努力（第七章）。

（二）同時反應

　　相較於個別反應，同時反應（unison responding）是要求學生們同步對 OTR 做出反應。換句話說，老師對全班呈現一個 OTR，並要求全班反應。就如同個別反應，同時反應方式也有其挑戰之處。舉例來說，有些學生會等待觀望其他同儕的反應，然後跟隨看起來像團體中主流的那種反應，尤其如果學生是被期望以口語或動作反應時。要是學生須根據自己個人的理解做出反應（而非做出與同儕相同的反應），老師其實很難在這群反應中辨識出錯誤型態，或是哪個學生其實是答錯的。然而，這些挑戰可藉由以下重點處理：(1) 運用多種反應模式（如口語、動作姿勢、反應卡、書寫等，詳述於後）；(2) 教導學生在一個信號下就要反應（例如：當老師拍手、彈指，或舉手的時候）；(3) 事先定義並教導學生反應的程序，包括先聽好老師的問題、想想自己的回答、等待老師的信號、信號出現時依要求的方式做出反應。研究指出，同時反應一般來說比起個別反應會更有效（意指較佳的學習結果）（MacSuga-Gage & Simonsen, in press），因為它能讓所有學生都經驗到較高比率的 OTR。

（三）混合反應

結合個別反應與同時反應也是一種可行的方式。運用混合反應（mixed responding）意指你可以在同時反應中穿插個別 OTR。目前初步研究發現運用 70% 的同時反應與 30% 的個別反應可能會比運用單一策略更為有效（Haydon et al., 2009）。這個發現支持了前述的原則——我們宜採用多樣性的 OTR。

（四）其他提供 OTR 的策略

除了上述這些運用個別、同時或混合的教師主導 OTR 策略外，你也可以考慮其他的方式。舉例來說，你可以藉由安排夥伴或合作小組活動，來安排同儕對同儕的 OTR。這些策略雖然可以擴展你提供 OTR 的方式，但這些方式要求更多對例行程序的事前指導和更多的主動監控，以確保所有學生都能夠在這樣的教學脈絡下接收到 OTR 並能從中獲益。

二、反應的模式

除了計畫提供 OTR 的多元策略，也要想想學生可以用哪些多樣的方式反應。你可以安排 OTR 以引導學生展現多元的**反應型態**（types of responses），包括：對錯、多選或行為成品等。除此之外，每一種反應型態又可以藉由不同**反應模式**（response modes）表現。**口語**（verbal）是其中一種很常見的反應模式，學生運用口說語言或手語製造反應。口語反應可以用在個別、同時或混合反應；口語同時反應又稱為**同聲反應**（choral responding）。作為口語模式的替代，老師也可以讓學生用**動作姿勢**（gestures）反應（例如：豎起大拇指或姆指往下、依照所選的反應比出相對應的手指），這種模式也可以用在個別、同時或混合反應。

反應卡（response cards）也是另一種很有效率的反應模式。反應卡可以是事先印好一些反應內容的卡片，也可以是讓學生自己填寫的空白卡片或小白板。不管哪一種，學生們可以選擇其反應或自己寫下反應，並在

反應信號出現時舉起來。**學生反饋系統**（student response systems）（或「答題器」）則是一種高科技版本的反應卡，學生可以在某個電子設備上按鍵以選擇反應，這樣的電子設備可以連接電子白板產出學生反應結果的圖表。反應卡和反饋系統通常都用於同時反應方式，並讓老師可以偵測到學生的錯誤來源與類型。最後，**書寫或行為成品**（written or production responses）則可用於個別（例如：在白板上呈現出如何解題），或同時（例如：在你的紙上寫出答案）反應，也可以與反應卡結合運用在同時反應上（如果有用小白板的話）。

109

要選擇適當的反應模式，應考量各種任務的向度（Darch & Kame'enui, 2004），包括 OTR 的策略、期待的反應類型，和使用 OTR 的目的。例如，如果你使用 OTR 來評量學生的理解或應用技巧的情形，能夠確認反應錯誤的類型和來源就可能很重要。因此，你可能會選擇讓每位學生在白板上寫下答案，好讓你能快速地瀏覽並檢視學生的反應。如果你在課堂上使用 OTR 進行快速複習，你可能較喜歡迅速的口語或動作姿勢反應。

三、其他獲實證支持能促進 OTR 之教學法

除了並用高頻率、多樣化的 OTR 來設計教學外，請考慮那些本來就已有實證支持能夠促進學生參與的教學法。Simonsen 等人（2008）認為有以下幾種實證支持的教學法：直接教學法、全班性同儕指導、電腦輔助教學與引導式筆記，概述如下。

（一）直接教學法

直接教學法（direct instruction, DI）是一種以事前詳加規劃腳本課程與高度結構化著稱的教學法。已有廣泛的實證支持直接教學法能夠使學生有正面的學習或結果，特別是改善基本學科技能的表現（如 Becker & Gersten, 1982）。雖然實證本位的 DI 課程有明確的腳本，但也可將經 DI

檢視有效的教學設計原則（參見 Engleman & Carnine, 1982）應用於其他類型的教學，或尚未有 DI 課程的學科領域。例如在本書第六章，我們將會建議使用明確的教學法（遵循「示範—引導—測驗」的模式）來教導社會技巧。我們也建議對學生適當或不適當行為給予撰寫好腳本的反應，並訂好用以提示和監控學生對教學反應的策略。這些原則的每一點都與直接教學法精神相符。事實上，我們也用直接教學法的原則來設計我們大學部及研究所層級的課程。

（二）全班性同儕指導

運用全班性同儕指導（classwide peer tutoring, CWPT）制度時，所有學生包括小老師與受指導者皆能參與課堂中（如 Greenwood, Delquadri, & Hall, 1989）。換句話說，這並**不是**老師要學習較佳的學生去支持有困難的學生。實施 CWPT 時，老師要很明確地教導學生活動的程序，然後學生要兩兩一組，來「相互指導」，或用快節奏的活動來（輪流）複習學習內容。研究上支持 CWPT 對於促進學生參與有正面的成果（Greenwood et al., 1989）。

（三）電腦輔助教學

110

顧名思義，電腦輔助教學（computer-assisted instruction, CAI）就是運用電腦來促進教學的方式。很顯然，CAI 各有不同，但有幾個實證支持的軟體是對學生有正面效果的（如 Ota & DuPaul, 2002）。雖然電腦並不能取代教師，但是有效能的電腦程式，特別是有些程式可以於教學活動中展示個別的學生反應（對學生反應的預覽或回顧）和提供立即個別化回饋機會，而這些往往是教師不易在教室情境中提供的。

（四）引導式筆記

最後，要是你教導的對象是比較大一點的學生，而且通常是用講述形

式上課的話，引導式筆記（guided notes）會是一個能夠維持學生主動參與的有效策略（Lazarus, 1993）。引導式筆記可包含三部分：(1) 讓學生在聽講時完成圖表性組織整理（像是時間軸、內容網絡）；(2) 老師標註出主要概念，讓學生從課文中找出支持的細節；(3) 填空式筆記，要求學生注意聽講述內容，並填入筆記裡相關部分。再一次說明，這是我們在大學部及研究所層級的課上所發現有效的策略。

● 摘要 ●

在這一章，我們討論了兩個 CWPBIS 的重要原則：教室結構最大化及主動促進學生參與教學。為了增加結構化，建立與教導例行程序，並妥善安排物理環境，對於增加學生的適當行為均是很重要的。本章首先呈現了對教室中學生和其他教職員工訂定、描述、張貼、教導和區分教室例行程序的策略。然後，我們介紹規劃教室物理環境的一些基本原則。

為了促進學生主動參與教學，我們也討論了各種提供高頻率 OTR 的策略；但要留意，不要為了數量而犧牲了品質。此外，我們說明了多樣的提供 OTR 策略（例如：教師主導的個別反應、同時反應、混合反應，或同儕／團體性的策略），可以結合不同的反應型態（例如：對錯、多選，或行為成品）與反應模式（例如：口語、動作姿勢、反應卡、書寫等）加以靈活運用，創造出 OTR 的無限可能。我們建議採用且執行多種實證支持的教學法來促進學生參與，包括直接教學法、全班性同儕指導、電腦輔助教學及引導式筆記，端視與你教學內容及學生的適配性。

在本章所介紹的兩項 CWPBIS 原則的相關策略中，我們會建議老師：(1) 在建議原則與實證支持的基礎上，選擇實際可行的部分去做；(2) 持續蒐集資料，以監控評估這些策略的效果；(3) 依據這些資料，來調整你的策略（參見表 5-1「教室結構及主動參與檢核表」）。

111

各學習階段之活動

一、習得

1. 設計一個符合學習物理環境規劃指引的教室平面圖。

2. 選擇約 15 分鐘的教學時段，聚焦於增加 OTR。連續三天蒐集你目前 OTR 運用頻率的資料，然後找出可以增加你教室中 OTR 頻率及多樣性的策略。

二、流暢

1. 訂定、描述並對你的學生教導至少三項例行程序（例如：課堂開始、合作小組活動、課堂結束）。

2. 執行你在「習得」階段活動 2 中用來增加 OTR 的策略，並在接下來的十天中持續監控你提供 OTR 的頻率。

三、維持

1. 蒐集並檢視學生的行為表現資料，來決定你教室的例行程序與物理環境的安排是否足以促進學生的適當行為。

2. 檢視在「流暢」階段活動 2 中所蒐集的資料，以及學生表現的資料。假定你對於你提供的 OTR 頻率與學生表現成果感到滿意，逐週（之後變成每兩週）撤除監控，並檢查你當時的 OTR 水準是否仍能維持。（當然，如果你還不滿意之前的結果，便要回到「習得」階段的活動 1 開始，並重複這個流程。）

四、類化

1. 訂定、描述並教導你的學生至少三項例行程序（例如：獨立的課堂學習活動、教師主導教學、防災訓練），並記錄監控所有已經教導過的例行程序中學生表現狀況。

2.選擇一個不同的教學活動來重複運用「習得」階段活動2、「流暢」階段活動2，以及「維持」階段活動2。

五、其他增能活動

1.修正你教室一小部分物理環境的配置，看看學生的行為會怎樣改變。

2.和你同年級或學科領域夥伴一起腦力激盪一連串潛在的 OTR 策略，來增加課堂中 OTR 的多樣性。

表 5-1 ▪ 教室結構及主動參與檢核表　　　　　　　　　　　　　　*112*

填寫說明：請完成本檢核表來評估你自己達成教室結構最大化及主動促進學生參與教學的程度。如果該項目你已經完成、排入執行進度和（或）已自我檢視過，請勾選「已執行」；如果你正在執行或檢視這個項目的過程，請勾選「執行中」；如果你尚未開始進行，請勾選「未執行」；如果你不太清楚，認為需要更多的資訊，請勾選「不清楚」。對於檢核結果為「未執行」及「不清楚」的項目，建議你可以諮詢行為專家（如：輔導團教師、情緒行為支援人員、行政人員）來尋求協助。

	已執行	執行中	未執行	不清楚
結構最大化				
建立與教導教室例行程序				
1. 你有**訂定**及**描述**你的教室例行程序讓你的學生與教職員（包括你自己）知道嗎？				
2. 關鍵的例行程序有**張貼**出來嗎？				
3. 你有**教導**過學生如何**區分**這些例行程序嗎？				
促進適當行為的環境規劃				
1. 你的教室空間配置會盡量減少**擁擠**與**分心**嗎？				
2. 你能夠適當**監控**到所有區域嗎？				
3. 你有為了轉換與**移動**考量及調整環境嗎？				
4. 你有配合你的教學方式來決定學生座位安排嗎？				
5. 你有運用有效的設計來**預防**可預期的問題嗎？				

表 5-1 ▪ 教室結構及主動參與檢核表（續）

	已執行	執行中	未執行	不清楚
主動促進學生參與教學				
呈現高比率的反應機會（OTR）				
1. 在教師主導的教學中，你會以每分鐘給予約 3 到 5 次「簡單」（短的反應）OTR 或一個「複雜」（作品反應）OTR 這樣的**比率**，給予 OTR 嗎？				
2. 你會依據學生學業及行為表現資料，來**調整你的 OTRs 比率**嗎？				
呈現多樣化的反應機會				
1. 你有用**多樣性**的策略讓學生反應（個別、同時、混合模式，或同儕對同儕的反應）嗎？				
2. 你教學時有以多種的**反應模式**（口語、動作姿勢、反應卡、書寫等）提供 OTR 嗎？				
3. 你有結合適當的**實證支持教學策略**來增加 OTR（例如：直接教學法、全班性同儕指導、電腦輔助教學及引導式筆記）嗎？				

資料來源：Brandi Simonsen 和 Diane Myers（2015）。Copyright by The Guilford Press. 購買本書的讀者可自行影印，唯僅供個人使用。

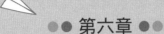

●● 第六章 ●●
建立及教導正向敘述的期待行為

- -

本章目標

讀完本章後,你應該能:

1. 為你的教室選擇及定義一些正向敘述的期待行為。

2. 發展一個實施教室期待行為的計畫(例如:設計一個
   社會技巧單元)。

3. 設計個別的課程計畫,明確地教導在教室例行活動中
   的每個期待行為。

4. 規劃其他策略來促進(學生)社會技巧的類化與維
   持。

試 想 ……

你在一個實施全校性正向行為介入與支持（SWPBIS）的學校工作。學校已經教導學生如何在所有非教室情境中遵守規範；所有教職員均被要求實施全校性的代幣制度，以獎勵學生在走廊、學校的餐廳及其他非教室情境中的合適行為，並且校長也提及教師應教導學生在教室中的期待行為。學校的統計資料顯示，與去年相比，學生在所有教室以外的情境需要處室違規轉介（ODR）的頻率均已下降。

當你坐在教室中思考下一步該如何做時，隔壁班的赫爾老師探頭進來問你是否有時間可以聊聊（抱怨和發洩）。她說她已經張貼了她的課堂時間表，並花了一些時間來設計她的課程教學計畫，以透過給予高比率的回應機會（如上一章所建議）來吸引學生主動參與。然而，她發現自己仍然需要與某些學生奮戰，這些學生不太尊重她的例行程序，常打斷她的教學，而且不尊重教室中的人與環境。

「他們不是應該已經知道要怎麼做嗎？」她氣憤地說。

你回應：「但是妳有教過他們妳希望他們如何表現嗎？」

她回答：「嗯！我有把行為規範張貼在教室裡了。」

你馬上知道她還沒有實施全班性正向行為介入與支持（CWPBIS）中的關鍵特色之一：她還沒有定義或教導學生她期待學生表現的行為規範。深吸一口氣後，你坐下來，開始協助她定義教室的行為規範。

第一節 正向敘述期待行為概覽

在上一章中，我們說明如何營造一個結構化的教室環境，以及如何在

教學中主動促進學生參與的方法。在這一章，我們要建立及教導學生在所有例行程序及教學活動中，表現期待行為。換句話說，本章的內容都是在討論社會技巧的教學。過去，教師認為學生應該要自己知道在教室中應如何表現，教師認為自己的工作就是好好教導學科知識。然而，現在我們已經知道並非所有的學生都可以自己就學會在學校生活所需要使用的社會技巧，也非所有的學生都可以好好地與同儕、老師及教職員相處。簡而言之，我們必須在學校教導學生應有的社會技巧（如 Gresham, Sugai, & Horner, 2001）。

研究支持可以同時使用具有實證基礎的社會技巧課程，以及教師自行設計的社會技巧課程，來提升學生的期待行為以及降低行為問題（參見 Simonsen et al., 2008）。雖然如第三章的描述，整個學校已經進行全校性的社會技巧教導（如 Simonsen et al., 2012b），在班級中建立及教導整個班級的規範，仍是很重要（尤其若未曾進行全校性社會技巧教導時）。因為本章的重點是在教導學生教室期待行為，因此我們將說明你可以如何發展及教導社會技巧課程，然而，如果有需要，你可能也會想要知道如何進行一個以實證為基礎的社會技巧課程。在下一節，我們將介紹如何：(1) 選擇及定義正向敘述教室內的規範；(2) 發展一個可以增進教室規範的計畫；(3) 設計個別化的課程以明確教導社會技巧；以及 (4) 設計可以在一整個學年中讓學生維持及類化社會技巧的計畫。

第二節 選擇及定義教室內正向敘述的期待行為

教導 CWPBIS 的期待行為第一步，是選擇你的行為規範。這一節將提供在教室例行活動選擇及定義你的期待行為的指引。

壹 選擇 CWPBIS 的期待行為

以下是有助於你為班級選擇正向敘述規範的指引。首先，需先選擇**少** *115* **數幾個**行為規範。就像我們在第三章中提到的，大部分的學生（及老師）可以記得三到五條規範。因此，選擇不超過五條的規範，較容易讓學生記得住。

第二，**正向地**敘述規範。換句話說，告訴學生該做什麼而不是**不該做**什麼。正向地陳述規範很重要，因為：(1) 它是幫助營造正向教室環境很重要的一步；(2) 讓你可以思考在教室環境中，希望看到學生什麼樣的行為表現，有時那比去思考在教室中「不想」看到什麼行為還難；(3) 提示學生表現出期待的行為，而非提示學生不要表現非期待的行為問題；(4) 避免學生找到「不，停止，不要」規則清單之外的漏洞——能力好的學生總是可以找到至少一件你忘記禁止他們做的事情去做。

第三，規範應該能夠廣義地包含所有的期待行為，並且可應用在所有的教室例行程序及情境中。我們有時將其稱為「整體」（umbrella）式的規範，因為許多適當的行為都會落在廣義規範的整體範圍內。回到第二章所介紹的**通例教學**概念。你的目標應該是選擇正向敘述的規範，以提示學生在教室中表現出符合通則之適當行為。（當我們談到藉由明確的社會技巧教學來發展和教導期待行為時，我們將討論「課程設計」這個議題。）

最後，如果你的學校正在實施 SWPBIS，或已經具備一些正向敘述的規範，你應該在你的班級中**採用相同的規範**。在所有的情境都採用一致性的要求，對所有的學生來說都很重要，尤其是對具有行為問題的學生。但是，如果你的學校的學生行為守則長達 20 頁，內容包含所有違反規定的負向陳述後果，那麼你應該為自己的班級制定一套正向敘述的規範。

在這些指引（少數幾個、正向敘述、廣泛性，以及與全校性的正向規範要求一致）之下，你可以自己安排規範的敘述與規範呈現的樣貌。如前所述，若你的學校已經採用了全校性的正向規範（例如：負責、尊重、安

全；尊重自己、他人及環境），你可以直接採用這些規範來當作班級規範。另外，有些老師會選擇有趣的首字母縮寫、教室裡的吉祥物名字、一個口號或一個有意義的字，來當作班級的規範，這樣也可以幫助學生容易記憶這些規範。如果你的學校沒有正向規範，你可以創造自己的班級規範。可以參考下列的例子：

- 珊美老師的學校推行的全校性規範為：尊重別人、尊重自己、尊重環境（Respect Others, Self, and Environment）。因此，她選擇了「ROSE」這個首字母縮寫來當作班級規範，並且開始思考「遵守規範」在自己班上應呈現出來的行為表現。

- 裴瑞茲老師喜歡天文學，因此，他以 STAR（星星）來命名班級規範的縮寫，他選擇的班級規範為：安全（Safety）、團隊合作（Teamwork）、成就（Achievement），以及尊重（Respect）。以 STAR 來命名班級規範，讓裴瑞茲老師能夠將規範化成一個響亮的口號——瞄準星星（Aim for the STARs!），且能整合整個班成為一個容易識別的班級——明星學生（STAR Sudents）。

貳 運用矩陣定義在教室例行程序中的期待行為

當你採用或選擇一些行為規範後，下一個步驟就是去定義每個規範在所有課堂的例行情境中「看起來是什麼樣子」，你可以從發展一個矩陣開始，如同我們在第三章討論全校性的規範（參見圖 6-1，是一個班級矩陣的模板）。在矩陣中，欄標題為教室規範，列的標題為教室例行程序（參見第五章的介紹）。在每個規範及例行程序交會的位置（例如：表格中的每個欄位），可以以幾個要點去定義在這個例行程序中遵守規範的行為樣貌。也就是使用一些句子說明在這個例行程序（列標題）中，遵守規範（欄標題）的行為樣貌。舉例來說，希望學生在轉換環境或活動（例行程序）中可以注意安全（規範），學生就應該要：(1) 慢慢走；(2) 保管好自

例行程序					
		•	•	•	•	•
		•	•	•	•	•
		•	•	•	•	•
規範		•	•	•	•	•
		•	•	•	•	•
		•	•	•	•	•
		•	•	•	•	•
		•	•	•	•	•
		•	•	•	•	•

圖 6-1 ▪ 教室的規範—例行程序矩陣，這個矩陣可用來定義你在班級所有例行程序中的班級規範。這些班級規範、例行程序及定義，都應符合環境及群體的文化。

資料來源：Brandi Simonsen 和 Diane Myers（2015）。Copyright by The Guilford Press. 購買本書的讀者可自行影印，唯僅供個人使用。

己的物品，在移動中管理好自己的手腳；以及 (3) 直接前往下一個地點。*116*

可以參考珊美老師和裴瑞茲老師的例子：

- 在珊美老師的教室中，學生在完成獨立工作（例行程序）時，應該要做到尊重自己（規範）的行為，包含：(1) 盡力而為；(2) 做自己的工作；以及 (3) 當有需要時，舉手請老師協助。

- 在裴瑞茲老師的教室中，學生在合作小組活動（例行程序）中，應該展現團隊合作（規範）的行為，包含：(1) 積極傾聽；(2) 輪流參與；以及 (3) 協助全組一起完成任務。

當你在發展規範的矩陣時，盡量讓每一個規範間包含的概念或行為不互相重疊。換句話說，讓規範與規範間的操作型定義不互相重疊。在制定矩陣的過程中，你可能會因為持續修改與重新定義，使得矩陣內呈現的規範及（或者）例行程序更加完善。因此，最好能在公布（例如：印出班級規範的海報）前，檢視、修改與重新定義矩陣內的規範，使規範與例行程序間的概念不互相重疊。舉例來說，如果你同時選擇「負責」與「成就」作為班級規範，你會發現這兩者的概念很難區分，因為許多負責的行為會導致很有「成就」，反之亦然。因此，在定義時可能只能選擇其中一個，並且重新定義，來降低與其他規範間概念重疊的問題。同樣地，你可能會發現你在不同的例行程序中，例如，進教室、離開教室、在教室中轉換活動，你期待學生表現出的行為都是接近的。因此，可以將上述三個例行程序一起定義成一個「轉換（教室或活動）」的例行程序（可以參考圖6-2 完成的矩陣內容）。當你整理完行為規範在例行程序中的矩陣草稿，就可以開始發展課程計畫，以 (1) 初步推行規範的計畫；以及 (2) 明確地教導每一個例行程序中，應遵守的班級規範（例如：在表格中的每一個欄位）。

		例行程序				
		轉換（教室或活動）	教師教學	合作小組	獨立工作	照顧個人需要
規範	尊重	• 音量適中，不影響其他班級 • 別人有需要時幫助他人 • 遵從老師指令	• 專心聽講 • 舉手發言	• 傾聽同學發言 • 使用正向語言	• 安靜地工作並維持一個不受干擾的環境 • 做自己的工作 • 需要老師幫忙時舉手	• 安靜而謹慎地處理事務 • 需要老師幫忙時舉手
	負責	• 攜帶文具用品 • 準時繳交作業 • 有效率地移動	• 做筆記 • 準備好學用品 • 對學習內容有疑問時，詢問老師	• 積極參與團體討論與任務 • 完成被分配的工作 • 記下要完成的後續工作	• 標定工作項目 • 盡力而為 • 如果需要，尋求幫助	• 在可能的情況下，在轉換活動過程中照顧自己的需求 • 必要時，遵守教室報到／離開的流程 • 利用轉換活動時間裝水，不喝時把水放在桌上

圖 6-2 ▪ 教室例行活動中的期待行為矩陣，說明如何在中學跨學科的各種課堂例行程序中定義規範

		例行程序				
		轉換（教室或活動）	教師教學	合作小組	獨立工作	照顧個人需要
規範	安全	• 慢慢走 • 保管好自己的物品，在移動中管理好自己的手腳 • 直接前往下一個地點	• 坐在位子上（六隻腳平放在地上） • 保管好自己的物品，在移動中管理好自己的手腳	• 待在指定的座位和位置 • 按照指示使用材料 • 出現分歧時使用平靜的言語溝通	• 坐在位子上（六隻腳平放在地上） • 保管好自己的物品，在移動中管理好自己的手腳	• 有效率地直接前往下一個地點 • 提醒老師注意任何不安全的事情

圖 6-2 ■ （續）

第三節 發展初步推行 CWPBIS 期待行為的計畫

在發展班級期待行為教學、提示、監控及增強（亦即推行）的初步計畫時，你設計的矩陣提供了一個堅實的基礎。當你的規範是：「表現出期望（或被期待）的社交行為」時，可以視其為一個社會技巧的「單元計畫」。當發展任何單元計畫，應該要決定教學的順序和範圍、計畫期待讓學生參與的程度、發展每個單元的評量計畫，以及促進學生能夠使用所教技巧應用於生活中的策略。

壹 決定範圍和優先順序

推行班級規範計畫時，首先要考慮的是如何安排社會技巧教學的優先順序，以及何時要開始進行社會技巧課程的教學。有些教師（以及學校）

會在開學的第一週先教導社會技巧，並運用當週大部分的教學時間，教導學生在所有教室的例行程序（及學校情境）中該如何表現。有些教師則會在開學第一天介紹規範，接下來在每個例行程序實際發生時，再完整地教導學生每個規範在例行程序中該如何表現。以合作學習為例，與其在開學的第一週就教導學生在合作學習小組中該如何表現，教師可能等到第一次合作學習小組「自然地」發生時再進行規範的教學。當介紹一個新的例行程序時，教師可能先複習這個例行程序的所有規範，然後著重其中一個規範進行教學，下一次進行合作學習小組時，教師一樣先複習所有規範，再針對第二個規範進行教學，如此持續下去，直到學生學習完這個例行程序中所需具備的所有規範行為。

從研究及專家建議中，目前尚不清楚各個取向孰優孰劣，然而，目前已經確定：(1) 社會技巧（例如：遵守規範）必須確實地被教導；(2) 社會技巧教學必須發生在自然的例行程序或情境中；(3) 教師需要設計策略讓學生使用及類化已習得的社會技巧（如 Sugai & Lewis, 1996）。鑑於這個事實，最有效的方法可能是先向學生初步介紹班級規範——也就是說，在班級中先教導學生一般的規範行為——並在學期的最初幾週都在每個例行程序發生時的自然情境中，進行特定的常規教導。

貳 計畫讓學生參與

社會技巧教學的第二個考量是，在設計課程計畫時，教師可以讓學生一起參與課程設計到何種程度。對某些老師而言，尤其是教導年紀較長的學生，學生的投入與否是班級經營的關鍵因素。因此，教師可以創造機會將學生的點子納入課程設計的單元計畫中，包括：邀請學生一起發展班級規範的矩陣（或請學生提供意見使其更加完善）、跟學生一起規劃上課的課程（例如：拍攝影片來說明遵守規範的行為、設計遊戲來複習規範）、與學生一起討論促進及辨識遵守規範行為的策略。對其他教師，包含教導年紀非常幼小，或口語能力有限學生的教師而言，教師獨立發展班級規範

矩陣、教學單元及課程計畫可能是較有效率的方法。舉例來說，要求一個重度障礙且無口語能力的學生去思考、發想教室的規範，不如直接教導他正確地遵守規範行為（例如：如何使自己安全）會來得更為有效。

發展一個評鑑的計畫

正如我們在下一節中所述，每一個課程都應該包含評量計畫以了解學生對該課程所教社會技巧（例如：在一個例行程序中遵守行為規範）的理解及應用程度。此外，也應該要通盤考慮所有單元計畫評量進行的方式。一般而言，學科課程通常以「單元測驗」作為結束。然而，紙筆測驗不太可能反映出學生在所有課堂活動中適當使用社會技巧（遵守規範行為）的程度。因此，教師應該發展計畫以評量學生在所有課堂活動中遵照預期的表現，可以是：(1) 包含在各個課程中的一系列評量計畫；或 (2) 發展一個通用系統來追蹤學生的行為。

我們可以回顧第四章所討論的評量策略，並將其概念運用至評量遵守規範的行為。舉例來說，你可以每天隨機選擇一個課堂例行程序中的一個期待行為，每 15 分鐘一次抽樣觀察來評量目標行為的表現，在那短暫的觀察中，你可以統計學生遵守規範行為（例如：在老師講課時，以「發言前先舉手」的行為來表現對課堂的尊重）的次數，採用瞬間時間取樣來評量有多少百分比的學生表現出遵守規範的行為（例如：每兩分鐘時距結束時，能在座位上安靜地工作，表現出負責任的行為），或使用其他測量取向去評估在各個教室例行程序中遵守規範的行為。正如我們在第四章中提到的，請盡可能讓評量計畫簡潔清楚，以達到評量目的（例如：在所有的例行程序中都評量學生達成預期目標行為與否）。

訂定促進與獎勵運用社會技巧的策略

即使有最好的教學，教師仍會希望設計讓學生可以多加使用社會技巧的策略，以增加社會技巧類化及維持的可能性。每個課程計畫都包含特定

技巧的策略（如下一節中所述），你可能需要考慮如何在教室的例行程序中推行規範的策略。視覺提示（例如把目標做成海報），是一個很好的起點。我們也建議在學生每天進到教室時，老師可以先跟學生打招呼，同時以口語提醒學生教室的例行程序，以促進學生更多表現期待行為。

教師可使用特定的獎勵來鼓勵進行例行程序時遵守規範的行為，也可以將獎勵與評量計畫做連結。舉例來說，如果你每天都隨機地在任何一個例行程序，隨機選擇一個期待行為，以適當的評量系統（如上所述）抽樣進行評量，你就可以執行一個班級獎勵系統，使學生可以在所謂的「神秘」的時間，因為他們達到了當天的「神秘」目標，而得到點數。當他們得到足夠的點數，他們可以獲得在教室中的一些權利（例如：在寫作業或讀書時聽音樂、以喜歡的材料完成作業、休息時間可選擇有趣的活動、在下課前使用 3C 產品），或其他獎勵。

第四節　發展和執行個別且明確的社會技巧課程

規劃好社會技巧訓練計畫後，就可以開始發展個別的課程以明確地教導每個教室例行程序中的期待行為。也就是說，發展一個課程計畫去教導教室矩陣中的每個「欄位」。一個好的社會技巧課程計畫會包含：明確的基礎特徵（亦即教學重點、教學目標、教學材料、教學正例與非例）；明確的教學活動以教導表現預期行為（亦即示範、引導、評量）；以及安排後續活動以促進學生技巧的流暢、維持與類化。圖 6-3 是一個課程計畫的表格，包含上述所有元素（引自 Simonsen et al., 2012b）。當你的教學很熟練時，你可以寫一個簡單的教學計畫即可，但在社會技巧教學的一開始，你仍該完整的準備課程，並將細節盡可能寫進教學計畫中，以確保教學成功。

社會技巧課程計畫

課程重點

描述在＿＿＿＿＿＿＿＿＿＿（情境）表現＿＿＿＿＿＿＿＿＿＿（規範）。

教學目標

經過教學後，學生在＿＿＿＿＿＿＿＿＿＿（情境）將以＿＿＿＿＿＿＿＿＿＿＿＿（行為）來表現出＿＿＿＿＿＿＿＿＿＿（期待行為），＿＿＿次的抽樣觀察中達到＿＿＿次（標準）。

教學示例

正例	非例
•	•
•	•
•	•

教學材料

教學活動

示範：	
引導：	
評量：	

後續活動

提示策略：
增強策略：
矯正學生錯誤行為的方式：
觀察、評量學生行為的方式：
蒐集和評估學生資料的程序：

圖 6-3 ▪ 社會技巧課程計畫。這個課程計畫包含教導教室例行程序規範的重要元素。

資料來源：Simonsen 等人（2012b）。Copyright 2012 by Sage Publications.

壹 為每節課奠定堅實的基礎

　　思考如何進行教學之前，需先清楚闡明課程的重點、教學目標，以及教學需要的材料。除此之外，要謹慎地計畫教學中提供的正例與非例，以增加在特定的例行程序中教導遵守規範的通例之教學成效，並減少教學錯誤。以下的段落提供關於教學重點、教學目標、需要的材料，以及正例與非例的相關建議。

一、確認教學重點

　　教學重點幫助你確認要教導的目標以及所選擇的例行程序。舉例來說，你的課程可能著重於「在參與教師主導的教學時展現尊重」。當你開始教導這個單元後，你可能希望依據學生的需要，加入其他的主題，例如：獲得幫助、做一位好朋友、如何面試工作等。因此，本段主要幫助你在一個單元中發展一系列從初步到接續的完整課程。

二、撰寫學習目標

　　確定課程重點之後，就需要撰寫清楚的教學或學習目標。如第四章呈現的成果敘述，好的學習目標需包含四個部分：期待該技巧的**情境**、應該要表現這個行為的**個人**、清楚描述期待的**行為**，以及達成目標的**標準**（即符合目標）。有效的目標也應與評量策略（寫在教學計畫的後續活動規劃中）保持一致。舉例來說，如果戈登老師正教導學生在轉換課程或活動時必須展現負責任的行為，她的課程目標可能會是：「轉換課程或活動時（**情境**），學生（**個人**）必須表現出負責任的行為：整理自己的座位、

帶齊學用品、聽從指令移動到下一個地點或活動（**行為**），在 10 次中學生必須達到 9 次（**標準**）。」根據這個目標，評量的方式將會是在接下來 10 次轉換課程或活動中觀察學生，註記每個學生的表現；若每位學生都在 10 次轉換課程或活動中，有 9 次以上都能表現出負責任的行為，便

是達到了學習目標（未達到標準的學生則需要進一步的提供教學或給予支持）。

三、準備所需的材料

為了使教學更有效，我們需要提早準備及確認教學需要使用的材料。如果打算使用影片教學，可以在課程計畫中先放入這些檔案的超連結，以利未來找檔案時可以節省時間（如果連續幾年都教同一個單元的課程，請記得在每次教學前先確認連結或檔案）。如果計畫在活動中進行角色扮演，可以提前準備腳本，並將其附加到課程計畫中。如果需要同事的支援（例如：協同教學、示範演練的技巧），請將共同合作的同事寫進課程計畫中，以確保你已經完全準備好要進行教學。

四、選擇合適的教學正例與非例

在你的教學計畫中，最重要的元素可能就是選擇適當的教學正例與非例。教學目標為教導期待行為，且希望學生可以在教學結束之後將此行為類化到生活情境（例如：所有老師講課的情境）中。因此，可以通例教學的目標為方向，來選擇正例與非例（可複習第二章中提到如何選擇教學示例的內容）。選擇正例與非例，需要選擇：(1) 在此規範下，需做到的所有行為的範例（以促進反應類化或調整）；(2) 期望行為應表現的各種情境（以促進行為能夠跨期待的刺激群組類化）；(3) 能夠幫助學生清楚分辨遵守規範與違反規範之間行為差異的非例。

大多數的學生能區辨遵守規範與違反規範行為之間的差異。舉例來說，大部分的學生了解「打架不安全，而保持適當距離是安全的」的事實。然而，許多學生（和有些成人）遊走於灰色地帶，或爭論適當（遵守規範）與不適當（違反規範）行為的界線。舉例來說，幽默和諷刺何時會從有趣的和尊重的，變成不適當和不尊重？好玩戲謔何時會變成言語攻擊？教師可以透過選擇適當的教學示例，來幫助學生區別這些細微的差

異，可以因此增加大部分學生區辨遵守規範行為的成功率。請看看以下在合作學習中，遵守目標行為的正例與非例：

1. 正例

- 湯姆與同儕討論時，會積極地聆聽（看著大家、點頭表示認同，並做筆記），並適時分享自己的觀點。
- 瓊安與同組夥伴一起確認需合作完成的小組作業，並平均分配任務。
- 懷特客氣地說明自己不同意某個同伴的觀點，請對方澄清，同時，懷特也提出證據來支持自己的觀點。當對方仍表示不贊同，他們彼此尊重，並繼續討論。

2. 非例

- 同儕討論時，湯姆分心地東看西看，並在討論中直接打斷他人的發言，告訴同儕要以「正確」的觀點看問題（亦即湯姆自己的觀點）。
- 瓊安拿著任務分配的清單，直接分配每個組員要做的事情，並為自己分配最少的工作量。
- 懷特不屑地表示組員的觀點很愚蠢，但當詢問他的想法時，他卻拒絕表達意見。當組員要求一起討論時，懷特凝視著窗外，無視大家。

正如上述的正例與非例，教師可以使用很多方法呈現期待行為的樣貌，但有些方式可能會讓學生誤解（想像一下，如果你只是告訴學生「要尊重」，然後讓學生自己去決定「尊重」的行為如何表現，那麼你將會無法控制學生各自的學習歷史對其尊重行為表現的影響）。因此，請在正例與非例的教學設計中，考慮學生在該期待行為可能犯的錯誤，以及學生在例行活動中最常出現的行為問題，然後，選擇可以幫助學生未來減少錯誤並可以大量增加期待行為出現的正例與非例。

貳 規劃每一課明確的教學活動

為課程奠定基礎後，接下來就是要選擇在課程中進行的教學活動。在教學活動的設計中，我們強調使用明確的教學方法，並建議在課程中使用：示範（我做）、引導（我們做）及評量（你做）的模式。儘管這聽起來像是一個密集教學計畫，但有效的社會技巧課應該可以在 10 分鐘之內進行完成。請參考以下的例子：

● 如果我們要教導學生在老師上課時表現出尊重的行為，我們會：(1) 介紹課程的目標與重點；(2) 示範期待行為（例如：安靜坐在位置上、專心聽老師上課、舉手參與）；(3) 引導學生進行一個快速判斷的活動，老師隨機唸出正例或非例，學生在聽到尊重行為的正例時，要豎起大拇指，聽到非例時，大拇指朝下（透過學生一起使用手勢回答，可以提供學生高比率的反應機會）；(4) 評量：透過課程結束前，複習「尊重」的定義時，記錄哪些學生有做出「尊重」的行為（教師可以在班級名冊、學生的名字後面以「＋」、「－」等記號來記錄學生是否有表現出期待行為）。在此簡短的課程之後，我們將計畫後續活動（敘述於後），但實際課程通常在 10 分鐘內完成。

因此，CWPBIS 的社會技巧教學是高效率且具效能的教學方式。在下一段中，我們將更詳細的說明示範、引導與評量三者的內涵。

一、示範

如第二章所述，「示範」（model）是指一位「專家」在學生面前完整地呈現期待行為應有的樣子。「示範」也稱作「我做」（I do），就是教師（或專家）在學生面前示範期待行為應有的表現，在社會技巧教學中，教師可以自己示範，也可以請年齡較大的學生幫忙示範，或事先教導

某些學生,在上課中請他們進行示範。另外,也可以考慮本章稍早提到讓年紀較長的學生參與課程設計,拍攝或查找相關影片,以影片進行示範。

二、引導

在「引導」(lead)的部分,可以讓學生與教師共同參與一個活動〔即「我們做」(we do)〕,以快速地確認學生對社會技巧的理解與應用。在上面段落提到的例子中,「我們做」的部分是運用一個快速的遊戲來確認學生的理解程度。此外,角色扮演(讓所有學生擔任不同角色)、團體技巧演練,以及其他類似的活動,也都很適合運用在課程的「引導」中。在此要提醒:不要讓學生在角色扮演或其他活動中演出或示範非例的行為(即違反規範的行為),社會技巧的教學希望學生都能表現出期待行為,因此盡量避免讓學生示範或表演違反期待的行為,特別是這樣的表現常常會得到增強(例如:同儕哄堂大笑)。因此,在演出非例(違反期待行為)的部分,建議由成人扮演較為合適。

三、評量

在進行下一個課程之前,需先確認學生已從課程中學會教師所教的社會技巧(我們將會設計其他的評量以作為後續的活動,但在結束課程前,需要先進行簡短的評量)。其中一種方法是直接在特定的教室例行活動中,觀察學生是否出現遵守規範的行為表現,如本節開頭提到的教學示例所述。或者,也可以使用紙筆(或蠟筆)測驗。舉例來說,你可以讓年齡較小的孩子將所教導的遵守規範行為畫出來,並從中選擇一些作品掛在牆上,作為教室內的視覺提示。你也可以要求年紀較長的學生寫出他們的「遵守規範」與「違反規範」的行為清單,這樣也可以讓教師在未來的教學增加正例與非例的教學示例清單。教師還可以給學生一些時間來拍攝一系列遵守規範的行為影片,若持續累積,將可以成為一個影片庫,未來就可以在教學中挑選部分影片運用在「示範」教學中。上述目標是希望透過

一個初步的評量，了解學生是否從課程中已獲得社會技巧的知識與技能。

參 設計課程的後續活動

完成課程活動（即示範、引導、評量）的設計後，就可以開始規劃後續活動以增加學生表現技巧的流暢性，以及促進技巧的維持與類化。後續活動的實施可以是在技巧教學結束的數天、數週甚至數個月之後。前面的內容中已有提到一些設計後續活動的策略，接下來的段落將說明更多設計活動的相關策略與內容。

一、提示遵守規範的行為

為了增加學生在教室例行活動中表現出期待行為的可能性，請考慮採用多種策略來提示期待行為（可複習第二章所提到的各種類型提示策略）。我們特別推薦使用視覺提示（可能是課程「評量」中由學生寫或畫的），以及在每個活動開始時使用的口語提示（即快速提醒期待行為）。研究顯示，簡單的口語提示遵守規範行為，可以有效降低學生的分心行為（Faul, Stepensky, & Simonsen, 2012），且只需 30 秒（或更少）的教學時間。你最終仍是希望能夠撤除提示，因為社會技巧的教學目標是確保學生能對教室例行活動中，自然出現的 S^D 做出適當的行為反應（亦即，希望學生在教師講課時都可以表現出尊重的行為，而非在提示後才出現尊重的行為）。

二、主動監控學生

為了確認學生是否能持續地遵守規範，在特定的教室例行程序中（和其他的活動中）主動監控學生甚為重要。**主動監控**（active supervision）包含走動式掃視，以及與學生互動（如 Colvin, Sugai, Good, & Lee, 1997）。具體來說，在教室所有例行程序中，教師以一種無法預測的方式**移動**是非常重要的，這樣學生就永遠不確定教師何時或何地會出現。此

外，教師應該要定期**觀察**，並記錄下所有學生的行為──你希望學生以為老師背後有長眼睛，且對教室裡發生的一切無所不知。最後，教師應找機會與所有學生**互動**，互動可能包含提供課業支持，與學生閒聊和他的興趣或他個人有關的主題以建立關係，對學生的行為提供具體回饋等，如以下兩段所述。

127

三、獎勵遵守規範的行為

教師應該要找各種機會來「捕捉」學生遵守規範的行為，並事先規劃好你的獎勵策略。教師最基本可做的是使用具體稱讚的策略，讓學生知道他們哪裡做得好（例如：「謝謝你先舉手再發言，這是尊重課堂而且讓老師注意到你的好方法。」）。即時說出具體的讚美可能較為困難（教師可能更容易直接說「很好」），因此，需要事先預想在教室例行程序中，當學生表現出遵守規範的行為，教師可以給予具體稱讚的語句。此外，也可以參考其他方法以確認遵守規範的行為（見第七章），這些方法可以用於特定課程，也可以用於確認教室中所有期待行為。

四、回應違反規範的行為

同樣地，教師應該有效回應違反規範的行為。正如回應行為問題，教師對違反規範的回應應著重在教學意義上。也就是說，與其考慮如何「懲罰」行為問題，不如思考如何像回應學生學業錯誤般（如同第二章及第三章所述）回應違反規範的行為。在糾正學生的學業錯誤時，教師會以冷靜及中性的語氣具體指正，且會幫助學生練習正確的學業技能，或給予正確的觀念。相同地，當一個學生犯了社會技巧的錯誤，教師會想讓學生知道他錯在哪裡，下一次可以怎麼做，並給學生機會練習做出適當的行為。如果行為持續出現錯誤，則可以考慮採用更全面的措施，包括：重新教學、增加提示、更密集增強遵守規範的行為，以及實施其他策略以應對行為問題（見第八章）。

五、蒐集資料評估學生對社會技巧教學的反應

　　為了確認教學的成效，請在教學後（根據你設定的教學目標）進行資料的蒐集。一個合理的資料蒐集計畫，應該要包含在該社會技巧教學結束後的幾次例行活動中，對學生行為進行抽樣（例如：蒐集 10 到 15 分鐘的行為資料）。在擬定學習目標的通過標準時，就應包括對行為抽樣的次數。且在測量方法上，教師應依據自己對期待行為的操作性定義，從第四章介紹的測量方法中選擇最容易的評量方式。此外，教師可能會想要使用與你的社會技巧單元中，計畫用來評量一般遵守規範行為相同的資料蒐集方法。

六、根據資料來調整或增進教學與支持

128

　　正如第四章所強調，規劃資料蒐集與評鑑的目的是為了有效地使用資料來做決策。在社會技巧教學中，教師決定考慮的因素包含：(1) 是否大多數的學生都已達到教學目標（決定：可繼續進行下一個單元的社會技巧課程）；(2) 是否大多數的學生需要更多的教學或支持才能達到教學目標（決定：再實施第一層級策略）；(3) 是否有些學生需要更多支持（決定：為這些需要更多支持的學生實施第二層級介入策略）；或 (4) 是否有個別學生有長期或嚴重的行為問題（表現出經常性或重大違反規範的行為），並需要進一步的支持（決定：是否需第三層級介入）。因此，教師應該根據資料來調整、增加或褪除教學與支持。請參閱圖 6-4 的課程計畫範例，該課程計畫提供了一個將教學與評量放在同一個課程中的示例。

社會技巧課程計畫

課程重點

描述在　團體討論中　（情境）表現　尊重　（規範）。

教學目標

經過教學後，學生在　團體討論中　（情境）將以　有問題或想發言前舉手、允許他人發言、深思熟慮後溝通　（行為）來表現出　尊重　（期待行為），　5　次的抽樣觀察中達到　4　次（標準）。

教學示例

正例	非例
• 有問題或想發言前舉手 • 等待他人發表完言論 • 深思熟慮後再溝通，或使用正向語言	• 隨意發言 • 打斷他人發言 • 使用不友善或不恰當的語言

教學材料

1. 學校心理師及教師助理員的時間
2. 海報紙和麥克筆
3. 一篇關於重要科學主題的文章

教學活動

示範：

1. 讓學生知道學校心理師與教師助理員會來班上，與老師討論有關在團體討論中尊重別人的教學方式與內容。
2. 學校心理師會引導討論並提出問題：團體討論有什麼好處？為什麼在小組討論中相互尊重很重要？在討論中保持尊重看起來是什麼樣子？
3. 教師助理員會示範負面的例子：打斷老師、使用不友善的字句、隨意發言等。
4. 教師會示範正例：等待教師助理員說完話以及使用正向的語言。

圖 6-4 ▪ 這個課程計畫是我們以前的一位學生（感謝 Sarah-Anne Nicholas）所擬定的，說明在科學課中如何在例行活動（小組討論）教導教室期待行為（尊重）。

引導：

詢問學生教師與教師助理員的示範，哪一個人展現出來的行為比較尊重別人？原因為何？詢問學生在團體討論中為何需要尊重別人？最後，讓學生在海報紙上列出他們在小組討論活動中會尊重他人的方式。

評量：

讓學生知道將要開始練習已經學到的社會技巧。給學生閱讀一篇關於科學「熱門話題」的文章，然後進行小組討論。口語讚美以增強學生在討論中展現的尊重他人的行為；若必要，對不尊重他人的行為給予重新指令。

後續活動

130

提示策略：

每次小組討論前說：「我們記得尊重是……」，然後讓全班回答：「舉手、輪流等待、使用正向語言」，接著說：「我們記得要尊重別人」，或指向學生所做的「如何在團體討論中尊重別人」的列表。

增強策略：

特定及隨機的口語具體增強，加上全校性的增強（例如：集點），如果整個班級在小組討論中都表現出尊重，班級將獲得一個核鹼基（A、C、T 或 G）來放入一個空白的 DNA 雙螺旋。班級獲得 12 個核鹼基後，他們可以從預先老師批准的音樂家名單中選擇其一，在下一節實驗課上聆聽，或者選擇在該堂課結束前有五分鐘的自由活動時間。

矯正學生錯誤行為的方式：

1. 快速地重新指令，例如：「說……是很不尊重的行為，請使用正向語言」，然後繼續上課。
2. 若學生有長期的行為問題，則可採用區別性增強低頻率行為的策略。
3. 對於行為更有破壞性／不尊重他人的學生，請在討論時邀請行為支持專業人員一起加入討論與協助學生。

觀察、評量學生行為的方式：

在課堂上走動、經常和學生坐在一起、互動／促進討論，並給予糾正／增強。

蒐集和評估學生資料的程序：

準備學生名單，當學生表現出不尊重他人的行為，則在其名字後面劃記「－」，當學生表現出尊重行為，則在其名字後面劃記「＋」。在每週結束時，檢視資料以確定是否需要重新教學或再安排複習活動等。

圖 6-4 ▪ （續）

第五節 學年的維持與類化計畫

一旦完成最後兩節的活動設計，教師將擁有完整的社會技巧總體計畫，包含完整的單元計畫，以及一系列的課程計畫，用以清楚明確地教導每個例行程序中每個規範的社會技巧。僅此一項就已經是很大量的工作，也需花費很多心力在班級中明確教導、提示、監控以及確認期待行為，以創造積極、主動和有效的課堂環境。但是，這只能讓教師度過學期初，教師應該進一步發展一整個學年（或更長期）促進學生社會技巧維持與類化的計畫。在可行的策略中，我們重點介紹三種主要方法：訂定定期複習計畫、隨著時間有系統地逐步褪除提示與回饋，以及提供額外的教學與支持，以促進社會技巧在新情境的類化。

壹 訂定定期複習計畫

執行社會技巧單元計畫後，教師應該繼續訂定社會技巧（遵守預期行為）的複習計畫。複習的時間點可以依據之前的經驗，安排在學生容易出狀況的時間點之前（對大多數的學生而言，在即將進入假期的 10 到 11 月，即將進入春季的 2 到 3 月，以及學年快結束的 4 到 5 月，都是適合安排複習社會技巧的時間點）。此外，也可以考慮在連假或較長的放假（例如：寒暑假、因天氣而調整的放假）後複習。最後，當蒐集的行為資料顯示有必要再複習時，就可以安排複習課程。當教師發現遵守規範的行為減少，而違反規範的行為增加，那就是時候該「回到基礎」並複習所有教室例行程序中期待行為的時機點，這時也可以考慮增加增強策略（可以採用第七章所討論的策略）。

貳 褪除提示與回饋，促進行為的維持

雖然我們建議安排定期的複習計畫，但也建議一旦資料顯示大多數學

生已達到學習目標，就可以開始褪除教師在教學中所「提供」的額外提示與回饋。教師可能需要有目的地增加提示、回饋或其他策略，以使學生在定期複習時與平常表現一致；如資料顯示有需要時，也可以增加提示與回饋。然而，為了確保學生在一般教室情境與例行程序中能夠自然地表現及維持期待行為，教師教學的終極目標是在褪除所有的協助下，學生依然能在自然情境中表現出期待行為。

也就是說，一旦大多數或所有學生的行為都達到行為目標，且資料顯示學生在教室例行程序中穩定表現出期待行為，就可以開始有系統地減少在例行程序中給學生的提示，或使用在第二章介紹的褪除提示策略（例如：減少提供的資訊），以便在沒有提示的情境中，當 S^D 自然出現時，學生仍能自發地表現出期待行為。相同地，教師也會希望在逐步褪除教師刻意給予學生的行為回饋之後，自然情境中的自然增強與回饋（例如：表現期待行為後，教師及同學在自然的時間間隔下給予正向關注、認真學習後得到好成績，接著進行下一個有趣的活動），能夠持續協助學生維持期待行為。

參 提供額外的教學與支持，促進行為在新情境的類化

有了社會技巧教學的安排與定期複習，加上其他 CWPBIS 的措施，已能夠協助學生維持一整年中的大部分時間都表現出合適的社會技巧行為。但若出現新的例行程序或活動（例如：校外參訪／校外教學、室內休息區、同樂會、班級教室位置改變），就需要再次進行教學或給予支持，以利協助學生維持遵守規範的行為。在這些情境中，事先計畫教導期待行為，使用上述所述策略協助學生將期待行為類化到新的情境中。

摘要

在這一章中，我們提到多種策略：(1) 選擇幾個正向敘述的教室期待行為，並使用矩陣為其在教室例行程序中訂定操作性定義；(2) 發展一個全面的社會技巧教學計畫（例如：單元教學計畫）；(3) 設計明確的課程計畫以教導每個例行程序中的每個期待行為；(4) 發展整個學年之計畫，以促進維持和類化已習得的社會技巧。在每個課程中，強調的是策略的效率（例如：規劃十分鐘的課程）以及有效性。教師可以現在就準備規劃及執行在教室中規範行為教導的計畫。

各學習階段之活動

一、習得

1. 為班級選擇幾個正向敘述的期待行為，並以一個矩陣為教室例行程序中應該遵守的期待行為下具體的行為定義。

2. 選擇一個例行程序及一個規範，發展一個詳細且明確的社會技巧教學計畫（使用圖 6-3 提供的範本），並在課堂中進行教學。蒐集行為資料，用已設定好的評量計畫評量學生行為，以確定學生是否已學到社會技巧課程所教的適當行為。

132 ### 二、流暢

1. 規劃單元計畫以在教室執行社會技巧教學。

2. 為矩陣中其他「欄位」（亦即其他例行程序中的規範）設計及執行社會技巧教學計畫。同樣地，仍是要蒐集資料來評量教學成果。

三、維持

1. 檢視結束社會技巧教學後學生的行為資料，確定學生是否持續表現出遵守規範的行為。

2. 當已進行「流暢」階段活動 2 的所有課程教學後，請定期複習已教過的課程，為需要複習的課程訂定複習教學計畫，並評估是否能夠在較少的協助下設計課程（例如：減少參考本章的次數、減少尋求同事的幫助）。

四、類化

1. 想想是否有其他希望學生在教室中表現出的社會技巧，可以規劃課程明確地進行教導。

2. 發展促進學生社會技巧維持與類化的全學年計畫（發展新的課程時，也可以類化之前使用過的策略）。

五、其他增能活動回饋內容

1. 事先準備好回饋內容以具體讚美學生遵守規範的行為（亦即符合學生年齡和情境的具體讚美回饋），以及給予違反規範的行為回饋（例如：符合學生年齡和情境，給予中性口語的錯誤矯正之回饋）。

2. 提供各種機會讓學生可以表現出遵守規範的行為，並且給予具體回饋（亦即讚美），以認可學生的努力。

●● 第七章 ●●
執行連續性的策略
增強適當行為

....

本章目標

讀完本章後,你應該能:

1. 確認如何將行為增強機制應用在你的教室中。

2. 為你的班級設計符合年齡和情境的增強系統。

3. 執行和評估你的班級增強系統。

試想……

　　柏娜老師已經如她在班級經營課堂所學的一般，建立和教導她的班級期待行為。她也建立一個全班性的代幣制度——當學生做到期待行為時，會得到「柏娜幣」。學生可以在她的班級商店用柏娜幣交易，商店裡有柏娜老師準備的物品，像是原子筆、鉛筆和教室活動的優惠券（如：電腦時間、和老師午餐）。有一天，另一位老師問柏娜老師：「學生做應該做的事，妳為什麼要給予獎勵呢？」

　　柏娜老師微笑回答：「我們總是在回應不適當行為，何不在當他們真的遵循規則時回應呢？」

　　另一位老師回應：「他們本來就該遵守規則。」

　　柏娜老師回答：「有人告訴你你做得很好時，你不喜歡嗎？」

　　另一位老師想了一下，然後說：「我喜歡。就像上週，校長說她喜歡我安排課程計畫的方式，我感覺很棒，我甚至跟我太太提到校長這次對我的讚美。」

　　柏娜老師微笑說：「我確信，我們的學生也喜歡被認可自己做得好的事情。」

第一節 建立連續性的策略增強適當行為

　　當我們教學生一項學業技巧時，我們會對他們所表現的技巧給予頻繁的回饋。例如，我們教學生矩形面積公式（即長乘以寬——以防萬一你需要複習），我們可能會提供學生各種測量值的矩形，並要求學生算出面積。如果學生給了我們正確答案，我們可能回應：「對了！」或「做得好！」我們不太可能保持沉默。同樣地，如果一個學生給出不正確的答

案，我們可能會回答：「不太對，你想再試一次嗎？」或「你何不再試試看？」不論哪種方式，我們都會對學生的答案提供回饋。如果學生給了一個不正確的答案，但在老師回饋之後隨即做修正，我們會告訴學生「對了，沒錯」，甚至還可能加上「做得好！」

當我們教導學生行為規範時，也應該對這些遵守規範的行為給予回饋。傳統上，在我們的學校中，行為問題比遵守規範的行為更受關注。在許多學校，學生可以背誦「規則」（例如：「禁止跑步」、「禁止罵人」、「遲交功課會減少下課時間」），但他們不知道哪些行為**是**被期待要表現的。既然我們積極教導學生我們的行為規範（見第六章），我們需要確保會在學生習得並熟練這些技能時，提供回饋。可惜遺憾的是，當學生展現遵守規範的行為時，我們往往沒有提供回饋。為什麼不告訴他們，他們的表現正達到或超乎期待呢？就像我們回饋學業行為那樣。想想以下的場景：

- 艾賽兒的老師想請一位同學自願回答佛蒙特州的首都。艾賽兒舉手說：「蒙彼利埃（Montpelier）。」老師回答：「沒錯，艾賽兒，做得好！」
- 艾賽兒的老師要求全班安靜下來。全班安靜下來，老師開始她的課程。

在第二個場景中，艾賽兒的老師為何錯過回饋學生行為的機會呢？試著增強學生遵守規範行為的方式，就如同增強學生正確的學業反應一樣：迅速、公開且一致地。艾賽兒的老師讀這本書時，我們希望第二個場景看起來更像這樣：

- 艾賽兒的老師要求全班安靜下來。全班安靜下來，艾賽兒的老師說：「謝謝你們這麼快地回應我的指令！就像我們在班級規則中所討論的，這正是尊重的表現。」然後老師開始她的課程。

老師的讚美是有效的，並能提醒班級的規範。讚美製造了正向的師生互動機會，以正向的氣氛開啟這堂課，讓學生知道老師已經注意到且欣賞他們的努力，會增加學生未來再次表現安靜行為的可能性（記得我們對增強的定義嗎？）。當然，如果班級沒有安靜下來，老師會再次提醒學生，甚至預告後果。為何不同樣的關注適當行為呢？如果我們想要一個行為在未來再次發生，在這個行為發生之後，就需要立即給予正向愉悅的後果。

要回應遵守規範的行為，快速讚美的語句是一種選項。在本章，我們探索一些連續性、實證本位的策略，來鼓勵適當行為。記得，我們都是透過增強來學習。如果我們想要學生流暢地表現出我們所教的行為——學業和社會行為——我們需要在那些行為發生後提供增強，這將增加他們未來再次表現這個行為的可能性。當學生流暢地表現出遵守規範的行為，且進入至學習歷程中的維持階段，我們可以考慮褪除增強，並讓適當行為有更多自然的後果（例如：簡單的讚美、好成績、從幫助別人獲得滿足）。首先，讓我們來看看，當學生的行為符合規範，我們有哪些連續性的反應策略。

第二節 具體和後效的讚美

在連續性的反應中，第一個和最簡單的策略，是對遵守規範的行為提供一個具體、後效的讚美——讚美是最常見的社會性增強。**具體**（specific）的讚美語句會指出被讚美的行為，且是直接對某位或某些學習者表達。我們希望未來能再次出現的行為，我們就會在這個行為之後，立即給予具體、**後效**（contingent）的讚美。具體、後效的讚美和增加學生適當行為是有關的（如 Chalk & Bizo, 2004; Ferguson & Houghton, 1992; Sutherland et al., 2000）。

以下是一些具體、後效讚美的例子。

- 「羅德，你完全做到了我所說的安靜地坐在位子上，你今天非常的負責任喔！」

- 「泰德，謝謝你幫忙麗莎收拾用品，這是對別人友善的好榜樣。」

- 「尼爾森，謝謝你把桌子保持得這麼整潔，為我們的班級示範尊重的表現。」

- 「同學們，你們在走廊上做得很棒，就像我們練習的那樣。每個人都保持安靜，雙手放好。繼續保持！」

在這些例子中，都有明確說明被讚美的行為。這有幾個目的，首先，它幫助學生連結社會性增強和被增強的行為（也就是說，他們明確地知道為什麼被讚美）。其次，它對任何可能沒有表現遵守規範行為的學生，是種口語提示（例如：當坐在尼爾森旁邊的學生，聽到尼爾森因為其整潔的桌子被讚美時，那位學生可能會把自己的桌子收拾整齊）。最後，明確的行為陳述讓學生知道你正關注他們在做什麼，而不是單純的「做得好」或「做得不錯」。對很多學生來說，老師的注意力是一種增強，這種具體的關注可能會影響某種行為將來發生的可能性。

除了維持具體和後效讚美外，你還應該確保你的讚美聽起來是真誠的。當然，真誠並非可觀察的和可測量的，因此，讓我們考慮一些在讚美時會構成「真誠」的行為。表達讚美的方式應與你的教學及與學生互動的方式一致。舉例來說，如果你通常是開朗活潑的，那麼你的讚美也許聽起來是開朗活潑的；如果你向來保持低調，且幽默含蓄，那麼開朗活潑的讚美聽起來就不真實，甚至可能讓你的學生懷疑。如果你傾向就事論事，也以此方式表達你的讚美。此外，你會需要改變你所使用的語言。學生可能會滿足於某些具體的短語，因此你不應該每次都用「我喜歡……」或「就是這樣，你……」作為開頭，試著改變你的語句。當你希望聽眾聽到自己要傳達的正面訊息（包括語言和肢體語言）時，請以你喜歡的方式與他們眼神接觸、微笑，並使用其他常用的技巧。

在第二章，我們討論了功能（我們會在第十章進一步探討）。如果學生很喜歡老師的關注（即他們會為了獲得老師的關注而表現某些行為），那麼後效讚美會增加這個行為的可能性。那些對於獲得老師關注較不感興趣的學生呢？事實上，有些學生會對成人的注意力感到非常不自在，以至於他們會出現某些行為來防止成人給予關注。如果你的班上有這樣的學生，你讚美他們的適當行為，可能會發現自己不經意地懲罰了適當行為——並且你可能再也不會看到這種行為。如果你知道有些學生會迴避公開關注，你可以找到其他表達讚美的方法，例如，你可以傳遞紙條，或在你要發還的文件上寫一些回饋（像是：「拼字測驗做得好，而且我很欣賞你在動名詞課程中提出的構想」）。這種讚美也許沒有我們想要的那麼即時，但是我們不想讓學生感到困窘，或阻止學生未來表現出遵守規範的行為。此外，在課後和學生私下面談，是另一種可以不引人注目的讚美方法。

我們認為具體的讚美是「不容商榷」的實務策略；它應該是每位老師認可的連續性的一部分。也就是說，具體的讚美可能是必要的，但是還不足夠。雖然具體和後效讚美可能對某些行為和學生是有效的增強，但它可能還不足以維持所有學生的適當行為。有些學生不認為讚美是一種增強，且讚美可能不夠密集或頻繁，無法維持適當行為。老師可以選擇另外幾種策略，使遵守規範行為和愉悅的後果間有更明顯的關聯，像是使用一些實物或活動作為後果。接下來，我們將介紹其中一些策略。

第三節 團體後效

在教室中，幾乎不可能增強每位學生的每個適當行為，且大多數學生不需要以連續的增強時制／時間表（continuous schedule of reinforcement）來維持他們遵守規範的行為。如果是獎勵整個班級的特定行為或一些行

為呢？或許你想要有一種獎勵是整個班級都可以獲得的（例如：同樂會或電影日、裝飾教室的機會）。如果是這樣，你可以選擇實行**團體後效**（group contingency），所有學生都獲取相同的增強物。團體後效有以下三種形式，我們將在下面進行討論（有關團體後效更完整的討論，請參見 Alberto & Troutman, 2013）。

壹 依賴型團體後效

依賴型團體後效（dependent group contingency），是依據該團體中一個或幾個人的行為決定是否給予團體增強。換句話說，你的一個或幾個學生需要表現目標行為，以便所有小組成員都能得到獎勵。舉例來說：

- 「如果馬克和克里歐的桌子三天都保持整齊，則全班都會得到一枝新的鉛筆和原子筆。」
- 「如果拿波畓可以在活動的前 40 分鐘保持專注，那麼全班可以在活動的最後 5 分鐘說話和聽音樂。」
- 「如果斯帕洛讀書小組的測驗成績平均高於 80 分，則全班都可以有額外的休息時間。」

現在，你必須問自己：「這聽起來不錯，但是如果馬克和克里歐、拿波畓或斯帕洛的小組沒有表現該行為，或沒有符合老師設定的標準，會怎麼樣呢？其他學生會不會因為這些人使他們『喪失』了他們的增強物，而感到不滿？」如果你沒有在深思熟慮下建立依賴型團體後效，那麼第二個問題的答案很可能是「是的」。同儕壓力是個有力的工具，應該謹慎使用。如果你建立的依賴型團體後效，可以使團體後效所依賴的一位或多位學習者是「不會失敗的」，這個策略就可能是讓那些學習者表現期待行為的有效方法。

如何讓你的依賴型團體後效是「不失敗的」呢？首先，你必須確保團體後效所依賴的學生是能夠確實做到期待行為的。他們應該流暢地表現此

行為，或許這是他們已經學會但表現尚不確實。在上述的例子中，你應該明確地教導馬克和克里歐如何保持桌子整潔，且確保他們可以流暢地表現此行為，並在所需的時間內完成。教學後，你可以提供他們視覺提示（例如：他們應該整理桌子的圖片），以便他們可以經常參考。你應該給這兩位學生和整個團體足夠的口頭提示（例如：「每個人都記住桌子保持整潔的樣子！我會在大約五分鐘的時間裡檢查每個人的桌子，所以請確保它們是井然有序的」），以提醒學習者期待行為。你還應該囑咐班上的其他學生給予鼓勵；畢竟，鼓勵他人是一種社會技巧，可以像其他行為一樣的教導、提示和增強。你的其他學生可以藉著與馬克和克里歐檢核，提供提示，讚美他們的努力，並以自己的行為作為示範（亦即保持自己的書桌井然有序）來支持馬克和克里歐。想像一下，教室裡所有的學生都在為一些努力奮鬥的學習者加油——那不是很好嗎？此外，你還希望確保學習者只會為班上獲取權益、而不會減損班級權益。因此，成功是遲早的事。透過團體後效來實現這一點是可能的，但前提是你要根據我們提到的注意事項來設置，否則，你將面臨讓個別的學習者難堪並導致班級氛圍出現裂痕的風險。如果你不能確保個別學習者能成功的表現期待行為，你應選擇另一種方法來進行團體增強。

1. 依賴型團體後效的優點

- 創造一個支持所有學習者的班級氛圍。
- 使個別學習者感覺自己是班級群體中有價值的成員。
- 讓個別學習者能為班級獲得增強而興奮，並讓班上其他人為他們「加油」。

2. 依賴型團體後效的缺點

- 個別學習者無法做到期待行為，可能會感到尷尬（並可能因為讓同儕失望而受到懲罰，而降低未來做出適當行為的可能性）。
- 個別學習者可能對為班級獲得獎勵不感興趣，以致他們沒有表現期

待的行為。

● 同儕可能針對個別學習者發表評論或以其他方式表現不滿。

● 沒有表現適當行為的學生仍可能獲得獎勵。

貳 互賴型團體後效

提供團體增強的另一種可能方式是**互賴型團體後效**（interdependent group contingency）。在互賴型團體後效中，是否給予增強取決於團體中每位學生都符合增強標準。換句話說，團隊中的每個人都必須表現期待行為，以便每個人都能獲得獎勵。例如：

● 「如果每個人都準時到達教室，你們可以在課程結束時，有五分鐘的時間進行社交活動。」

● 「如果每個人在餐廳都表現出尊重行為，你們都可以吃冰淇淋三明治。」

● 「如果每個人期中考成績都能拿到 80 分以上，我就會撤除每個人的最低平時測驗成績。」

互賴型團體後效的優缺點與依賴型團體後效相似。同儕可能會對那些 *139* 沒有（或不能）表現期待行為的團體成員感到生氣。小組中的一些成員可能不太關心獎勵（或他們的同儕）以致不表現期待行為。另一方面，如果你已經仔細地設計互賴型團體後效，確保教室中**所有**的學習者「不失敗」，想像一下，所有學生互相鼓勵以達到共同目標！學生會互相提示和讚美，你的班上對所有學習者來說，都會感受到一種正向和支持的氛圍。建立一個互賴型團體後效需要仔細和深入地教導期待行為，以及頻繁地提示和示範；鼓勵所有學習者，經常報告進步情形，並確保每個人都相信獲得團體獎賞是可能的，而且確實很有可能。同樣地，如果你無法確保團體中所有學習者能成功表現出你期待的行為，請考慮採用另一種團體增強的方法。

1. 互賴型團體後效的優點

- 創造一個支持所有學習者的班級氛圍。
- 讓所有學習者都覺得自己對班級群體是有價值的貢獻者。
- 激勵所有學習者為團體獲取利益。

2. 互賴型團體後效的缺點

- 未能表現期待行為的學習者，有可能會感到困窘，或因為其他的小組成員的評論而感到不夠好或覺得慚愧。
- 學習者可能對所提供的獎勵（或幫忙其同儕獲得獎勵）不感興趣，因此沒有表現這個行為。

參 獨立型團體後效

獨立型團體後效（independent group contingency），是團體每位個別成員在表現適當的行為時，都會得到增強。也就是說，任何表現出期待行為的學生都會獲得獎勵；那些沒有表現出期待行為的學生不會得到獎勵。例如：

- 「任何在餐廳能表現出尊重行為的人，都將獲得一份冰淇淋三明治。」
- 「任何能維持乾淨書桌三天的人，都將得到一枝原子筆和鉛筆。」
- 「一週都能準時進班的人，可以獲得『晚交功課』的許可證。」

在獨立型團體後效中，每個人都有責任賺取自己的獎勵，這消除了一些對依賴型和互賴型團體後效的擔憂。但另一方面，你會少了依賴型和互賴型團體後效所精心發展出的興奮「氛圍」。在獨立型團體後效中，對獎勵沒有特別感興趣的學生，可能根本不會表現期望行為。此外，通常不能獲得獎勵的學生，可能會發現獨立型團體後效是令人沮喪和洩氣的。如同另外兩種團體後效，獨立型團體後效必須非常關注你的學習者以及他們的

表現。

1. 獨立型團體後效的優點

- 每一位學習者都有責任賺取自己的獎勵。
- 如果個人沒有獲得獎勵，其他學習者不會受到影響。

2. 獨立型團體後效的缺點

- 不在乎獎勵的學習者可能不會表現該行為。
- 經常無法獲得獎勵的學生可能會感到沮喪。
- 獨立型團體後效中「人人為己」的概念，並無法像另外兩種團體後效那樣促進班級氛圍和支持。

如果團體後效不太適合你的班級，請不要失望！還有其他選擇可以增強適當行為，我們接著會討論。你也可以考慮結合團體後效和其他策略——這都取決於你的班級和學生的實際情況。

肆 好行為遊戲

「好行為遊戲」（The Good Behavior Game, GBG）是一項經過廣泛研究，具實證本位的方案，它運用了互賴型團體後效的概念（Embry, 2002; Tingstrom, Sterling-Turner, & Wilczynski, 2006）；若我們沒有介紹這個方案，就是我們的疏忽。自從 1969 年發展以來，GBG 已經被證明可用於各種學生群體減少許多類型的行為問題（如 Kleinman & Saigh, 2011; Nolan, Houlihan, Wanzek, & Jenson, 2014）。儘管 GBG 可以根據特定的行為和情境進行調整，但常見的應用如下：老師將班級分成兩個小組，並選擇一個特定的行為問題（如：大聲說話）。當出現行為問題時，該小組會在黑板上得到一個標記。在課程結束時（或一天中、老師選擇的時間內），得到最少標記的小組就贏得比賽並且獲得增強。如果兩個小組都獲得很少或沒有標記，老師也可以獎勵兩組（Tingstrom et al., 2006）。一些

研究探討老師使用 GBG 對適當行為的成效（如：舉手參與），其獎勵獲得最多標記的小組（如 Tanol, Johnson, McComas, & Cote, 2010）。我們偏好後者，因為是聚焦於學生**應該**做什麼行為，而非他們不應該做什麼。GBG 是個有效實用的方式，能增加適當行為的可能，且能依據文化和情境脈絡進行調整（Nolan et al., 2014）。

第四節 行為契約

　　行為契約是連續性支持適當行為的另一種選擇。在傳統上我們會對個別學生使用行為契約，但我們也可以用於整個班級。行為契約經常與其他增強策略結合使用，像是團體後效或是代幣制度。你可能很熟悉契約在「真實世界」的運作方式，當我們開始工作、請專業師傅裝修家裡、買賣房子時，我們都會簽署契約。你可能也知道契約是書面的，通常涉及利益雙方間的協商，且雙方都簽署了這個文件會使其成為具有法律約束力的協議。儘管我們的課堂行為契約不具有法律約束力，但其中確實包含雙方均同意的「如果……則……」的明確陳述。舉例來說，行為契約可能包含下列的語句：

- 「如果路克能在兩週中均完成 80% 的家庭作業，並且每項作業都獲得 80 分以上，他就能選擇他想要的遊戲和活動，舉辦一場同樂會。」
- 「如果賈娜在十次的活動轉換中有九次能做到在走廊的適當行為，則可以選擇一天和老師共進午餐。」
- 「如果嘉文和湯姆可以完成所有被指派的工作，並且遵循所有老師的指導，為期一週，則他們在上課時可以坐在一起。」

除了這類的敘述外，契約還應該明確說明老師能提供的支持，以及學生符合或不符合特定標準時的結果。契約中提及的每個人，都要在契約上簽名，包括老師，畢竟，老師也有遵守契約的義務（亦即，當學生成功完成任務時給予增強）。契約對老師和學生而言都是一種視覺提示，清楚地陳述期待行為，以及表現該行為的結果。如果你決定要和學生或你的班級簽訂行為契約，請記住以下幾點（參見 Alberto & Troutman, 2013，有關行為契約更詳細的說明）：

● 契約必須公平：學習者能否完成要求的行為？
● 獎勵必須在表現行為後給予；表現行為前給予獎勵不算是增強。從技術上來講，這是賄賂！
● 契約應該正向陳述，也就是，它應該陳述期待行為（如：貝菈會舉手發表）而非沒有不適當行為（如：貝菈在課堂中沒有喊叫）。
● 契約應該強調具體的行為，而不是服從；避免使用關於「尊重所有老師」和「遵守規則」的陳述。你的期待行為是可觀察和可測量的，這樣就可以清楚知道學生是否符合規範。
● 契約還應該說明如果學生沒有達到契約中的期待行為時，將會發生什麼事（如果有的話）。是否有後果？ *142*
● 請記住，如果你簽署了契約，就需要兌現你已承諾的條件。

　　正如我們所說，契約可以用於個人或團體。一些老師在發展團體後效時，會選擇使用班級契約。一些老師會與需要額外行為支持的個別學生使用行為契約。對於透過行為支持計畫（BSP）或其他專業服務而獲得額外行為支持的學生，契約有助於顯示學生的進步（有關特定小組和個別化行為支持的討論，請分別參見第九章和第十章）。契約要求老師和學生負責，就鼓勵適當行為而言，可能是一種有價值的連續性的教室支持策略。

第五節 代幣制度

　　代幣制度（token economy）是最廣泛使用，且已有深入研究的行為管理策略之一。代幣制度已經在少年犯的住宿機構、自足式特殊教育班，以及普通班的學生行為改善上獲得成功（Alberto & Troutman, 2013），這就是為什麼我們在這裡討論。代幣制度與學生學業和社會行為、老師班級經營的改善相關（Alberto & Troutman, 2013），這是另一個在此討論的原因。簡言之，代幣制度在多種情境與不同學生中都發揮作用，我們希望你考慮在教室中使用代幣制度作為增強遵守規範行為的一種方式。代幣制度比其他類型的增強系統更不容易飽足，也可以彈性且動態地適應學生行為的變化。代幣可以（且應該！）和讚美同時使用，以便學生確切地知道為什麼會得到代幣。以下，我們描述這個系統的成分，並在專欄 7-1 中介紹一個代幣制度的實例。

專欄 7-1　代幣制度的應用實例

　　此代幣制度的討論是 Sarah Salsman 基於全班性的系統所設計的，感謝 Sarah。

你是從何處開始的？

　　我是為七年級的語文課設計了這個代幣制度，我決定聚焦在主要規範之一——「尊重他人」。具體來說，我想聚焦在課堂討論中尊重他人的行為，包括眼神注視講者、舉手、透過發問或分享意見來為討論做出有意義的貢獻。

　　我教導這個技巧時，是先要求學生舉例說明尊重課堂討論的行為看起來是什麼樣子。在給予學生時間分享之後，我明確地教導我所期

待的行為。接著，我讓學生分組創作短劇，演出適當的傾聽、眼神接觸、舉手、發問和發表有意義的評論。所有小組都和班上分享了他們所創作的內容。為了評估學生的理解情形，我召集了全班同學，提出幾種行為，並詢問學生，依照我的期待和他們已經學習的技巧來判斷，這些行為是否適當。學生們的回答，以及他們在課堂上討論時對彼此的實際表現，幫助我決定他們在學習新技能時的流暢程度。

　　某些人可能認為似乎沒有必要去教導適當參與課堂討論的行為，但我相信這是重要的，因為課堂討論在我的課堂中占了大部分時間。學生在傾聽和分享時，需要明確地了解什麼是尊重行為，因為學生有不同的背景和經驗；你永遠不能假設學生知道什麼是「尊重」行為。尊重不僅有助於促進有意義的課堂討論，使學生為未來的討論做好準備，學習尊重也會使學生與教室外現實生活中其他人的接觸做好準備（即對所學技能的**類化**）。

你的系統是如何運作的？

　　我用的代幣是「S 老師幣」，我用間歇增強方式發放代幣；我相信，當學生不知道什麼時候會得到獎勵時，他們會更傾向持續表現適當行為（想想人們在玩吃角子老虎機時的行為！）此外，選擇間歇增強方式，避免了學生對代幣感到飽足，我教學生接受延宕滿足（這是年輕人——事實上，是所有人——能夠度過一生的重要技能）。

　　一開始，我頻繁地增強學生，在（大約）每三個「尊重他人行為」出現後給代幣（例如：與講者有眼神接觸、舉手、發表有意義的評論、發問等）。一旦學生的適當行為表現得更好，並開始賺取更多的代幣，我改變了我的增強計畫，讓學生在表現（大約）每五個適當和尊重課堂的行為後，才獲得「S 老師幣」。

　　代幣本身並非增強，因此我建立了一個兌換系統。為了盡可能地

符合所有學生的喜好，我進行了一項調查，學生表達了他們希望獲得的物品或活動的例子。根據學生的喜好，我建立了一個增強選單，包括多種活動和低成本的物品，如上課時坐在我的辦公桌前；允許晚交家庭作業；和我一起吃午餐；以及橡皮擦、鉛筆、螢光筆和其他用品。我建立的選單請參閱圖 7-1。

S 老師幣的獎勵選單

「S 老師幣」可以用於以下任何獎勵。請記住，所有的「S 老師幣」將在每個月底到期，所以請一定要把它們用完。

橡皮擦	1 枚
原子筆／鉛筆	1 枚
螢光筆	2 枚
中性筆	2 枚
軟糖	3 枚
飲料（不含汽水！）	4 枚
當老師的一日小幫手	5 枚
在小考時聽音樂	5 枚
坐在老師的辦公桌前一天	7 枚
「晚交」作業許可證	8 枚
不用考小考的一題是非題或選擇題	8 枚

圖 7-1 ▪ 後援增強物選單範例

我設定代幣的使用期限，來預防囤積代幣；代幣在每個月底會過期。學生有機會在每週課程結束時，用他們的「S 老師幣」來兌換後援增強物。然而，如果有學生想存「S 老師幣」兌換一個更昂貴的選項，他會被提醒這些代幣只在這個月內有效。我希望學生都能成功，所以當我在決定某些活動或物品的價值時，我考慮了效期和時間限制。我希望我的學生努力工作並接受挑戰，但我也希望我的期待行為

是切實可行和一致的。

你如何教導這個系統？

在我教導了上述「尊重」的行為後，我教學生兌換和代幣系統。我在課堂中向學生解釋，我會列舉這些行為的實例，讚美這些行為，且偶爾在這些行為後發下「S老師幣」。我對學生解釋說，他們將有機會在每週結束時，兌換已賺取的代幣，我給他們看了獎勵選單（根據我之前的調查所選擇的）。我提醒學生，「S老師幣」有期限，他們可以為較高價的物品或活動來保存代幣，但是一旦新的月份開始，舊的代幣就沒有價值了。

在我教完學生我的制度後，我立即上了一堂需要課堂討論的課，並提醒班上同學，我會觀察尊重的行為來讚美和增強。我為每個學生找到了至少一到兩個尊重課堂討論行為的例子；所有的學生都能在第一堂課中獲得「S老師幣」。藉由及早連結增強，增加了學生在隨後的課堂討論中表現適當行為的可能性。

之後，在每次課堂討論，我會簡要提示學生課堂討論的尊重行為，用明確的提示（例如，說：「看著發言的同學」）或是間接地提示（例如，使用讚美的語句，像是：「邁克斯很好，能舉手等待發言！」或「琳達！我喜歡妳能將文章的主題和自己的經驗連結在一起。」）。

145

你如何決定何時要改變或褪除你的計畫？

由於無法保證計畫一直有效，所以，我準備好在必要時修改或褪除計畫。剛開始，學生很難表現出期待的行為。在檢視了我的資料後，我重新教導行為，並改用連續增強。當我以一比一的比率增強每次行為表現時，學生清楚地經驗到適當行為和增強之間的關係，且增加了期待行為的流暢性。我使用連續增強，直到資料顯示學生有更一

致地表現行為後，我再回到間歇增強。

一旦我的學生在課堂討論中經常表現尊重行為，我「加速」了計畫，增加了學生在獲得增強前需要表現尊重行為的次數。我也修改了計畫，增加可兌換的增強物的價值，提高兌換的難度。

你如何監控和評鑑你的計畫？

我在電腦上使用 Excel 工作表來監控計畫。在課堂討論期間，我的夾板上有一張學生名單，當我注意到學生表現尊重行為，以及我給學生一個「S 老師幣」時，我就在學生名字旁分別做記號；下課後，我會將夾板上的資料輸入到 Excel 工作表中。除了這個有價值的資料來源外，我還有一個準確的數據，就是在每次兌換時間計算學生累積了多少代幣。一旦學生們花掉了「S 老師幣」，我就會在 Excel 工作表中減去代幣的數量。

還有什麼是我應該知道的？

這個制度的重點是要保持一致性和實際可行的後效，以便所有學生都能達到目標，並賺取「S 老師幣」。我獎勵那些在課堂討論中表現出尊重行為的學生，和那些認真參與的學生。為了保持制度的一致性和完整性，我沒有獎勵那些未能表現出期待行為的學生。雖然學生可能對於分享會緊張，他們仍然可以藉由積極傾聽同學的意見，保持眼神接觸，並表現其他非語言的參與行為來達到這個目標。在每次課堂討論期間，所有的學生都有機會獲得「S 老師幣」。

我相信我的制度，因為我選擇要獎勵的行為是學生在課內、課外都重要的社會技巧。這個系統可以應用於任何我想在班級中鼓勵的其他行為。例如，如果學生沒有按時交作業，我可以藉此系統作為學生負起交作業責任的後效，學生準時繳交作業可以賺取更多的「S 老師幣」。

在實施我的制度時，我確實學到了一些經驗。其中一個是關於使用該制度的最佳時間。課堂討論是我的語文課程中一大部分，每次在課堂中進行小組討論時，要關注學生的行為是有困難的。由於我可以在較非正式的課堂討論時用口頭讚美來獎勵學生，我決定將「S 老師幣」的獎勵限定在正式的課堂討論範圍中（分析文本、詩歌等）。我擔心，當討論不那麼正式時，學生會因為較不頻繁地發代幣，而沒有動力表現適當行為。然而，在非正式討論時繼續使用間歇增強，意味著學生不知道增強何時到來，因此仍會「保持警覺」。

146

我也學會了為代幣的使用設定效期。雖然我相信效期是防止囤積「S 老師幣」的一種方式，但一些學生很煩惱，因為時間截止，且他們所擁有的代幣太少，以致無法使用代幣獲得他們想要兌換的後援增強物。為了防止這種情況，我在獎勵清單上添加了幾個「1 枚」的項目，這樣學生就可以在月底時將剩餘的錢用在這些小物品上。我也鼓勵學生成為負責任的消費者，並與學生一起研究儲蓄與消費的觀念。

最後，我了解到，我必須在每個班級嘗試這個制度，並體驗一下對每個班級實際可行的部分；並不是每個班級都有相同的氛圍。我會記得讓我的後效是一致和實際可行的，確保行為目標具有挑戰性，也是學生可以實現的，讓他們能成功。

壹 建立代幣制度

142

欲建立代幣制度，你將需要以下條件：

一、代幣

代幣（token）的給予取決於期待行為，且代幣可以兌換有價值的東西（即後援增強物）。代幣本身不應具有內在價值；若方便攜帶、耐用且

易於操作的，將會發揮最好效果（Alberto & Troutman, 2013）。代幣可以是票券、撲克籌碼、上面貼著老師臉孔並護貝的「錢」（真的有些老師會這樣做）、絨毛球、貼紙、點數和計數符號。若你的代幣是學生蒐集的實物（例如：「錢」、票券），那麼你需要一個用於存放其代幣的容器。這些可以是個別的「銀行」（例如：桌子上的袋子或容器），或是將代幣儲存在教室裡集中的位置（例如：每位學生用來存放自己代幣的插卡袋、每位學生存放在教室文件櫃中的牛皮紙文件夾）。貼紙可以貼在個別學生的圖表上（可以放在每位學生的課桌上），也可以貼在接近老師的總表上。有些代幣不是實體的，像是點數或是計數符號。對於這類的代幣，老師通常在他們的辦公桌上或夾板上放置一張總表，以便他們更新學生所獲取的代幣。有些老師選擇打孔（即每出現一個適當行為，會在學生攜帶的卡片上打個洞）、連線遊戲（即每次學生表現適當行為時，學生可以連接兩個點），或是拼圖片；當學生在卡片上打完所有的孔、將所有的點連成圖案，或得到所有的拼圖片以完成拼圖，他們會獲得後援增強物。可以作為代幣的好點子有很多，使用適合你的學生和教室情境的。高中生可能不太熱衷打孔卡，但他們喜歡獲得點數，這可以讓他們兌換像是額外的分數、電腦時間，或聽音樂。（但是，等等，我們說過頭了——我們將在下文討論後援增強物。）

除了選擇代幣之外，你需要考慮將增強哪些行為。你發放代幣的條件是取決於所有遵守規範的行為，還是僅有其中部分的行為呢？你會在每個遵守規範的行為之後發放代幣，還是你會較間歇地發放代幣？所有的行為都會獲得相同數量的代幣嗎？類化制約增強物（像是代幣）的最大優點之一，是他們可以與行為保持量化的關係。例如，真正「高於或超出」期待行為的行為（如：幫助掉落物品的學生）相較於像是舉手發問這種較簡單、較容易表現的行為，應該獲得更多的代幣。

二、後援增強物

　　一旦你確定要用什麼作為代幣，請考慮你的學生會希望使用代幣兌換什麼。你的學生有各式各樣的喜惡，因此提供多種增強物，有助於讓所有學生都有能激勵他們去獲取代幣的某種事物。考慮使用不同類別的增強物（即社會性的、物品的、活動的），並確保所有選項都是你可以實際為學生提供的（像是，當辦公室小幫手或與喜愛的成人共進午餐這種活動性增強，應該在提供學生選擇之**前**就確認其可行性）。後援增強物（backup reinforcers）的實例包括：

1. 社會性的

- 在教室與朋友或老師共進午餐，而不是在學生餐廳。
- 幫忙老師處理課堂瑣事或差事。
- 能與朋友一起工作。

2. 物品的

- 貼紙。
- 從「百寶箱」或「禮品袋」（內含老師或其他學生帶來的玩具或不再使用的物品）中選擇小玩具。
- 原子筆、鉛筆、橡皮擦、筆記本。

3. 活動的

- 在課堂上玩遊戲或其他活動。
- 使用電腦。
- 聽音樂。
- 在教師辦公室複印資料（對你也有好處！）。

　　我們並未提及以食物作為後援增強物。食物能夠高度增強，且可以作為代幣制的後援增強物，但考量過敏和學生健康，我們選擇將食物排除在

增強物清單之外。

你可能想知道：「我怎麼知道我的學生想要獲取什麼？」最簡單的答案就是「問問他們」！考慮向學生發一份問卷，問問他們想要獲取什麼，或是提供他們一些選項並要求他們依照喜好排序。如果你想讓你的系統從開學第一天就能運作，就從選擇各種適合學生年齡的獎勵開始；如果你願意，你在實施後可以隨時徵求學生的意見。注意你的學生自由活動時在做什麼：他們喜歡彼此交談嗎？離開教室？使用電腦？還是聽音樂？用你觀察的結果來打造後援增強物的選項。

有時候，老師會用班級層級的獎勵，所有獲得的代幣都會用在指定的獎勵（代幣制度和團體後效的結合）。舉例來說，每當學生或全班都表現出遵守規範的行為時，老師就放一顆彈珠（即代幣）在玻璃罐中。當玻璃罐滿了，全班將獲得預先決定好的獎勵（例如：看電影、額外的休息時間）。雖然這是一種有效率的代幣制度形式，但對增強學生行為可能不太有效。在這種系統下，並非所有的學生都必須表現適當的行為來獲得獎勵——一個學生可能從未獲得彈珠，但是當這個玻璃罐滿時，他還是能和班上其他同學一起看電影。此外，並非所有的學生都喜歡這個獎勵，或是有獲得獎勵的動機。有些學生可能會受益於明確地了解個別化、實體代幣所提供的後效：你表現適當行為，你就會獲得代幣，來兌換你重視的東西。儘管我們同意「彈珠罐」和其他全班性的後效可以很有趣，且可能會激勵你的許多學生，但在形塑學生的行為時，更多系統化的代幣制度可能會更有效。

三、兌換系統

一旦決定了代幣和後援增強物，你將需要發展兌換系統（the exchange system），這包括兌換比率（即每個後援增強物「值」多少代幣？）及兌換本身的實際運作方式（例如：什麼時候可以兌換？多久一次？在哪裡兌換？）就像你教任何其他技巧或規範一樣，學生需要被教導

代幣制度和兌換系統。教師通常使用「學校商店」式的系統：在特定時間，學生可以將他們獲得的代幣，換成增強物。我們建議在一天結束時兌換，或者一週結束時，以免打擾上課時間，也避免因為手上有很酷的增強物而造成分心。有些教師使用抽獎系統，將代幣（上面貼有學生的名字）放入容器中，然後抽出優勝者；優勝者可獲得獎勵。如果你想採取抽獎，我們建議，允許學生先將他們的代幣兌換為各個增強物，**還能**再將所有已兌換的代幣都放入抽獎中。這樣可以確保，所有學生都能因為他們的行為努力獲得增強物，而有些學生會得到一些額外特別的東西。如果你只有抽獎，那麼大多數的學生將不會得到後援增強物，只有被抽到才有機會，如此一來可能會讓學生沒有動力（特別是對於那些獲得最少代幣的學生，而他們往往是最需要增強的學生！）。

貳 監控你的系統

　　成功管理代幣制度的關鍵之一，是蒐集有關其有效性的資料。如果可能的話，在你執行代幣制度**之前**，先建立目標的學生行為基準線（即你的代幣制度將聚焦的那些行為），當然，如果你如我們建議的那樣在學年初就實施，這麼做是不可能的。在你實施代幣制度時，持續蒐集有關學生行為的資料，希望你會看到不適當行為的減少和適當行為的增加。此外，你還應該保留有關發放的代幣和增強物的資料。如果可以，請計算你所發放的代幣，或許在剪貼簿或圖表上，你可以在之後將其轉換至 Excel 工作表上。（或者，當你積極監控學生時，考慮使用你的平板去追蹤行為。科技給了我們一些很棒的方法來蒐集資料，其中許多超出本書的範圍——但它們確實存在！）請注意哪些學生獲得的代幣最少，思考他們獲得很少代幣的原因（例如：他們的行為表現是否不流暢？他們比較喜歡不同的增強物嗎？他們完全了解代幣系統嗎？你是否提示適當行為，並提醒學生，如果表現適當行為，可以獲得什麼？）。注意平時的教室模式：如果發現代幣的獲取量出現暫停的現象，請考慮可能的原因。你不再經常給學生代幣了

嗎？學生不再經常表現適當行為了嗎？系統已陷入停滯狀態了嗎？運用你所蒐集的資料來做決定，並據此調整你的代幣制度。

參 其他考量

除了選定代幣，選擇後援增強物，建立兌換系統，以及將你的系統教給學生外，教師還應考慮代幣制度的其他方面。首先，你的代幣應該要防止偽造。使用難以複製或需要你簽名的代幣，而非像迴紋針這樣的常見物品。其次，注意囤積代幣的學生。雖然類化制約增強物本身不應該有增強的效果，但有時學生就是想要盡可能地蒐集。例如以錢為例，是眾所周知的類化制約增強物，其設計並不是作為增強，而是我們可以用來購買的後援增強物，賦予其「代幣」價值。然而，這樣不會阻止有些人盡可能的累積錢，卻從不用金錢換取商品和服務！

為了預防學生累積太多代幣，你可以更頻繁地進行兌換。考慮增加代幣的效期；如果代幣有一個「使用」期限（在此期限後，代幣會變得無效），學生將更有可能使用它們。如果可能，可更改你的代幣，以顯示舊的代幣已過期（例如：更改票券的顏色）。另一種預防累積代幣的方式，是每月或每季舉辦一次「付費遊戲」活動。舉例來說，安排一場要「花費」10 個代幣來觀看的班級電影放映會，且確保所有有足夠代幣的學生都會為此活動「付費」。或是，學生可以用 10 個代幣購買在小考或測驗時可以額外加分的問題。最後，你可以考慮在週末、月末或季末，蒐集所有未使用的代幣，以抽獎獲得更大的獎勵。請記得，如果學生有足夠的代幣可以隨時「購買」任何他們想要的，他們可能會傾向不表現適當行為。如果你有關於你發放代幣的準確資料（如前文所述），你將能分辨出哪些學生有太多的代幣（以及哪些學生獲得的代幣太少）。

通常，當我們建議對年紀較大的學生（例如：高中生）使用代幣制度時，教師們會猶豫不決，擔心學生們不會「買單」，而會認為這是愚蠢和汙辱的。根據我們的經驗，事實並非如此；代幣制度已經成功地使用在

各個年級，且甚至像在非行少年寄宿中心及行為障礙學生的教室等環境中。要使代幣制度能運用於年齡較大的（事實上是任何一位）學生，你必須確保：(1) 自己認同這個制度；(2) 找到適齡、可激勵動機的增強物。*150*想想看，如果你把這個制度像這樣介紹給你的學生：「嘿，大家，我知道你們覺得這很老套，但我想看看它是否有效。」他們可能不會有太熱烈的反應。但如果你這麼說：「嘿，大家，我要試試這個很酷的制度，你可以賺到你喜歡的東西，只要按照規範表現行為；告訴我一些你想要獲得的東西！」你更有機會讓這個制度成功。要找到適齡，且能激勵動機的增強物，問問你的學生並觀察他們的喜好，如同我們之前所說的。他們會不會帶著當地咖啡店的咖啡來上課呢？來個抽獎可獲得那家商店的禮物卡。他們都有某些筆或筆記本嗎？考慮使用這些物品當作增強物。

此外，你還可以考慮為學生提供以學業為基礎的獎勵，特別是如果你的代幣制度著重在學業相關的行為。舉例來說，每完成一項回家作業，學生就會獲得 1 點。累積 20 點時，即獲得「晚交作業」許可證，這可用於未來的作業中。或者，學生可以在一系列課堂討論中，每提出一個相關的問題即可獲取代幣。如果學生獲得 5 個代幣，他們可以在即將到來的小考或測驗中，將代幣兌換成額外的分數。這些以學業為基礎的獎勵和行為，通常更適合在學生已有流暢的基礎社會技巧和遵守規範行為的班級中使用。

第六節 褪除支持：做決定的規則

現在，你已經建立並教導了期待行為。你定期的提示他們，而且你以具體的讚美和有系統、符合情境脈絡的代幣制度來增強他們。一切都運作順暢，然後你會達到高原期。你的資料顯示，學生的行為不再改善（或者可能無法進一步改善）。當你宣布要兌換代幣時，學生們不再像以前那麼

興奮了。這是怎麼回事？

在我們的課堂中，我們的目標是改善學生的行為。當我們第一次教導他們一個學科概念，就像閱讀，我們提供了很多支持：指導、幫助學生逐字逐句慢慢唸，向他們介紹可以幫助拼讀的策略，用正向回饋和讚美為他們表現正確的學科行為加油打氣。隨著學生的閱讀技巧從習得到流暢，我們開始褪除支持。當他們犯錯時，我們可能會提醒他們可以嘗試的特定策略，但我們通常讓學生獨立執行新技巧，較少鼓勵和讚美。同樣地，我們也需要遵循相同的模式教導行為：當學生能流暢運用我們的期待行為，並漸能維持和類化時，我們應該褪除我們給予的行為支持，允許學生獨立執行他們的新技巧，減少我們的增強。希望他們的新行為會獲得自然增強，以維持使用新行為。例如，說「請」和「謝謝」可能會帶來微笑、「不客氣」，以及他人正向的回應，這可能會讓學生維持禮貌的行為。參與課堂
151 討論可能會有較好的成績，增加對教材的理解，這些後果可能會維持學生參與的行為。

當我們決定是時候要褪除我們的行為支持時，有幾個選項。當學生已經能流暢的表現行為，我們可以藉由獎勵學生表現出比該行為更複雜的行為，來增加我們的行為期待。例如，如果學生目前因舉手參與而得到增強，我們可以開始只在學生有舉手發表，且發表的內容是對班級討論有貢獻時才增強。另一個例子，是從原本增強學生排隊行為，到只有增強學生排隊*而且*快速、安靜、把手放好轉換到下個課堂的行為。在學年結束時，我們可能只會增強那些「超出期待或要求」的教室期待行為，像是邀請獨自吃飯的新學生加入午餐行列，或者主動幫忙代課老師。

你也可以藉由增加可獲得增強的行為「數量」來褪除支持。例如，如果我們先前是增強每一個舉手的行為，我們可以調整到每三次舉手時給增強（即是，固定比率間歇增強）或是平均舉手三次給予增強（即是，不固定比率間歇增強；參見 Alberto & Troutman, 2013 關於增強分配方式的討論）。如果我們原本是增強學生專心 30 分鐘的行為，我們可以拉長期待

行為的持續時間到 45 分鐘。如果我們慢慢增加我們的行為期待，我們將會促進行為的維持和類化，並增加他們被自然增強物維持的可能性。

我們還可以藉由降低增強物的頻率和強度來褪除支持。如果原本是專注工作 45 分鐘可獲得 10 分鐘的電腦時間，我們可以修改兌換比率為專注工作 45 分鐘可獲得 5 分鐘的電腦時間。通常，學生對增加行為的水準或「數量」（如上所述）的反應，會比起減少增強的數量更好；有些教師會綜合使用所有褪除模式。不過，有一點需要注意：不要太快地褪除你的增強。如果你還記得我們對消弱的定義，當我們不再增強之前所增強的行為時，這行為通常會消失（即被消弱）。如果我們太快或過於大幅度地減少我們對遵守規範行為的增強，學生遵守規範的行為可能會被消弱——我們稱這個現象為「比率張力」（ratio strain）（亦即太快褪除增強以致無法維持新行為）。

何時褪除支持不應該是隨意決定的；這個決定應該根據資料。當你建立增強系統時，請務必考慮你**做決定的規則**。建立做決定的規則是為了確定何時應該更改你的系統，以及應該如何更改。例如，當你對學生的舉手行為建立基準線資料時，你觀察到你的學生在課堂討論期間，平均每小時參與 10 次。當你決定以參與作為增強系統的標的時，你應該確定你對參與行為的目標。如果你設定的目標是每小時的課堂討論中有 50 次的參與，當學生達到此目標，你將更改增強系統。不過，在你更改前，他們應該不只一次達到目標；因為任何學生群體都可能會有某天參與度特別高。我們想要建立一種模式；三個資料點（亦即連續三次，學生在一小時的討論中有超過 50 次的參與行為）將是最低限度，而蒐集五個資料點會是理想的。因此，做決定的規則可能看起來會像是這樣：「學生連續五次在一小時的課堂討論中達到 50 次的參與目標時，我將開始使用間歇性、平均三次的不固定比率增強學生的參與行為，來褪除原來的增強。」之後，你會在平均三次的參與後，給予增強，例如，你會在兩次表現參與行為之後增強，然後是四次、五次、一次等。請蒐集資料以確保學生維持他們目前

152

的參與水準；如果確認行為有維持，你可能可以將比例提高到平均每五次的參與再給予一次增強。你還可以增加第二個做決定的規則，以聚焦於增加行為的複雜程度：「在間歇性、平均五次不固定比率的增強下，若學生在一小時的課堂討論中能維持（亦即在連續 10 次討論）平均 50 次的參與，我會開始僅增強有明確提及之前課程內容的發言。」

　　除了有決定褪除支持的規則外，你也應該有另一個做決定的規則，以說明期待行為沒有如預期般增加時，應該怎麼做。再以上述的例子來說明，另一個做決定的規則可能是：「如果在 10 次課堂討論後，學生的參與比率不超過每小時 10 次，我將重新教導參與的期待行為，並詢問學生對於後援增強物的喜好。」擬訂計畫，並依此運用資料做決定是很重要的。最好能為沒有達到預期效果做準備，並制定一個 B 計畫，而非僅僅說：「好吧，這個系統沒有效果，我要捨棄它。」

● 摘要 ●

　　在這一章中，我們介紹了連續性策略，用來鼓勵在教室中遵守規範的行為。至少，你應該使用具體、後效的讚美來增強你希望看到的行為。團體後效是另一種可能增加適當行為的方式；但須注意學生沒有達到期待行為，或學生不在乎選定的增強物等潛在的問題。你可以使用行為契約，讓教師和學生對期待行為和增強間已訂定的後效負起責任。我們詳細討論了代幣制度，這種實證本位的實務策略適用任何環境，並有效地增加所有類型學生所有形式的適當行為。最後，我們談到了褪除增強的必要性，以增加學生維持和類化行為的可能性。請記住，增強會增加行為在未來繼續的可能性——我們希望學生遵守規範的行為能夠做到這一點。

一、習得

1. 什麼是具體、後效的讚美？舉一個具體、後效讚美的例子，並描述為什麼具體、後效讚美可以比只説「做得好」更有效。

2. 描述代幣制度的基本要素。描述你將如何在班級中建立代幣制度的具體細節。

二、流暢

1. 用「連續性反應」來鼓勵適當行為是什麼意思？為什麼你應該有不只一種的回應？

2. 為 (1) 依賴型團體後效，(2) 互賴型團體後效，(3) 獨立型團體後效各舉一個例子。此外，列出每種團體後效類型的優缺點。

三、維持

1. 描述正增強和負增強的原則（正如你在第二章學習到的），以及它們和班級經營的關係。

2. 在你的班級中，你可以如何褪除增強？描述你做決定的規則，以及你如何在維持和增加適當行為的同時褪除支持。

四、類化

1. 如何讓學生參與發展全班性的增強系統？讓學生參與這一過程的原因是什麼？

2. 如何確保你的全班性的增強系統在文化和情境脈絡上是適合你的學生的？你應該考慮班級和學生的哪些方面？

五、其他增能活動

1. 你想要為你的班級設計行為契約。描述 (1) 你的契約要約定的行為，和

選擇這些行為的理由，以及 (2) 你將如何設計和實施契約，包括一個契約的例子。

2. 描述如何將增強適當行為結合我們已經討論過的其他班級經營策略（亦即，教室結構最大化，及建立和教導你的期待行為）。為什麼需要所有三種要素都到位？若你沒有一個增強適當行為的系統，會發生什麼情況？

●● 第八章 ●●
執行連續性的策略
回應不當行為

本章目標

讀完本章後,你應該能:

1. 指出減少不當行為的幾種策略。

2. 為你的班級設計符合年齡和情境的後果系統。

3. 執行並評估你的策略是否能夠預防和減少不當行為。

試 想 ‧‧‧‧‧‧

　　在學年剛開始的時候，石老師設定了教室期待行為（「石老師準則」）並進行教學，然後實施了代幣制度（「石之星」）來增強符合期待的行為。大約過了一個月，他的學生獲得了許多石之星，而且大部分的學生也都能遵守期待行為。但是到了十月，六年級學生舊有的一些行為問題也開始出現了。學生變得比較愛講話，也常常分心。他們變得比較不遵守指令，甚至開始嘲笑石老師（他們會在他經過的時候偷偷叫他「臭石頭！」）。

　　石老師一直認為正向行為支持的意思是只對適當的行為做反應，所以他並不知道要怎麼樣處理不符合期待的行為。他只能嘟囔給自己聽，也試著要忽略這些行為。但是他後來受不了了，就大聲地叫學生「閉嘴！」或是「**不要**叫我臭石頭！」結果不但沒用，反而增加了學生的不當行為。他試過放學後罰學生留下來，或是叫學生去學務處，最後，只能對著聽話的學生上課，不聽話的學生愛做什麼就隨便他們了。

　　有一天，柏娜老師來石老師的教室向他借釘書機。她發現很多學生不在自己的座位上，而且他們還大聊特聊，根本不管石老師在教些什麼；而石老師只對著某些有好好坐著的學生上課。

　　後來在教師休息室的時候，柏娜老師走向石老師，並問他：「石老師，你們班怎麼了？」

　　石老師說：「柏娜老師，我能做的事都做了，可是就是沒用。我知道你們班有『柏娜規矩』，而且進行得很順利，但是『石老師準則』就是沒有用。我不知道我還能做什麼？」

　　柏娜老師說：「嗯，你不能訂了準則然後就放著不管。你要根據學生的實際情況做調整，而且當情況沒有照著計畫發展的時候，你也要預先準備一些後效策略來因應。」

石老師接著說：「但是我不喜歡懲罰學生啊，那不是我的風格。」

柏娜老師說：「我的意思是，我們運用後效減少不符合期望的行為。也就是透過一致的系統，適時地重新教導並確保當你這樣做的時候確實能減少你不想要看到的行為。」

石老師說：「願聞其詳。」

和柏娜老師繼續討論了一陣子之後，石老師接受了她的建議，重新評估他使用的代幣制度，也針對不當行為建立了一套清楚而一致的反應方式。不久，他就發現不想看見的行為減少了，而遵守期望的行為也增加了。他很得意，心想：「石頭有夠讚！」

第一節 為回應不當行為建立連續性的策略

到目前為止，我們已經提供許多在教室裡能夠增加遵守規範行為的實務策略。你已經學到了如何讓教室結構最大化；如何建立、教導和增強符合期待的行為；以及如何主動促進學生參與你的教學。你也學到如何主動反應、如何提示適當的行為，以及如何在教室裡應用行為原則。這簡直太完美了！現在你可以坐下來好好休息了……但真的是這樣嗎？

就如同前述石老師的經驗，不完全是這樣的。即便是最有效、依據資料進行決策和主動的班級經營計畫，你還是會面臨學生表現出不符合期待的行為。畢竟，學生經歷的許多背景事件可能會改變一般行為結果的價值。舉例來說，如果一個學生在公車上打架之後，氣沖沖地來到學校，那麼以往安靜地進教室並且坐好的後果（亦即老師面帶笑容並讚美他、不會處罰）就不那麼吸引人了。事實上，在這樣的背景事件下，拒絕做任何工

作或是咒罵老師這些行為的結果〔例如，被叫去學務處或被處以校內停學（in-school suspension）〕，對學生可能更有增強的效果。

除了背景事件外，還有許多其他因素會影響學生的行為：學生可能被你的增強物滿足了、例行活動有所更動，又或者他們只是想測試你的底線（這對兒童及青少年來說是很正常的──你也走過這樣的歲月吧？）。我們得為那些不符合我們期望的行為做點準備；而針對不當行為的連續性回應策略在完整的班級經營計畫中是很重要的。接下來，我們將討論一些減少不當行為並增加遵守規範行為的策略。

第二節 預防問題行為發生：前事調整

至目前為止，前面幾章已經說明了預防行為問題和增加適當行為的策略。除了運用那些一般的預防性策略，只要我們仔細思考環境中有哪些因子可能會引起不當行為，然後據以調整環境，理想上我們也可以預防許多行為問題發生。操弄前事可以用於個別學生（如第十章的討論）或整個班級，同時也是一個能夠預防許多不當行為的有效方法。記住：「凡是能夠預測的，就能預防」（Scott & Eber, 2003, p. 134）。如果學生在過去曾經出現行為問題，就有可能再次做出行為問題：那麼，你要如何預防？

舉例來說，喬老師的四年級學生在下課時間結束後總是很難靜下心來學習；雖然他很常罵人，但是沒什麼用。在思考了一陣子後（也參考了本書的建議），他決定運用一個還算受歡迎的活動來幫助學生從下課時間（一個高度受歡迎的活動）轉換到課堂學習（比較沒那麼受歡迎的活動）。當下課時間結束，學生回到教室的時候，喬老師就叫他們坐在位子上並花十分鐘讀書給他們聽。他的學生很喜歡這個活動（尤其是喬老師會讓他們投票表決要讀什麼書），這個活動對學生的負擔不大，而且提供給他們一個機會，讓他們能從興奮的下課時間中冷靜下來並回到學習狀態。

當我們在思考前事調整（antecedent modification）的時候，我們要從**功能**去思考。如果學生的不當行為是為了吸引我們的注意，我們應該盡可能的在不當行為沒出現時就提供我們的注意，讓他們不需要藉由任何特定的行為來達成目的。這個策略就稱為**非後效增強**（noncontingent reinforcement, NCR）（參見 Carr, Severtson, & Lepper, 2008）。運用非後效增強的時候，你要先找出學生行為問題的功能以及增強這個行為的刺激（例如：學生以行為來獲得注意）。接著，你要時常提供增強刺激——**不是**在特定的行為發生後，尤其是行為問題出現後才提供——讓學生不再需要以行為問題來獲得增強。舉例來說，如果你知道學生總是經常以隨意發言（talk out）來獲得你的注意，你可以常常在他做自己的工作時來到他的桌邊（也就是提供非後效注意）。

如果學生的不當行為是為了逃避討厭的工作（例如：困難的作業），我們就要確保有給予足夠的支持並提示尋求協助的方法（也就是調整前事），以及應用非後效增強來提供經常性的休息。除此之外，我們也應該考慮是不是有一位或很多學生都有學業上的困難，導致行為問題發生。尤其隨著年齡增長，學業困難與行為問題間的關係益加明顯（McIntosh et al., 2011）。因此，學業調整與介入對於行為問題的處理就是有必要的。在班級層級務必考慮那些與行為問題有關的學業例行工作。針對那些例行工作，確認你是不是提供了頻繁的以及各種回應機會（OTR；見第五章的討論），並考慮其他的方法來增進或調整你的教學以符應學生的需求。

第三節 具體和後效的錯誤矯正

157

我們之前已經談過了具體與後效的錯誤矯正；你可能還記得我們曾在第三章討論了關於我們如何用回應學業錯誤的方法同樣地來回應輕微的行為問題。為了省去你回顧的麻煩，我們再提供另一個例子來說明這個概

念。想像一下以下的情境：

- 學生在黑板上做加法問題時做錯了。老師發現錯了的時候，說：「雷納，你再重做一次，看看結果會不會一樣。如果有什麼疑問，就問我。」學生重新做了一次，而且解出正確答案，老師說：「正確！你做得很好。」

- 學生在課堂上沒有舉手就喊出答案。老師對她說：「雅莉，不要直接喊出答案。」但是當雅莉重新舉手的時候，老師已經叫別人回答了。

在第一個案例裡，學生在學業上犯了一個錯。老師給予學生回饋並提供支持，然後在學生做出正確反應的時候，給予後效的回饋及讚美。而在第二個案例，則是使用了一個「不要」語句來正面地懲罰這個行為（亦即，老師透過在課堂上說出這句話來減少學生以後直接喊出答案的情況）。但是當學生在表現出期待行為時（也就是她舉手了），卻沒有因為表現了適當行為而得到回饋或被增強。

我們為什麼不用和處理學業錯誤的相同方式來處理輕微的行為問題呢？當學業錯誤發生的時候，我們除了提供支持，有必要就重教，也針對學生的表現給予充分的回饋，還時常檢核學生是不是能理解。而對於行為問題，我們常以為當下給一個嫌惡刺激（aversive stimulus），像是「不、停止、不要」這種語句，就能 (1) 停止不當行為，和 (2) 讓學生做出適當行為。

我們還得想一想：「不、停止、不要」語句實際上是一種制約的懲罰刺激。噪音和痛是兩種普遍讓人覺得討厭的懲罰刺激；當它們伴隨著行為發生時，我們通常會停下我們的行為。例如，你把手放在很燙的爐子上，結果被燙傷；以後你就不太可能會把手放在很燙的爐子上。對於小孩來說，當我們預見他可能會發生危險時（例如：他快要跑到馬路上或是去拉狗的尾巴），我們就會大喊「不！」或是「不要！」即使他還不知道這是

什麼意思，光是讓人覺得可怕而且討厭的音量和聲調，就足以制止他的行為。因此，像是**不**或**不要**這樣的字眼本身就能制止行為——就算不是用喊的——因為它們已經和令人嫌惡的音量和聲調連結在一起了。所以，當我們對學生使用「不、停止、不要」語句時，我們實際上在使用制約懲罰，這些語句早就和噪音，有時甚至和生理的後果配對在一起了（例如：當我們說「不要這樣」的時候還緊緊抓著小孩的手）。

藉由實施後效嫌惡後果來控制教室的老師，是在冒著提高和學生之間 權力鬥爭（power struggle）的風險（Kerr & Nelson, 2006）。作為成人，我們自己都不喜歡嫌惡式的管理；兒童也不例外。除此之外，如果老師經常透過喊叫和學生的負向互動來展現挫折感，這樣的教師行為對學生而言可能是一種增強（更不用說這並非我們希望給學生的榜樣）。因此，老師所面臨的選擇是：教室是一個因為老師讚美、良好的成績或其他令人愉悅的後果所形成的正增強，而讓學生表現出適當行為的環境；或者教室是一個為了透過避免像是責罵、聯絡家長、留校察看等嫌惡後果所形成的負增強，而讓學生表現適當行為的地方。在教室裡單獨使用負增強的問題——除了使班級成為一個不會讓人感到溫暖或受歡迎的環境之外——是因為嫌惡後果未必對所有學生而言都是懲罰刺激，因此藉由嫌惡後果來減少不當行為之可能性並不高。

我們建議老師們把輕微的行為問題當成學業問題一樣來處理，而不要在環境裡使用「不、停止、不要」語句。如此一來，前述的情境看起來應該是：

● 學生在課堂上沒有舉手就喊出答案。老師對她說：「雅莉，還記得怎麼在教室裡表現出尊重的行為嗎？請妳表現給我看，要怎樣發表意見才是表現出尊重的行為。」雅莉舉起手，然後老師說：「做得很好。關於我們剛剛在討論的部分妳想說什麼？」

就這樣，我們把一個潛在的負向互動轉變成一個正向的互動，這個學

生也因為她的適當行為而獲得後效的回饋，而不僅是因為隨意發言而只得到一個後效的嫌惡語句而已。如果錯誤矯正是老師和學生互動的主要方法，可能會使學生表現更多的錯誤行為（Kerr & Nelson, 2006）。研究指出相對於負向互動，老師與學生之間有更多的正向互動時（每次進行錯誤矯正時，搭配三到四次正向互動，或是每 15 分鐘六次正向互動），會更容易看到學生行為改善或不當行為減少（Alberto & Troutman, 2013; Sutherland et al., 2000）。

當你要進行錯誤矯正的時候，確保你的聲音是堅定的而非大聲喊叫；想一想你要提供給學生的行為榜樣。透過眼神接觸來確保學生正在注意而且要明確地說出不符合期待的行為（例如：「丹尼爾，戳布萊恩是不尊重別人的行為。在手廊上把你的手放好，否則你就得在放學後留下來練習怎麼在走廊上走路了。」）。就如這個例子，你應該讓學生知道如果他持續去做不當行為會發生什麼事（Darch & Kame'enui, 2004）。如果不會帶來任何後果，學生為什麼要停止這個行為？不要讓自己成為這樣的老師，總是對班上說：「所有人，在我數到三之前你們最好給我停下來。一！〔停超久〕二！〔停超久〕」如果你的學生決定想要看看數到三到底會怎樣，情況會變成什麼樣呢？很少有老師會先準備好後果，因此如果數到「三」而不當行為卻沒有立即後效，可能就會有點損害老師的威信。

159　　就和成人一樣，學生犯錯時也比較想在私底下被矯正錯誤，而不是在大家面前（Infantino & Little, 2005）。當然，當眾指責有殺雞儆猴的效果，但是減少學生尷尬可能是更重要的事。如果你的想法是：「嗯，這個在學生犯錯之前他就該想到了！」說的沒錯。但是記住，你是成人，而且你也想要示範給學生看看什麼是你期待的行為（既然如此，就尊重隱私地進行錯誤矯正並警告後果）。除此之外，確保你在斥責之後盡快針對適當行為給予增強。畢竟，如果我們在不當行為發生時就給予後效的注意，我們也應當在看見期待的行為時也這麼做。

記住，實施錯誤矯正相當簡單，而且適用於所有年齡和能力的學生；

因此，就如同讚美，我們認為這在教室裡是「不容商榷」的策略。然而，錯誤矯正對於比較嚴重或長期的問題是無效的。對待輕微的社會行為錯誤要盡可能像處理學業錯誤那樣，在適當的社會行為出現時就給予增強。

第四節 區別性增強

另一個用來回應不符合期待行為的策略是**區別性增強**（differential reinforcement）。你可能會想「那是什麼？」，「用增強來減少行為？」是有點這樣的意思。區別性增強是一種特別的增強計畫，用來降低不當行為的出現頻率或因沒有出現某種不當行為予以增強。區別性增強傳統上使用於個別學生的層級；在某些考量或條件下，可以運用於班級的層級，不過頗具挑戰性。區別性增強有好幾種類型，接下來將逐一說明。

壹 區別性增強低頻率行為

區別性增強低頻率行為（differential reinforcement of lower rates of behavior, DRL）是應用一個具體的增強計畫來減少主要為頻率不適當的行為（Alberto & Troutman, 2013）。例如，參與課堂是一個適當的，甚至是期待的行為。但是，過度頻繁地參與，像是每次老師問問題就回答或者同儕每說一句話就發表自己的意見，不僅不適當，也不符合期待。因此，老師可以運用以下的 DRL，把學生叫到旁邊並對他說：

- 「傑克，我很欣賞你樂於和班上其他同學分享自己的答案和想法。但是班上的每個同學都需要參與的機會，所以我希望你每一堂課舉手發言四次就好。如果你做得到的話，你可以在午餐排隊排第一個。」
- 「吉爾，偶爾上一次廁所沒關係。但是一堂課上三到四次廁所不太

好，因為你錯過太多課堂的時間了。如果你可以讓自己一堂課只上一次廁所，你可以在放學前使用十分鐘的電腦。」

　　運用 DRL，老師對低頻率的行為問題予以增強。為了有效地運用 DRL，你應該先建立行為問題的基準線比率。接著，你應該為減少行為設定合理的標準（Alberto & Troutman, 2013）。如果一個學生每節課會出現 20 次的隨意發言，區別性增強每節課四次以下的隨意發言可能就不是一個適合開始進行的合理目標。此外，如果你想針對一個無論如何都是不適當的行為使用 DRL，記住你是在增強那個目標行為，即使它出現的頻率很低。舉例來說，如果你有一個學生在課堂上出現 15 次咒罵別人的行為，而你告訴她如果咒罵別人的次數在 5 次以下就可以獲得增強，她聽到的可能會是咒罵別人 5 次以下是沒關係的，而且她的確會因為這樣做而受到獎勵。在這種情況下，比較好的選擇可能是不要把標準說得太清楚；如果你的資料顯示目標行為減少了，你可以對那個學生說：「你真的很努力地管好你自己說出來的話，我想你可以獲得獎勵。」

貳 區別性增強其他行為

　　區別性增強其他行為（differential reinforcement of other behaviors, DRO）是老師用來針對一段時間沒有出現目標行為時給予增強。換句話說，你增強的是目標行為零出現。例如：

- 「艾莉絲，如果你接下來的 20 分鐘都沒有和法蘭斯講話就可以獲得一顆石之星。」（我們針對艾莉絲完全沒有和鄰座同學講話的行為給予增強。）
- 「蓋文，如果你在班級討論的時間完全沒有干擾別人，你可以在下課前聽五分鐘的音樂。」（我們針對蓋文完全沒有隨意發言的行為給予增強。）

雖然 DRO 的概念對有些老師來說非常有吸引力（誰不希望行為問題最好都不要出現呢？），但是有些限制需要考量。首先，你增強的是行為沒有出現，也就是「行為真空」（behavioral vacuum）的狀態。我們的目標是增強我們在未來想要看到的行為；而 DRO 並不會增加適當行為在未來出現的可能性。此外，如果你單獨使用 DRO（我們**絕對**不建議這樣做），你所冒的風險是可能會增強到在行為問題沒有出現時發生的其他行為。舉例來說，如果蓋文沒有在課堂討論時干擾別人，但是他趴下來睡覺，技術上來說他還是可以在下課前聽五分鐘的音樂，因為符合了後效（也就是沒有干擾別人）。使用 DRO 的時候，你除了增強目標行為沒有出現之外，也應該要同時增強適當的行為。你可以考慮結合 DRO 和區別性增強替代行為（DRA），也就是我們接下來要談的部分。

參 區別性增強替代行為

好消息！你可能早就在使用**區別性增強替代行為**（differential reinforcement of alternative behaviors, DRA）了。DRA 是你用來增強代替行為問題的行為（也就是，成功地和行為問題互競的行為）。你可以增強蓋文沒有干擾別人的行為（也就是 DRO），同時也對他寫下自己想法的行為給予後效的增強。亦即你區別性地增強了這個替代行為，在討論時寫下自己的想法相較於干擾別人是更為適當的表現。如果你在艾莉絲都沒有和法蘭斯講話時給予獎勵，你也應該在她表現適當的替代行為時，像是自己完成全部的作業時給予後效的增強。任何能夠替代行為問題的社會性適當行為都應該被增強；要確定你的學生知道這其中的後效，而且你也針對期待的替代行為進行提示與教學。（教學與提示適當行為是你已經熟練的技巧，如果你是一路讀下來的話！）

區別性增強是一種增加適當行為並減少不當行為的方法，且無需在不當行為發生時於環境中引入嫌惡刺激（或移除喜愛的東西）。我們想要盡

161

可能的和學生保持正向的互動，而且我們想要多談論一點適當的行為並且少說一點不適當的行為。區別性增強是老師們在應對不當行為的連續性策略中，應該納入的一個工具。

第五節 計畫性忽視

我們曾在第二章討論過「消弱」這個行為原則，也就是對原先被增強的行為不再給予增強。例如，如果賈克伯隨意出聲的功能是為了獲得老師注意（像是老師會說「賈克伯，不要再這樣」或是「賈克伯，不要隨意發言」），老師可以忽視賈克伯隨意出聲的行為，也就是在他隨意出聲時不給予注意來消弱他的行為。當然，老師得注意消弱爆衝（extinction burst）的情形：當賈克伯隨意出聲沒有獲得老師注意的時候，他可能會提高音量、頻率和強度。為了減少消弱爆衝的可能性，老師也應該同時提供**大量**的注意來增強賈克伯的適當行為，以增加他在未來使用適當行為（例如：舉手、和老師有眼神接觸）來獲得注意，而減少他隨意出聲的可能性。老師也應該運用前事策略像是經常查看賈克伯的狀況，並在整節課提供定時的注意，以減少他要求老師注意的可能性。

當消弱被應用在功能為獲得注意的行為時，可稱為**計畫性忽視**（planned ignoring）。（如果學生的行為功能是逃避時——像是學生趴在桌上來逃避寫作業——你不大可能用忽視來消除這個行為！）計畫性忽視通常難以有效地執行，而且也**不該**單獨使用。如果你試圖對原先獲得注意的行為停止增強，很重要的是你要教導並增強具有相同功能的替代行為——就像賈克伯這個例子。老師必須確保學生能從適當行為獲得大量的注意（甚至是非後效的注意，像是頻繁地察看學生）。老師要確保隨意出聲的行為之於增強是無關（因為賈克伯已經獲得大量注意，而且可以透過適當行為獲得更多），且無效的（因為隨意出聲的行為不再能引起注意）。

162

如果你想使用計畫性忽視，要記得行為在變得更好之前可能會先變得更壞，而且你要考慮你能不能受得了消弱爆衝。如果一個學生慣性地直呼你的名字，而你通常用「不要這樣叫我！叫我雷老師」或是類似的口語指責給予後效的注意，你或許會考慮計畫性忽視。但是我們要提醒你的是，行為在變得更好之前可能會先變得更壞。當學生對你說「喂，諾瑪！（直呼你的名字）」，而你沒有回應時，學生可能會再叫你一次。因為過去行為通常會引起後效的注意，學生可能會一次又一次地叫，而且他可能會增加這個行為的頻率和強度：「喂，諾瑪！諾瑪！幹嘛啦，諾瑪？我知道你有聽到我在叫你！喂，諾瑪！」你有辦法忍受這樣的消弱爆衝嗎？想想看如果在他叫了第 100 次「諾瑪！」後老師轉頭大吼：「**叫我雷老師！不要叫我諾瑪！**」接下來會發生什麼事？老師就這樣把問題行為增強到一個全新的程度，也就是向學生展現，老師最後還是會注意這個行為的——只是時間早晚而已。

關於這個策略最後要考慮的一個限制是：「計畫性忽視」的意思是去除不當行為所獲得的**所有的**注意。因此，當學生隨意出聲時，老師不應該說：「我要忽視你」或是「直接說出來的答案我不接受」。那並不是忽視；那只是以另一種形式來提供注意而已。同樣地，當老師開始「忽視」行為時，卻在學生行為問題出現後在黑板上的學生名字旁做一個記號或是「看」學生一眼，是無法消弱這個行為的；這樣做只是提供其他形式的注意。老師應該只在學生表現適當的行為時，還有行為問題沒有出現時，才提供注意。

第六節 過度矯正

過度矯正（overcorrection）是一種要求學生在適當行為上進行更多練習的後果策略（Alberto & Troutman, 2013）。雖然是懲罰（意即一種降低

不當行為在未來出現的後果），過度矯正實際上要求的是學生要在**適當**行為上做出更多練習。過度矯正這個懲罰恰好與其「罪刑相稱」。

　　過度矯正有兩種形式。**復原式過度矯正**（restitutional overcorrection；又稱為**恢復原狀過度矯正**）意指，學生如果因為其不當行為而擾亂了環境，他就必須要將環境回復到原本樣子——然後再回復其他環境（Alberto & Troutman, 2013）。例如，凱霞用麥克筆在她自己的桌上寫名字，而這違反了教室裡尊重物品的規則。在這種情況下，你就可以運用**復原式過度矯正**來要求凱霞清潔她自己的桌子，而且她也必須清潔教室裡其他的桌子。凱霞改正了她自己的行為錯誤，而且也透過清潔其他的桌子來進行**過度矯正**。

¹⁶³　　另一種形式的過度矯正則是**積極練習式過度矯正**（positive-practice overcorrection）。積極練習式過度矯正意指，表現不當行為的學生必須做出適當行為——然後再多練習幾次（Alberto & Troutman, 2013）。例如，你看到一群學生在走廊上奔跑。你可以運用積極練習式過度矯正，讓學生在走廊上走好幾次，這樣就「積極練習」了適當的行為。你希望他們會發現這樣的過度練習有夠討厭而不會在未來又出現不當行為，但你也不需在環境裡使用常見的嫌惡刺激（像是大喊「不要跑！」或者扣分、留校察看）；你只需要讓他們把期待行為做好幾次就夠了。

　　在實施過度矯正程序時有幾個限制需要考慮。首先，就像其他後果策略一樣，你並不會想要太常使用，以免失去效果。此外，我們不希望學生將適當行為和嫌惡的經驗連結在一起。如果你讓學生排隊 30 次，當你將來要他們排隊的時候，你可能會聽到小聲的牢騷和嘆氣，因為學生會想起上次排隊的經驗。而且，當你使用復原式過度矯正時，確保你這樣做是符合學校校規的做法；有些學校並不同意使用這一類的後果策略。還有，就和你使用所有的後果策略一樣，確定家長和監護人知道你會在教室裡使用這些後果策略，而且家長和學生都知道什麼樣的行為會導致什麼樣的後果。（我們稍後在這章裡會討論這個關於透明化的議題。）

過度矯正可以是一個有效的後果策略來降低未來發生不當行為的可能性，它是對於期待行為的練習（積極練習式過度矯正）或是練習承擔自己行為責任的重要社會技巧（復原式過度矯正）。不過就如同對不當行為的所有回應一樣，過度矯正在使用上應該小心謹慎而且要和遵守規範行為的增強合併使用。

第七節　反應代價

　　反應代價（response cost）是當不當行為發生時拿走一個刺激的策略（Simonsen et al., 2008）。反應代價是用來負逞懲罰不當行為的方法；也就是說，當不當行為發生時拿走一個喜歡的刺激以試圖減少行為在未來發生的可能性。當然，除非行為問題在喜歡的刺激被移除後確實減少了，否則反應代價並不是真的在懲罰（就行為理論的字面意思而言）。

　　反應代價通常和代幣制度一起使用（代幣制度的完整討論詳見第七章）。在代幣制度裡，學生表現適當行為後賺到代幣（也就是類化性制約增強物）。反應代價就是失去之前賺到的增強物或失去賺得增強物的機會；也就是說，學生因為他的不當行為而被「罰款」。代幣制度能否有效取決於：(1) 學生認為代幣及後援增強物是否有價值；以及 (2) 學生累積代幣的速率和兌換的程序（Alberto & Troutman, 2013）。

　　以下是應用代幣制度的例子：

● 貝老師對於各種適當的行為都會發放「好行為獎卡」。當學生表現不當行為時，他則會從學生那裡拿走特定張數的獎卡。當學生說了不恰當的話，他會拿走兩張。要罰幾張是事先規定的，學生們都知道什麼行為會失去多少張獎卡。

● 秦老師在學生表現遵守規範行為時（例如：幫助同學、完成打掃或是擔任班級志工）會在一張表貼上貼紙。當學生做出不當行為時（例如：對同學或老師說出不尊重的話，或是沒有準備好上課），她就會從那張表上拿掉已和事先學生確立的特定數量貼紙。

貝老師和秦老師兩位老師都很清楚地讓學生知道什麼行為會失去代幣以及會失去幾個代幣。如果你決定要使用反應代價系統（請注意，我們並不是建議你使用；我們只是在提供你另一種針對不當行為的可能連續性因應策略），確定要事先確立好「罰款」，讓學生知道行為會失去賺到的獎勵。反應代價可以成功地減少咒罵（Trice & Parker, 1983）、攻擊行為（Forman, 1980）以及特定情境下的不當行為（Greene & Pratt, 1972）。

使用反應代價策略時有一些注意事項；當你考慮在班上使用反應代價之前最好讀過並想過這些事。首先，反應代價相較於目前討論過的策略中是比較具有侵入性的，因為它需要主動地拿走學生已經賺到的東西。不像過度矯正，使用反應代價時並不需要做出適當行為。使用反應代價時，你要主動地執行一個（潛在）懲罰的後果（也就是失去賺到的獎勵），而在區別性增強和計畫性忽視裡，你操弄的是對不當行為（和適當行為）的增強。使用錯誤矯正時，學生會獲得一個對於不當行為的明確警告、適當行為的提醒以及如果繼續做出不當行為的可能後果的預告。（錯誤矯正可能和反應代價一起使用；你或許可以警告學生如果他們繼續做出不當行為將會被「罰款」。）

再者，實施反應代價有些邏輯上的議題需要思考。例如，試想以下情境：

● 妮可在課堂上嚼口香糖。她的老師說：「妮可，妳知道上課時不可以嚼口香糖。請吐掉口香糖並交給我兩張獎勵卡。」妮可說：「我沒有獎勵卡。我沒有得過任何一張獎勵卡。」

● 尼克發出噪音干擾同學而且一直盯著他們看。他的老師說：「尼

克，這不是尊重別人的行為。你欠我三張好行為獎卡。」尼克回 說：「那是我賺的，放在我的抽屜裡。你要，你就自己過來拿啊！」

克，這不是尊重別人的行為。你欠我三張好行為獎卡。」尼克回說：「那是我賺的，放在我的抽屜裡。你要，你就自己過來拿啊！」

這兩個情境顯示了反應代價這個策略的問題。在第一個情境中，妮可沒有賺到足夠的代幣來付罰款。如果是這樣，老師應該怎麼辦？（而且這種情況比你想像的更常發生，因為最難賺到代幣的學生，往往是最容易因為做出不當行為而被拿走代幣的學生。）如果你想使用代幣制度，你必須注意那些低或零「代幣餘額」（token balance）的學生；否則，這個策略就是無效的。我們曾在一個數學課堂上看過代幣制度的運作，每個學生都有一本「存摺」讓他們可以記錄他們的「錢」（也就是代幣）。老師執行了反應代價策略，因為他使用了類似於實際生活中的帳戶系統，於是得以在他的系統中帶入「負餘額」並且作為教導他的學生關於負數的概念。（請注意他並沒有鼓勵學生讓代幣變成負餘額；他只是在為這個可能性做計畫並利用這個可能性作為課堂教學的時機。）

在尼克這個情境中，老師必須從一個具有違抗性的學生那裡拿走代幣。如果你正考慮要使用反應代價，你知道你要如何從學生那裡拿走代幣嗎？如果你要使用點數系統或是你自己管理代幣，這完全不是個問題，但很多代幣制度是讓學生管理自己的代幣。我們並不希望你或你的學生因為代幣而僵持不下，我們也不希望創造一個具有潛在權力鬥爭的舞台。記住最有可能失去代幣的學生通常是那些出現最多不當行為的學生。你確定要使用這個可能會導致這類（包括讓你和學生）不舒服情境的策略嗎？請在你執行這個策略之前，考慮使用反應代價可能帶來的衝擊，而且使用時務必慎思且謹慎。

使用反應代價最後一個要考慮的，是對於你獎勵系統的效果。當你設計了全班性的獎勵系統時，你思考的是如何獎勵學生的適當行為。你仔細地思考代幣、後援增強物、兌換系統和增強的時程。你希望你的系統能鼓

勵並增強適當行為。藉由實施反應代價，你在你的系統引入一個具有潛在嫌惡的關聯。也就是說，你原本設計來營造正向班級氣氛的系統現在對學生而言，轉變為具有潛在懲罰而且令人不舒服。就如我們在前一段提過的，那些具有挑戰行為的學生 (1) 最不可能獲得代幣，而且 (2) 最可能被拿走代幣，這兩項結合起來的結果就是：如果學生不能保有自己賺到的代幣（或是一直有著失去代幣的威脅），幾乎可以保證學生會對增強系統感到挫折並失去興趣。作為成人，如果代幣制度直接應用到我們的帳戶，我們也會感到不舒服（而且直接發飆）。如果你做的是時薪的工作，你的薪資以每小時計費。如果你請病假，你頂多就是不會領到那些請假時間的薪水；你的主管並**不會**從你的銀行戶頭裡拿走你之前賺到的錢。如果這些事真的發生了，想想看你會有多生氣，並且想一想使用反應代價時會發生什麼事。我們的建議是把主要焦點放在增強適當行為上；如果學生沒有做出適當的行為（或是做出了不當行為），他們即不能獲得增強。

第八節 從增強情境隔離

　　從增強情境隔離（time-out from reinforcement）是另一項回應不當行為的策略。請注意我們並不是單獨使用「隔離」（time-out）一詞，我們用的是「從增強情境隔離」。隔離要有效，必須避免學生觸接他所喜歡的環境或者是將他從喜歡的環境中移出——否則，隔離不可能降低不當行為未來出現的可能性。事實上，如果在「隔離」時讓學生處生在他喜歡的環境，我們可能會無意地增強了行為問題。例如，有個孩子因為頂撞父母親而被要求待在自己的房間裡，他的房間裡有遊戲機和電腦，他可以上網而且和同學聊天，這樣並不是一個令人嫌惡的結果，對吧？想想看有一個學生在英語課堂上毫不尊重地隨意發言、拒絕指派的工作而且譏笑老師，結果，老師說：「夠了，吉米！現在立刻去校長辦公室。」吉米在同學一片

歡呼中離開教室而且走向辦公室，在那裡和秘書聊天然後再和校長一對一談話。吉米因為不當行為而獲得諸多後效的注意，而且可能還逃避了他原先不喜歡的課堂！這樣的「隔離」一點也不是從增強情境隔離；實際上，我們可以打賭下一次吉米不想上英語課的時候，他會再做相同的事，然後和前一次一樣又獲得同樣的注意和逃避。當你繼續往下讀的時候，請記得我們每次說「隔離」時，我們指的是「從增強情境隔離」。

從增強情境隔離有好幾種實施的方式；隔離可以是「非抽離式」（nonexclusionary）或是「抽離式」（exclusionary）（Alberto & Troutman, 2013）。非抽離式隔離的其中一種是**後效觀察**（contingent observation），這可能會讓你想起你的國小生活；這種隔離方式的一種普遍做法就是讓學生在下課休息的時間「罰站」。也就是說，當學生在遊戲區出現不當行為時，他們就會被叫去「罰站」，他們會靠在牆邊，只能看著同學享受下課時光。運用後效觀察時，學生仍然待在不當行為出現的環境裡，但是無法獲得增強或參與活動。幾分鐘之後，學生就可以回到環境中並且在適當行為出現時獲得讚美。

在教室裡，非抽離式隔離看起來就像是「坐著看」，在這段特定的時間裡其他同學們會持續活動，而你只能低著頭，或者完全無法獲得增強（如賺到代幣）。我們說的是「特定的」時間。實施隔離的時間長度不應該是很隨意的或是直到你「覺得」可以了為止；要事先訂好一致的時間限制（例如：「如果在下課時間做出推擠別人等危險的行為就得罰站五分鐘」，或是「如果在團體活動時沒有做到分享的話，直到下課前都不能獲得代幣」）。

簡言之，如果學生仍處在教育環境中但是因為出現不當行為而無法參與活動或獲得增強，那是非抽離式隔離。而**抽離式隔離**，意指學生從全部的活動中被移除；他可能會被移到教室裡的另一個角落或者從環境中被移除。抽離式隔離的例子包括以下情況：

167

● 貝斐莉做個人作業時大聲地唱歌，其他同學都在笑。在第三次警告後，老師把貝斐莉的座位換到教室後面一個看不到同學的地方（但是老師還是可以看到她）。老師告訴貝斐莉，她必須在那裡安靜地坐六分鐘才能回到課堂上。

● 肯尼被叫到黑板前解數學問題。但他卻開始在黑板上畫畫，其他同學都在笑。老師給予口頭警告，但肯尼依然故我，而且還加上對話（包含不雅的字眼）。老師把肯尼拎到校長辦公室，他必須在那裡待到下課為止。

記住，隔離要能有效（就是為了減少行為問題未來出現的可能性），學生一定要從增強情境中移除。如果學生把她的作業丟在地上、拒絕工作而且低著頭，那麼把她從環境中移除並不是從增強情境中隔離。實際上，如果她本來就不想要待在這個課堂的話，把她從環境中移除可能是負增強她的行為。此外，把學生從環境中移除也是在負增強老師行為（也就是，學生的行為問題——讓老師感到厭煩——在老師命令學生離開教室的時候行為問題也被移除了）。誤用隔離可能導致**惡性循環**（coercive cycle），亦即學生因行為不良而離開環境（對學生負增強），學生離開則是給予老師負增強（Sutherland & Singh, 2004）。下次當學生不想待在課堂上的時候，他就可能會做出相同的行為，而下次學生做出相同的行為時，老師就可能會叫學生離開教室。

現在你可能在想，有效地運用隔離頗具挑戰性（在這裡，我們一定要強調正向的實務策略是比較容易而且更符合倫理的）。隔離需要老師審慎地考慮與小心地管理，而且還很容易過度使用。除此之外，學生通常會被移出教育環境——而經常出現不當行為的學生，就是那些在教室裡**最**需要結構與教學的學生。當使用隔離的時候，學生並沒有機會去學習適當的行為，他只學到什麼行為會讓自己從增強情境中隔離。如果你實施隔離程序時注意到總是同一個學生反覆地接受這個後果，你就不是在懲罰這個行為

168

（亦即，不適當行為並沒有減少或停止）——這一點同樣適用於所有的後果策略。不論你認不認為你是在「懲罰」這個行為都沒關係；我們只知道一件事，那就是：如果後果確實是在懲罰則標的行為在未來就會減少或停止。

第九節 回應行為問題的考量

關於較侵入式的策略，我們在這一章已經提出了很多需要考量之處，但如果沒有討論在教室裡使用懲罰的問題就是我們的疏失了。不過，我們要請大家先理解，我們並不是在倡導教室裡不要對行為問題使用後果策略——我們只是希望你審慎地運用後果策略，在減少行為問題**同時**主動地教導、提示與增強適當行為。

兩項關於懲罰的基本議題來自老師們的假設。老師們假設：(1) 使用懲罰就不需要其他的介入策略了；以及 (2) 傳統後果策略的功用是懲罰（Darch & Kame'enui, 2004）。事實上，使用懲罰時，並用其他的策略是必要的——甚至是**重要關鍵**。我們已經知道所有行為都有其目的，我們在其他章節花了許多篇幅討論行為的功能。因此，我們知道即便是行為問題也有其目的，學生藉著不當行為來逃開或避免某些事物。如果我們懲罰了學生的行為，我們剝奪的是他藉以滿足自己需求的行為——當務之急，是我們必須提供（也就是教導）學生具有相同功能的替代行為。如果學生一直以隨意發言來獲得老師的注意，說：「不要再隨意發言」或許會停止這個不當行為，但是並沒有教導學生如何適當地獲得老師的注意（例如：舉手）。我們應該把焦點**始終**擺在增加學生適當的行為，為了讓學生選擇適當的行為而非不當行為，學生在表現適當行為時應該獲得增強（而在出現不當行為時無法獲得增強）。

老師們的第二個假設——傳統後果策略的功用是懲罰——則可能阻礙

行為改變。通常，我們並不會從功能來思考行為問題的後果。舉例來說，有時候學生因為逃學或翹課而被停學，這**明顯地**並不是功能取向的方法。學生逃學和翹課是因為不喜歡待在那裡；以停學作為行為後果根本不是懲罰。同樣地，傳統的後果策略像是留校察看和取消特權（例如：禁止下課）的功能，並不全都是在懲罰。想想看在違規行為出現很久之後，等所有人的時間能湊在一起時，才被留校察看（亦即後果不是源自於行為問題）。再想想那些放學後留校察看的情形，很多學生彼此都認識然後互相聊天，或學生在留校察看時完成回家作業，這些情況不可能有效地懲罰不當行為。取消特權則是只有當學生對特權有興趣時才會有效；有些學生根本不在意下課時間或在餐廳吃午餐或校外教學，所以失去這些特權對學生來說根本一點意義也沒有（更不用說是懲罰了）。

169

使用懲罰另一個需要注意的是可能被濫用。在教室裡經常使用懲罰可能製造出充滿敵意的學習環境（Darch & Kame'enui, 2004）。思考一下你希望教室裡有怎樣的氣氛：你希望學生表現適當行為是因為他們想要獲得增強（除了代幣制度外，還包括老師的讚美、獲得好成績、親師溝通時的正向評語或者是其他自然增強物），還是因為他們想避免被處罰？相較於處在一個制止與懲罰不當行為的環境裡，我們認為當你和你的學生處在一個鼓勵並增強適當行為的環境，會比較開心且充滿活力。面對嫌惡控制時，學生（就像成人一樣）通常會反抗，結果增加了不當行為問題與權力鬥爭。記住，使用懲罰只會教導學生什麼行為會導致懲罰而讓他們了解如何避免懲罰——但是並沒有教導他們如何表現適當的行為。如果你曾經收過超速罰單，你可以想想看：這張罰單就像是懲罰，而你減速了（但你並沒有因此學到如何更快速地到達你要去的地方）。然後可能就像多數人一樣，罰單的效果最終會消退，然後你又開始超速了（但是你可能學到靠近有警車等著要抓超速的地方時減速）。懲罰的效果通常無法持續。然而，如果你學到早起或良好的時間管理，你以後可能就不需要超速了。我們要思考的是我們到底希望學生要做什麼，而非不要做什麼；所以本書談的是

班級經營（classroom management），而非「管教」（discipline）。

在思考回應行為問題之連續性策略時，還有另一項需要注意的，就是確保所有的學生和他們的家長或監護人，在學期初的第一天（或新學生到校就讀的第一天）就了解你所使用的策略。這就是我們之前提到的「透明化」（transparency）的概念。所有家長或監護人應該要收到班級期待行為的通知單，上面要說明當學生遵守規範時會有什麼結果（也就是你的全班性的增強系統）以及當學生違反規範會有什麼後果（也就是，你如何回應行為問題以及說明違規行為會導致什麼後果）。如果學生、家長和監護人都能預先知道後果，當你執行時就可能比較不會被抱怨或被認為不公平。學生（和家長）在被處以特定的後果時就不會感到驚訝，如果有事先書明、解釋且公平而一致地執行，他們（和家長）就比較能接受。會導致某種後果的行為應該要清楚地定義，避免像是「違抗」這種主觀的分類，相反地，要客觀地說明行為：

- 「凡是說不雅的話語、嘲弄或譏笑其他同學的學生，或在被口頭制止後仍繼續跟同學聊天，將會被：(1) 停止 15 分鐘的課堂活動與增強；而且 (2) 寄發詳細說明事由的家庭通知單。」 *170*
- 「凡是以肢體攻擊（也就是撞、踢或推其他同學；踢、捶或丟擲而損壞物品）的學生，將被轉介到學務處。」

在應用連續性的後果時應該具有系統性與一致性。你可考慮製作一張表來幫助自己，或任何可能會進到你教室的人（像是助理員、志工或代課老師）記得當學生做出不當行為的時候該怎麼辦（參考圖 8-1 的範例）。

記住，使用懲罰策略應該是最後的手段。你應該要考慮的是你還能做什麼來避免行為問題發生。如果學生做出不當行為時，反思你還能做什麼改變來減少你不希望看到的行為，並增加你想看到的行為。你所提供的課程內容和工作適不適合學生？你的教學是不是令人投入？你對學業和行為的期待目標清不清楚？你是不是常常提示適當行為？你的增強制度適不適

學生做出不符合班規的行為。首先決定這個行為是嚴重地（major）或輕微地（minor）違反規定。

如果是嚴重違規（根據學生手冊的規定），以處室違規轉介的程序將學生送到學務處。

如果是輕微違規（根據學生手冊和班規的規定），老師的做法如以下步驟。

問：這是第一次違規嗎？

如果是，決定錯誤類型。

如果是**習得**上的錯誤（亦即，學生缺乏技巧），重教一次適當的行為。

如果是**流暢**的錯誤（亦即，學生有此技巧但不會一致地使用），提供機會練習並在表現適當時給予回饋。

如果是**維持**的錯誤（亦即，學生有此技巧但過了一段時間後，不會繼續使用），簡短地提醒適當行為並在表現適當時給予增強。

如果是**類化**的錯誤（亦即，學生有此技巧但在面對特定情境或人時不會使用），提供在其他情境或與其他對象練習的機會與增強。

此外，找出可能的**背景事件**，並據此介入（例如：改變目前獲得的增強；移除可能導致行為問題的前事）。

如果否：

必要時，根據學習的階段，重新教導適當行為。

提醒學生後果：
給予學生一次告誡，具體說明不當行為、繼續這樣做的後果，以及應該表現的適當行為。

如果學生繼續表現不適當行為：
- 採用功能取向的後果策略（例如：如果是為了獲得同儕注意就把他和同儕隔開；如果行為功能是逃避工作就要求他在下課或放學後補完缺漏的工作）。
- 在一段確切的時間內不給予增強（例如：班級增強系統的代幣）。
- 如果學生對前面所提的後果沒有任何反應就通知監護人（之後學生若有適當行為表現，也應盡快知會監護人）。

圖 8-1 ▪ 後果策略流程：事先擬定特定行為的後果策略有助於針對不當行為做出一致且可預期的回應。

切（例如：增強的計畫、後援增強物的選擇）？你有教學生滿足自己需求 170
的**適當**方法嗎？你有示範你想看到的行為嗎？在實施懲罰性的後果策略
前，想想看你是否盡了一切可能來避免行為問題發生，你已經學到了班級
結構最大化以及操弄前事以增加適當行為的機率。在思考如何回應行為問
題時，應用這些策略；畢竟處理行為問題的最佳方法就是在發生前就做好
預防。

●摘要●

　　如同回應適當行為，我們對不當行為的回應也應該有其連續性，在低
強度的行為問題發生後，從最少侵入性的回應開始，更密集、具侵入性的
後果策略應該保留給嚴重的行為問題，回應時務必持續考慮不當行為的**功
能**。當我們使用懲罰性的後果策略時，需要確保我們在教室裡教導並增強
期待行為，把重點放在我們希望學生表現的行為（而不是我們不希望看見
的行為）。在使用懲罰性的後果策略前，確保已盡一切的可能來避免行為
問題，懲罰應該是最後的手段。當你執行後果時，要一致而且公平，並記
住你的重點應該始終擺在你**要**學生做什麼，而非不要學生做什麼。

各學習階段之活動

172

一、習得

1. 具體且依據行為問題進行的錯誤矯正有哪些特點？請舉出一個例子，並
   敘述以此方式回應行為問題的理由。
2. 請說明各種類型的區別性增強，並各舉一個例子。

二、流暢

1. 以「連續性反應」回應不當行為是什麼意思？為什麼你不應該只有一種回應方法？

2. 請定義過度矯正，並各舉一例說明復原式過度矯正和積極練習式過度矯正（不同於本章所舉的例子）。

三、維持

1. 請說明正懲罰和負懲罰（曾於第二章討論）以及其和班級經營的關係。

2. 在教室裡使用反應代價系統的優缺點是什麼？這些優缺點如何影響你使用反應代價與否的決策？

四、類化

1. 應該讓學生參與發展連續性回應不當行為的策略嗎？為什麼？可能可以讓學生如何參與？

2. 你要如何確保你回應不當行為的系統在文化上和情境上對學生是適當的？在教室和學生方面你會考慮哪些因素？

五、其他增能活動

1. 你想在教室裡針對不當行為設計並執行連續性的回應策略。請討論：(1) 程序的步驟；(2) 你所選擇的連續性策略與理由；(3) 你會如何確保策略能公平且一致地執行。

2. 請說明如何融合回應不當行為的連續性策略，和我們已經討論過的其他班級經營策略（例如：教室結構最大化與建立和教導你的期待行為）。你要如何防止違反規範的行為並鼓勵遵守規範的行為？如果沒有一套回應不當行為的系統，可能會發生什麼事？

支持學生的額外層級

●● 第九章 ●●
概述學校和教室的
第二層級支持

本章目標

讀完本章後，你應該能：

1. 確認第二層級介入（即針對特定對象的介入）的定義
   特徵。
2. 描述實證本位的第二層級介入。
3. 將第二層級介入整合到你的 CWPBIS 系統中。

試想⋯⋯

　　蓋恩絲老師一直在讀這本書，並執行了其中描述的所有實務策略。她根據全校的規範設計了一個教室矩陣，教導她的班級規則，並增強遵守規範的行為。然而，在她班上的 25 名學生中，有四名學生仍在為適當的行為而努力。老師一直在和學生們談話，給予口頭訓斥，並以提交處室違規轉介表作為最後手段，但她想為這些學生在教室內提供額外的支持。她讀了一些研究，並發現在這些研究中，教師已經在他們的教室中使用「簽到／簽退」（CICO）模式來實施第二層級的支持。蓋恩絲老師對她所讀到的內容感到興奮，於是她在教室建立了一個 CICO 系統。

　　這四位學生被安排進入 CICO 系統，這個系統包括上午向蓋恩絲老師簽到，學生會拿到一份列有班級期待和個人目標的積分表，下午再向蓋恩絲老師簽退。幾個星期後，蓋恩絲老師注意到這四位中有三位學生的行為有了明顯的改善，她想：「這太棒了！由於其中三位學生的表現進步很多，我可以把注意力集中在第四位學生身上，他可能需要更密集的介入。」

第一節　什麼是第二層級介入？

　　無論我們在全校性正向行為介入與支持（SWPBIS）和全班性正向行為介入與支持（CWPBIS）的努力有多成功，都會有學生對第一層級的介入和支持沒有反應。研究人員估計此比例大約占學校學生的 15%（高中的比例會再略高）（Spaulding et al., 2010）。這些學生中有很多長期表現出輕微的行為問題（例如：隨意發言、拖延、不聽從指示），這些行為干

擾了教師和同學，但並不需要進行更密集的介入（例如：第三層級支持；參見第十章）。這些學生可能受益於特定的第二層級介入，透過行為回饋和更多成人的注意，讓他們得到額外的支持。雖然要完整回顧有實證支持的第二層級介入，會超出本書的範圍，但我們在本章後面討論了一些策略選項，並聚焦在 CICO（它通常很適合搭配 SWPBIS 和 CWPBIS 的行為支持模式）。

與第一層級的 SWPBIS 和 CWPBIS 不同，第二層級介入的重點是在支持高風險的學生。這些學生可能會因為各式各樣的原因被認為「高風險」（at risk），包括有行為問題的歷史紀錄、頻繁的處室違規轉介紀錄、退縮或內化行為，或因學業上的困難而導致行為問題。教師也可能會注意到學生行為的變化；教師可能會覺得這些學生目前處於「高風險」，而可以從額外的支持中受益。在第二層級介入，行為支持團隊或教師可以根據行為歷程的特徵來提供**重點的**支持（例如：對有頻繁的處室違規轉介紀錄的學生，根據其適當行為提供後效增強；為學習有困難的學生提供更多學業上的鷹架輔助）。實施的計畫類型應該依據環境適配性和蒐集到的資料。無論是在全校層級還是全班層級，第二層級介入只在有堅實行為支持基礎的環境下才會成功。有時候，建立一個第二層級計畫就像為個別學生調整他在團體中的行為支持一樣簡單。

第二層級支持應包含以下關鍵要素（Anderson & Borgmeier, 2010; Crone et al., 2010）：

- 接受第二層級介入的學生必須接受**明確的社會技巧教學**（如：輪流、對話、問題解決），這些社會技巧應該像學業一樣被教導（參見第六章關於教導期待行為的完整討論）。
- 參加第二層級介入的學生應該有**機會練習新技能，並獲得相關回饋**，以發展其流暢性。
- 第二層級介入還包括**對遵守規範的行為要有結構化的提示**，可以是

教師公開提示、積分表或自我監控策略。

● 第二層級支持應是**常態性的**，以便學生在（學校層級）轉介後 72 小時內或在班級層級內盡快獲得支持。

● 這些支持僅需教師付出很少的**努力**；教師應該能有效率地執行和使用這些策略，以有效維持其支持。

● 如果可行，第二層級支持應**與全校性規範一致**，盡可能使用相同的語言。

● 第二層級支持包括**持續監控**和對學生行為的額外回饋，以便於決定學生是否仍需留在第二層級介入、介入是否需要調整，或是決定學生是否準備好接受更少（或更多）的行為支持時，提供資料以做決策。

● 第二層級支持應由學校或教室中的**所有教職員工**實施以達其成效；學生的每位教師都需要提供回饋，每個人都應該了解第二層級實施的準則。

● 第二層級支持要有**彈性**，且會以學生需求的評估為基礎。

● 第二層級支持以**功能本位**的方法進行計畫和評估介入，學生的行為功能（還記得第二章嗎？）會被評估並考慮在內。

● 學校和教室應該有**足夠的資源**（例如：人員、時間、後援增強物）來實施第二層級支持。

● 第二層級支持系統應包括與**家長／監護人的溝通**，以增加類化的可能性，並讓家長參與行為改變。

● 最後，所有的第二層級介入都應該包括一個**褪除支持的計畫**。

第二層級支持並非要永久地介入學生。我們的目標是藉由提供學生更高層級的支持與回饋，幫助他們展現遵守規範行為的流暢性；理想情況下，接受第二層級支持的學生，最終應該達到能成功回應第一層級行為支持。然而，對於一些學生來說，第二層級的支持並不足以改善他們的行

為。如同在任何 RTI 或 MTSS 模式一樣，對某個介入層級沒有反應的學生（依據頻繁的資料蒐集和進度監測結果）將進入下一個介入層級；需要更密集行為支持的學生，可能會被轉介到第三層級介入，這將在第十章中詳細討論。

第二節 有實證支持的第二層級介入

正如我們所提到的，具有實證研究支持的第二層級介入有很多。

社會技巧教學（social skills instruction）是第二層級介入中很重要的部分，而且它也被單獨用來作為一種第二層級介入。社會技巧教學在增加適當行為和減少不當行為方面是有效的（Simonsen et al., 2008）。通常，社會技巧訓練小組是由學校諮商師帶領的；主題可以是一般的社會技巧教學，或者針對學生的特定需求（例如：憤怒管理、衝突解決、發起對話）。課程可以每週、每月或根據需要進行；通常有情緒和行為障礙的學生會根據他們的個別化教育計畫（IEPs），要求進行社會技巧訓練。這些課程通常是在課堂外進行的（所以計畫要包含類化是很重要的）；它們可能是由諮商師或教師擬定的，也可能來自套裝課程（packaged curricula）。「下一步」（Second Step）是已出版的套裝課程，成功地運用於學校的社會技巧訓練；該方案已有一些研究支持（如 Frey, Nolen, Van Schoiack-Edstrom, & Hirschstein, 2005; Grossman et al., 1997）。比起構成社會技巧之可觀察、可測量的行為，「下一步」更聚焦於透過談論感覺的課程（例如：同理心）來建立社會和情緒能力，但此課程仍然可以透過明確的教學來促進學生適當的社會行為。

良師指導（mentoring）是另一種得到研究支持的第二層級介入（Grossman & Tierney, 1998）。最知名的學長學姊制（Big Brother/Big Sister），已經有 110 多年的歷史了（www.bbbs.org）。在一般良師指導

178

的方案，高風險的學生會與成人（或是年齡較大且自願擔任指導者的學生）配對並與其建立正向關係。介入時通常沒有針對行為的具體規範進行教學；此方案的目的是為學生提供一個建設性的角色楷模，並促進其社會成長。在被轉介後，學生可能需要一段時間等待合適的指導者。一個系統的、研究支持的指導介入是「檢核與連結」（Check & Connect）（Anderson, Christenson, Sinclair, & Lehr, 2004）。在「檢核與連結」模式中，一位受過訓練的指導者會服務轉介的學生及其家庭至少兩年。

有一些學校和教師選擇已出版的套裝課程來實施第二層級介入。「成功的第一步方案」（First Step to Success）（Walker, Severson, Feil, Stiller, & Golly, 1998）課程針對年紀較小、高風險的學生，使用了一個三方面計畫（即普篩、學校介入和親職訓練），來增加適當的行為，並預防行為問題的發展。學校購買教材後，由諮商員、學校心理師或行為專家在學校執行課程，為期三個月，共 50 至 60 小時。「檢核與連結」和「成功的第一步」都被美國教育部 What Works Clearinghouse（WWC; www.ies.gov/ncee/wwc）認定為是獲得嚴謹且有效性研究支持的方案。

「檢核—連結—期許」（Check, Connect, and Expect; CCE）（Cheney et al., 2010）是結合了「檢核與連結」和「行為教育方案」（BEP）的第二層級介入。在 CCE 中，學生與一位關心他們的成人建立關係（如同「檢核與連結」一樣），並透過每日進度報告（如同「行為教育方案」）持續對學生行為提供回饋。CCE 還包括針對「方案結案者」（graduates）的自我監控階段，以及針對一開始沒有反應之學生的計畫。

「行為教育方案」（Behavior Education Program, BEP）也稱為「簽到／簽退」（CICO）（Crone et al., 2010），是在 SWPBIS 模式中被成功實施的第二層級介入（如 Simonsen et al., 2011）。在實施 SWPBIS 的學校，BEP 的基本施行方式如下：

● 學校組成團隊負責實施 BEP。所有教職員都接受訓練，了解該方

案如何運作，如何轉介學生，以及如何評量學生的行為。

● 被認定為要實施 BEP 的學生，可能是符合一些高風險的標準（例如：犯罪史或行為問題）、透過教師的轉介，或他們有一定數量的處室違規轉介紀錄。

● 執行簡短的功能評量，來確定學生行為的功能。由於 BEP 通常會增加成人對學生的關注，所以要確認學生的行為問題功能是否是想逃離成人的關注，如果是的話，方案可調整為讓學生透過適當行為獲得逃離的機會。

● 一旦確定學生適合該方案，就會由團隊成員給予指導訓練，並給學生一個每天要達成的目標和總分，目標可以根據學生的個人需求進行調整。

● 每天早上，學生固定去找指定的大人（也就是 CICO 執行者）簽到，學生會收到一張積分表或其他回饋形式（例如：笑臉圖），讓課堂教師為學生遵守規範的行為評分，CICO 執行者要確保學生已經準備好今日課堂用具、提示學生遵守規範，和祝他有美好的一天。

● 每節課結束後，學生將自己的積分表交給任課教師評分。小學生在不換教室的情況下，教師會在指定的時段或課堂對學生的行為進行評分。教師根據量表內容對學生的行為進行評分；例如，0 分表示沒有遵守規範，1 分表示間歇地遵守規範，2 分表示持續地遵守規範。此外，教師可以對學生的行為做出正向的評論（負向的評論不要寫在積分表上）。

● 在一天課程結束後，學生再去找 CICO 執行者進行簽退。雙方一起回顧積分表，如果學生達到預定的目標，就會得到一個增強物。學生把積分表帶回家，由父母或監護人簽名，隔天帶回學校，再次開始整個程序。

● BEP 團隊每週開會回顧資料，確定學生的目標、審查新轉介的學

179

生，並為現有的 BEP 學生做出決定（例如：繼續、褪除或強化支持）。

BEP 非常適合 SWPBIS 模式，積分表的內容可根據全校性規範擬定，增強物可以與全校增強系統一致。實施全校性層級的 BEP 可以參見 Crone 等人（2010）所提供的完整指南。然而，在沒有實施 SWPBIS 的學校裡，教師仍然可以在自己的教室裡實施 CICO 方案（參見 Fairbanks et al., 2007 的範例），接下來我們將描述 CICO 過程。

第三節 教室裡的簽到／簽退

如果你喜歡行為教育計畫或其他第二層級介入的方法，但是你的學校不是 SWPBIS 學校，該怎麼辦呢？我們有好消息要告訴你！如果你已經建立了你的期待行為、設計了你的期待行為矩陣、教導了你的期待行為、提示並強化了遵守規範的行為，且對違反規範的行為做出了一致且適當的回應（亦即你已在教室中建置並執行了第一層級預防），那麼你可以在你的教室裡設置第二層級介入，來支持高風險的學生。以有系統、分層的方式提供額外的支持，可以幫助教室裡的所有學生（如 Fairbanks et al., 2007）。「簽到／簽退」（CICO）是一種有效的全班性第二層級介入；在下面的章節中，我們將描述實施的步驟，並根據成果、資料、系統和實務來討論。

壹 教室 CICO 的成果

180

正如我們所說的，無論你在課堂上設計得多好、實施得多仔細，總有一些學生對你的第一層級行為支持沒有反應。還有些學生可能會表現出「令人擔憂的」行為（例如：攻擊、威脅或自我傷害），而需要迅速和密

集的行為支持；這些學生可能會成為第三層級支持的對象，見第十章。但在具有最嚴重挑戰行為的學生和一般能遵守規範的學生之間，可能有一群學生有輕微但長期的不當行為。他們可能會在課堂上說話、對教師的指示反應遲鈍、上課或參加活動遲到、偶爾拒絕工作，或是對同學和教師說話不尊重。他們的行為並不一定會有處室違規轉介處理，但已經影響課堂氛圍的品質。這類行為可能會讓教師感到沮喪，尤其是新教師，他們可能只有少數的策略來應對行為問題（正如我們已經提到的，說「停止」不被認為是一種有研究支持的有效因應挑戰行為的策略）。

這些學生可能受益於結構化的第二層級支持，例如教室的 CICO。在設計 CICO 系統之前，請考慮你希望透過此系統達成的成果。你想減少高風險學生的行為問題嗎？你想為高風險學生增加適當行為嗎？如果有，是哪些行為呢？你也會希望實施介入是具備精準度的（亦即確保按照設計的步驟執行，並保持一致地實行）。此外，你的成果可能根據接受 CICO 的學生人數、從該方案「結案」的人數、高風險學生處室違規轉介的次數、轉介到第三層級支持的人數，或負責評估有行為問題學生的學校團隊來設定。全班性第二層級介入的具體成果將取決於幾個因素，包括學生的年齡、高風險學生行為的本質、資源的可及性，以及你能夠蒐集的資料類型。在你開始之前就要對成果有清楚的定義，正如我們之前提到的，領導者需知道他們努力的方向！

貳 資料：支持決策

一旦你確定了你想達到的具體成果，接著要確定你將使用哪些資料來衡量成果的進展，以及你將如何蒐集這些資料。資料來源包括：

- 處室違規轉介的紀錄（ODR）。
- 缺席和遲到的訊息。
- 聯絡簿上／親師溝通時的正向評語。

- 獲得的增強物。
- 成績。
- 積分表上每日得分和其他評量（如下所述）。
- 行為問題的頻率／持續時間／延宕時間等資料。
- 適當行為的頻率／持續時間／延宕時間等資料。

　　　這些資料來源中有些是原本就存在的（例如：缺席、遲到的訊息和成績），亦即這些資料不在你的 CICO 方案中，但已經蒐集了。如果你選擇更多觀察本位的資料來源（例如：適當行為的頻率），你可能需要助理員的協助或設計高效率的資料蒐集系統（參見本章最後的個案討論：「米希的教室」所描述之教師友善資料蒐集系統的例子）。此外，平板電腦、電腦和智慧型手機上的應用程式也可以幫助你追蹤行為資料，可以在iTunes 商店裡快速搜索「行為資料」（behavioral data），看看有哪些應用程式。我們在第四章詳細討論了資料蒐集的選項，所以如果你需要其他訊息，請參考那一章。

　　　在確定了要蒐集的資料以及如何蒐集資料之後，請確定如何管理資料。你會使用 Microsoft Excel 之類的程式來輸入資料並繪製圖表嗎？你會把你的資料登記在筆記本裡或是作為成績簿的一部分嗎？你會與學生或其父母分享這些資料嗎？（我們建議你與所有相關者分享資料，包括其他教師、學生和學生的家庭。）你多久檢視一次資料呢？此外，你亦需確定**做決定的規則**（decision rules）以決定如何調整 CICO 系統。例如，學生在接受 CICO 支持後，每日積分表的得分應該要多高才符合「結案」或轉到自我管理的標準？要持續多久的時間？學生要多少天沒有達成目標，才會被轉到更密集的第三層級支持？你想要看到學生的行為穩定多少天，才會決定改變學生的目標？有關 CICO 做決定的規則之範例，請參見圖 9-1。再次強調，你做決定的規則將取決於你的學生和教室的特性。

行為資料的狀態	做決定的規則
學生連續八天達到預定目標。	將學生的目標提高 10%。
學生已連續八天達到最高目標。	讓學生開始自我管理。
學生已連續八天達到自我管理的目標。	學生返回到第一層級的支持。

學生連續三天未達到預定的目標。	• 回顧學生的目標。
	• 如果目標訂太高，請降低。
	• 如果目標合適，請確認：
	  ◦ 此方案是否精準地執行。
	  ◦ 行為的功能是否與所評估的不同。
	  ◦ 方案是否應該調整成包括學業支持或其他個人化支持。

學生曾經達到目標，但停止達到目標。	• 確認學生的某些事物是否發生了變化（例如：背景事件）。 • 確認目標是否提升得太快。如果是這樣，請降低目標。 • 確認獎勵是否仍有增強的作用。
學生無法持續地達到目標。	回顧方案，確認是否有精準地實施。在學生達到目標的日子和未達到目標的日子尋找共同變數。考慮依據蒐集到的訊息來調整方案（例如：增加增強程序）。

圖 9-1 ▪ CICO 做決定的規則範例

參 系統：支持教職員的行為

182

在全班性的 CICO 模式中，你應該設計多個系統。因為這些系統主要支持的「教職員」就是你自己，因此你應該好好地思考如何設置各個系統。

首先，建立你的**資料蒐集系統**（data collection system）。一旦確定了你的成果、資料來源和做決定的規則後，你要確認有一個有效的資料蒐集

系統。如前所述，你可以將資料保存在 Excel 檔，或保存在成績簿的某個地方。你的資料也可以儲存在智慧手機上的應用程式中。無論你的資料保存在哪裡，請確定有一個系統來檢閱它們，讓你能夠依據資料做出是否調整 CICO 介入的決定。

接下來，聚焦在你的**轉介系統**（referral system）。你如何確定學生是否為適合 CICO 介入的人選？你可能會想問以下的問題：

● 學生是否對我的第一層級支持沒有反應？（當然，你需要有一個「沒有反應」的操作性定義。例如：「這個學生已經超過兩週沒有因為其適當行為得到代幣了」或者「我每天都要口頭訓斥這個學生好幾次」。）

● 該學生的行為對 CICO 來說是否過於嚴重？有些行為需要更密集的介入；這些可能包括頻繁的攻擊行為、威脅他人或自己，或造成財產損害。第十章涵蓋了為有需要的學生所提供之個別化、密集介入的第三層級支持。

● 學生是否可透過參加 CICO 而減輕已有的風險因素？例如，有行為問題史的學生、最近有一些家庭或社區議題的學生，或傾向於與他人發生衝突的學生，可能會從 CICO 方案中受益。

● 學生最近的行為有什麼變化嗎？例如，如果一個學生突然變得沉默寡言，CICO 方案內的額外關注可能會有助益。（當然，如果情緒變化很嚴重，或者對學生或其他人來說似乎很危險，那就尋求學校適當的服務和轉介系統。）

● 學生是否有輕微、長期違反課堂規範的行為？如果有學生對你已經執行的行為支持沒有反應（他們的行為不夠嚴重，不需要更密集的介入），這些學生可能是你 CICO 介入的好人選。

● 學生行為問題的**功能**是什麼？你或許可以藉由完成功能評量檢核表（教師版）（Functional Assessment Checklist for Teachers and Staff,

FACTS）（March et al., 2000），來確定學生試圖透過行為問題來獲得或避免什麼。如果學生行為問題的功能似乎是為了避免成人的注意，那麼在典型的 CICO 模式中增加的注意可能會讓該學生感到厭惡，你可能需要相應地調整方案，或選擇不同的介入策略。

這些問題的答案可以幫助你確定轉介的標準。一旦你熟悉了 CICO 並持續執行，你會更能夠知道哪些學生將從介入中受益，且能夠快速地發現他們。

建立了你的轉介系統之後，接著應該確認你的**訓練系統**（training systems）。建議你最好準備一本簡單的手冊，概述全班性 CICO 的步驟；如此一來，任何教師助理員或代課教師對介入有相關問題時，都可以參考手冊。如果你打算請助理員協助蒐集資料，你就需要詳細描述訓練他們的系統：訓練的內容和形式？何時進行？由誰來進行？

除了確保所有教職員都接受訓練，你還需要建立一個訓練學生的系統。你是自己進行訓練，還是依賴已在進行 CICO 的學生？如果你有一名助理員，他能進行訓練嗎？為了幫助學生熟悉 CICO，你可以為學生建立一本 CICO 介入手冊、快速參考指南或視覺化圖示（參見圖 9-2 的範例）。至少，對學生的訓練應該包括簽到／簽退方面的資訊（例如：在何時於何地簽到和簽退），以及積分表如何運作。教職員和學生都應該接受訓練，了解如果教師對學生的評分和學生認為的不一致時該怎麼做（例如：學生的訓練應包括，在時間允許的情況下適當地表達自己的意見，或者帶著積分表離開，等待簽退時討論評分）。

除了資料蒐集、轉介和訓練的系統之外，你還應該建立一個用以**褪除支持的系統**（system for fading supports）。如果學生達到了他的目標，你不會想突然取消對學生的支持；支持應該慢慢褪除，以避免消弱新習得的適當行為。任何支持的減少或增加都應依據所蒐集的資料，遵循你已經建立的做決定的規則。在 CICO 中，一種褪除支持的方法是從教師監控行為

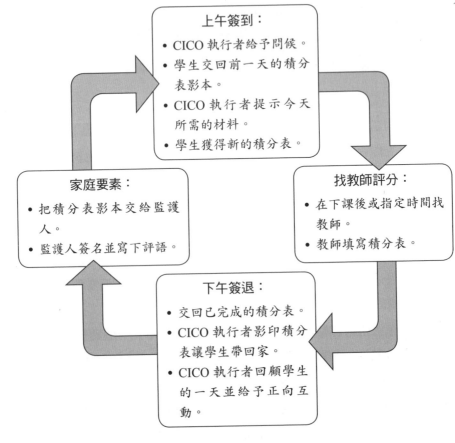

圖 9-2 ▪ 學生每日 CICO 之視覺化圖示

轉換到學生自我監控行為，這將在稍後關於積分表的章節中描述。一旦學生表現出自我監控的能力，並可靠地表現出適當的行為時，他們就可以回歸到你原本在課堂的第一層級支持。你褪除支持的系統還可以包括一個計畫（例如：每週或每月的會議）以檢視你 CICO 介入的「結案者」，確定他們是否維持且類化適當的行為。

　　設定了成果，並確定資料和系統後，你就可以聚焦於執行 CICO 的實務策略。下面我們描述的是一個全班性 CICO 系統的構成要素，這些實務策略得到了研究的支持（如 Fairbanks et al., 2007; Hawken, Adolphson,

MacLeod, & Schumann, 2008）並有足夠彈性以適應你獨特的教室環境。

肆 實務策略：支持學生行為

　　CICO 包括以下的實務策略：每日簽到、一個積分表或其他蒐集成人給予學生行為回饋的工具、每日簽退，和一個家庭要素（home component）。我們將詳細探討每種實務策略，並提供實際運用的範例。此外，本章將以一個教師如何在自己的教室中使用 CICO 的真實個案討論作結。

　　每位參與 CICO 的學生是以**每日簽到**（daily check-in）開始他的一天，學生到校時會先到一個指定的地方找 CICO 執行者簽到（在全班性 CICO 模式中，CICO 執行者可能就是你，也就是導師）。在早上簽到時，執行者會說出學生名字並親切地問候他（例如：「早，安德魯，坐公車來學校的路上還好嗎？」）。學生交回前一天的積分表（由其父母或監護人簽名，關於這個程序的更多資訊，請參閱稍後會提到的「家庭要素」），並得到一張新的積分表，上面寫著他的今日目標。執行者會詢問學生是否準備好當天上課所需的材料（例如：原子筆或鉛筆、筆記本、必備的課本、回家作業等），來提示學生做好準備。如果學生沒有材料，執行者可以協助提供。如果學生沒有完成回家作業，教師可以建議完成作業的時間（例如：導師時間、午餐）或討論處理遺漏作業的選項（例如：放學後完成，如果作業太難可給予一對一協助）。最後，學生會收到一個祝你今天過得愉快的提示，或是如何遵守規範的具體建議（例如：「艾倫，我們今天中午有個集會，記住在集會中『尊重』是什麼樣子，而且眼睛要注視說話的人」）。

　　積分表（point sheet）是每日 CICO 流程的關鍵要素（見圖 9-3 和圖 9-4 的積分表範例）。積分表的內容應依據全校性或全班性的規範，並應包括至少三個選項來評量學生的期待行為表現（例如：0、1 或 2；沒有笑臉、一個笑臉，或兩個笑臉）。最低的評分表示該學生沒有達到期待行

185

學生姓名：_____　　日期：_____

活動	需要做得更好	可以	好	很棒！	評語
閱讀		☺	☺☺	☺☺☺	
數學		☺	☺☺	☺☺☺	
中心時間		☺	☺☺	☺☺☺	
午餐和休息		☺	☺☺	☺☺☺	
社會		☺	☺☺	☺☺☺	

學生簽名：_____

教師簽名：_____

家長簽名：_____

家長評語：_____

_____

_____

_____

_____

_____

圖 9-3 ▪ CICO 積分表（小學版）

資料來源：Brandi Simonsen 和 Diane Myers（2015）。Copyright by The Guilford Press.
購買本書的讀者可自行影印，唯僅供個人使用。

期間	尊重	負責	做好準備	正向評語	教師簽章
1	0　1　2	0　1　2	0　1　2		
2	0　1　2	0　1　2	0　1　2		
3	0　1　2	0　1　2	0　1　2		
4	0　1　2	0　1　2	0　1　2		
5	0　1　2	0　1　2	0　1　2		
6	0　1　2	0　1　2	0　1　2		
7	0　1　2	0　1　2	0　1　2		
8	0　1　2	0　1　2	0　1　2		
加總				＿＿＿ 今日總分	

前一天的積分表有交回來嗎？有的話，總分加兩分。

今日行為總分：_____（滿分 50）　　有達到目標嗎？_____

學生簽名：_____

CICO 執行者簽名：_____

家長簽名：_____

家長評語：_____

_____

_____

_____

_____

圖 9-4 ▪ CICO 積分表（較年長的學生）

為，中間的評分表示該學生的期待行為表現不一致或間歇地達成，最高的評分表示該學生大部分時間都達成了期待行為。如果學生會到不同科目的教室上課，積分表上的時間可以按科目的時間劃分（如果是這種情況，其他教師需要在 CICO 過程中接受訓練。他們可以參考你在系統中建立的訓練手冊，如前所述）。如果學生不用換教室（像是低年級的學生），教師可以在上課後或適當的時間對學生的行為進行評分（參見本章最後的個案討論以了解這種方法的案例）。

積分表上應該要有個地方記錄學生的每日目標，在簽到時寫在積分表上。通常，對於開始參與 CICO 的學生來說，都有一個預先確定的目標，我們建議從每天的 50%（或一半）的得分開始。例如，如果有三個行為規範（例如：「安全」、「做好準備」和「尊重」），一天有七個評分欄位，一位學生每個欄位最多可得 2 分，那麼一天的滿分為 42 分（即 3×7×2）。學生可以從每天 21 分的目標開始，並根據教師決定的規則來增加目標，目標可以轉換為得分百分比（當日得分除以每日滿分），這樣就會有一個共同的、容易理解的方式來比較或討論不同學生（例如：傑羅姆有達到當天得分要達 60% 的目標，伊莉莎沒有達到當天得分要達 75% 的目標）。通常，會依據前五天的平均得分來增加目標（例如：如果一個學生在週一獲得 24 分，週二 30 分，週三 18 分，週四 22 分，週五 27 分，平均為 24.4 分；24 分或 25 分可能是下一週的理想目標）。

積分表應該要有讓教師寫評語的區域，且僅寫**正向**的評語；低的評分表示學生沒有達到期待行為，沒有必要進一步說明。CICO 旨在增加成人對學生的正向關注，並對學生的行為給予回饋，不採取任何有懲罰性或令人厭惡的做法，所以，關於行為的負面評語不應該出現在積分表上。如果行為問題會導致後果，後果應獨立地給予，與 CICO 無關。再一次強調，CICO 在於增強適當行為，這就是它的目的。（你能看出我們強烈地強調這一點嗎？當我們與學校和教師合作設計積分表時，我們經常建議在教師評語這部分加入**正向**這個詞，作為額外的視覺提示。）正如我們前面提到

的，教職員和學生都應該有機會練習在評分出現不一致時該怎麼做。

在一天結束時，學生將進行**每日簽退**（daily check-out）流程。學生
帶著完成的積分表來簽退，並與執行者核對和回顧他的一天。如果學生的
表現獲得低評分，執行者和學生可以思考問題解決以避免第二天再被評為
低分。如果學生達到了目標，就可得到一個增強物，這可與教室增強系統
相結合（例如：學生獲得一個「擊掌」──教室代幣系統中使用的班級貨
幣），也可以是 CICO 介入所特有的增強物。參與 CICO 的學生，每週至
少有一次使用代幣換取後援增強物的機會；再次強調，這些獎勵可以是班
級增強系統提供的獎勵，也可以是 CICO 獨有的獎勵。簽退期間，學生會
收到一份他的積分表影本帶回家給家長簽名，執行者會祝他有一個愉快的
下午和晚上。CICO 方案的執行者需確保學生每天來學校的第一次和最後
一次接觸都是正向的。

CICO 的**家庭要素**讓父母或監護人透過提供回饋的機會來參與這個過
程。當教師確定某位學生是適合 CICO 的人選時，他應該打電話給家長或
監護人，並提供有關此介入的資訊。教師應該強調，學生參與 CICO 不是
懲罰；相反地，CICO 是一種為學生提供支持和正向成人關注的方式（如
果教師設計了一份資訊表作為訓練系統的一部分，可以將該表傳給學生的
家長或監護人）。家長或監護人需要在每日積分表上簽名（確保學生有拿
回家給家長看），並寫下他們的正向評論。家長或監護人的參與程度會有
差異，所以如果在表格上的簽名有不一致的地方，學生不應該受到懲罰
（例如：被扣分）。雖然家長或監護人的參與可以提高 CICO 的成果，並
促進適當行為的類化，但有時可能會讓學生的家長或監護人有限制地參與
方案。如果家長或監護人無法積極參與學生的 CICO 方案，你可以考慮在
學校內尋找一位優先和有意願的成人為該學生提供額外的支持；這個人可
以是能為學生提供額外支持的秘書、特教老師或者是另一位學校教職員，
且能每天在積分表上簽名（並與學生一起慶祝成功）。

一旦學生持續達到 CICO 的最高可能目標時，你可能想讓學生接著進行自我監控（如前所述，你將為學生何時轉換到自我監控，和完全褪除CICO 建立做決定的規則）。使用自我管理的決定取決於學生的年齡、你對自我管理程序的熟悉度，以及學生監控自己行為的能力。從教師監控轉換到自我監控的一種有效方式，是使用專門設計的積分表（參見圖 9-5 的範例）。這個積分表針對每個欄位有兩項評分，學生根據自己的行為完成一項評分，教師完成另一項評分。然後，學生得到增強的條件是**和教師評分的一致性**，而不是達到期待行為；這種方法鼓勵誠實和準確地自我評估。學生仍然參與每日簽到和簽退以及增強物交換系統。學生在自我監控時，能在預定期間內都持續達到目標，就可以回到第一層級的支持。褪除支持應該緩慢且系統化地進行：考慮降低對行為評分的頻率、減少每週的簽到和簽退次數，以及使用自然增強物（如讚美表揚）而不是代幣。有時，從 CICO 結案的學生可以成為剛開始介入學生的優秀指導者，他們可能有助於引導和訓練（對某些學生來說，此做法具有高度增強的效果，也是提高社會技巧的好方法）。

第四節 實施第二層級介入的考量

在本章的前面有提到，當決定一位學生是否為第二層級介入（如CICO）的合適人選時，評量學生行為的**功能**是很重要的。如果一位學生的不當行為之功能是為了逃避工作或逃避成人的注意，那麼傳統的 CICO模式就不太可能有效，因為在此方案中：(1) 成人的注意力增加了；(2) 關注的是社會行為而不是學業行為。以下使用幾個情境和建議，說明如何執行「個別化」CICO 的調整方法。

學生姓名：_____　　　日期：_____

期間	尊重		負責		做好準備		正向評語	教師簽章
	教師	學生	教師	學生	教師	學生		
1	0 1 2	0 1 2	0 1 2	0 1 2	0 1 2	0 1 2		
2	0 1 2	0 1 2	0 1 2	0 1 2	0 1 2	0 1 2		
3	0 1 2	0 1 2	0 1 2	0 1 2	0 1 2	0 1 2		
4	0 1 2	0 1 2	0 1 2	0 1 2	0 1 2	0 1 2		
5	0 1 2	0 1 2	0 1 2	0 1 2	0 1 2	0 1 2		
6	0 1 2	0 1 2	0 1 2	0 1 2	0 1 2	0 1 2		
7	0 1 2	0 1 2	0 1 2	0 1 2	0 1 2	0 1 2		
8	0 1 2	0 1 2	0 1 2	0 1 2	0 1 2	0 1 2		
一致性數量							☐ 今日總分（滿分 24）	

前一天的積分表有交回來嗎？有的話，總分加兩分。

今日行為總分：_____（最高 26）　　　有達到目標嗎？_____

學生簽名：_____

CICO 執行者簽名：_____

家長簽名：_____

家長評語：_____

_____

_____

_____

圖 9-5 ▪ CICO 自我監控積分表

資料來源：Brandi Simonsen 和 Diane Myers（2015）。Copyright by The Guilford Press. 購買本書的讀者可自行影印，唯僅供個人使用。

- 每當你的教師助理員試圖和亞當說話時，他都會低下頭，要求要上廁所或是走開。這些行為干擾了他的課業，也分散了同儕的注意力。亞當在同儕關係和課業上都沒問題。你決定讓亞當參加班級的 CICO，但你為他做了調整——由一位已經參加過班級 CICO 方案的同學向亞當解釋。你讓亞當早上不用來簽到，而是把積分表放在他的桌子上。每天早上，他都會快速填一份問卷，然後交給你並說「早安」。一整天，他都把積分表放在桌子上，每節課結束時，你會走過來給他評分（而不是在教師的桌子前進行簡短互動）。在一天結束時，亞當加總他的得分，記錄在積分表上，並填寫另一份關於他一天的快速問卷。他把積分表放在桌子上，每週你會和亞當進行一次五分鐘的私下談話，討論他的進步（他因此可獲得 5 分獎勵）。

- 茉莉的學習有困難，她的學業問題影響了她的行為。當作業太難時，她會罵人，有時會走出教室，試圖要離開課堂。她已經受到了很多成人的關注，你和教師助理員也經常個別指導茉莉，因此 CICO 的成人關注不太可能對她有增強作用。你為她調整了 CICO 方案，她在每節課時只有一個目標：負責（定義為嘗試寫所有課堂作業、適當地尋求幫助和交作業）。在可能的情況下，你允許茉莉與同儕（已接受同儕指導的訓練）一起工作，並在課堂上提供頻繁的簽到（並對任何符合「負責」定義的行為給予正向讚美）。

　　考慮學生行為的功能，將有助於確保介入成效。只要學生的不當行為還不至於嚴重到需要更密集的個別化介入，修改特定的介入層級的策略（如 CICO），是可以預防學生轉介到第三層級支持而且值得一試。

摘要

　　像 CICO 這樣的第二層級介入可以有效地為那些「高風險」的學生提供額外的行為支持,這些學生可能是正在努力且對你的第一層級介入沒有反應。我們有豐富的研究支持第一層級和第三層級的介入成果,但第二層級支持常未得到應有的關注(就像很多排行老二的孩子長期抱怨的)。成功實施第二層級支持可以減少第三層級支持的學生轉介數量,成功的第二層級介入也可以為需求最高的學生提供更多資源(例如:臨床人員、擬定行為支持計畫的時間)。此外,像 CICO 這樣的全班性第二層級支持,可以增強教師的能力並提供額外的策略,來處理輕微但長期對教室氣氛產生負面影響的學生行為。分層級的行為支持系統可滿足教室中所有學生的需求,此系統將介入反應模式(RTI)邏輯應用於學生行為,亦可與學業的RTI 模式搭配使用。

個案討論　米希的教室(真實故事!)[1]

　　米希是一年級導師,修習了正向行為介入與支持的研究所課程(由黛安教授指導),她熱切地將她在課程中學到的知識應用到郊區公立學校的教室裡。米希設計了一個全班性 PBIS 系統,訂定了「安全」、「負責」和「尊重」等規範;教室周圍的海報是遵守規範的視覺提示,包括提醒「使用良好行為換狗狗點數」(米希喜歡狗,在她的教室裡使用以狗為主題的裝飾品)。米希在她的教室設計了一個行為規範矩陣,明確地教導學生教室中期待的行為。班上的每個學生都根據遵守規範的行為獲得了貼

---

[1]　經 Melissa Duquette 同意使用。謝謝 Missy!

紙；當學生累積到 10 張貼紙時，可以獲得「寶箱」尋寶的機會。這個系統運作良好，而且米希注意到實施後，課堂氣氛和整體學生行為立即獲得改善。

　　然而，有三位學生似乎沒有「參與」這個班級的系統，這三位學生（兩男一女）常離開座位，經常沒有完成作業。在上了有關第二層級介入的課程之後，米希請黛安教授給予有關在班上實施 CICO 系統的一些建議。她們討論了實施的基礎知識後，米希便開始發展她的系統。她設計了適合一年級的積分表；她沒有選擇使用數字評分，而是使用笑臉（圖 9-3 就是米希所設計的範例）。沒有笑臉表示沒有達到期待的行為，一個笑臉表示有點達到期待的行為，兩個笑臉表示幾乎達到期待的行為，三個笑臉表示總是達到期待的行為。她根據自己一天的課表將積分表分成多個欄位（例如：閱讀、特別活動），並決定專注於「安全」和「尊重」這兩個期待行為。米希之所以選擇這兩個期待行為，是因為她最常看到這些行為問題（離開座位和不聽從指示），且這兩個期待行為對於六歲和七歲的孩子來說似乎是他們可以控制的。她打電話給目標學生的家長們告知這套系統（家長都非常支持），並準備向她的三位學生介紹「笑臉圖」（Smiley Face Chart, SFC）。

　　黛安教授永遠不會錯過潛在個案討論的機會，她建議米希蒐集米希感興趣的依變項（即目標行為）數據，並交錯介入來創建多基線設計，以檢視 CICO 介入的有效性。米希完全贊成這個想法，並選擇了一個她可以輕鬆蒐集資料的變項：「離座行為」。為了計算離座行為，每次目標學生離開座位時，米希都會將一個迴紋針從她的口袋裡放到桌上的一個容器中（她為三位學生個別準備了一個單獨的容器）。她將離座行為定義為：「未經教師許可離開座位、在教室裡走動、在教室裡晃來晃去，或需要坐在座位上執行特定任務時卻待在教室另一個區域（例如：圖書角）。」她一天蒐集一位學生三小時的離座資料，每天輪換一位學生，米希錯開三人 CICO 介入的實施：她蒐集了三位學生所有的基線資料後，將 CICO 介紹

給第一位學生，當資料顯示此生的行為展現穩定的趨勢時，米希開始為第二位學生進行 CICO；當第二個學生的資料顯示出穩定的趨勢時，她再開始為第三位學生執行 CICO。學生的資料如圖 9-6 所示。

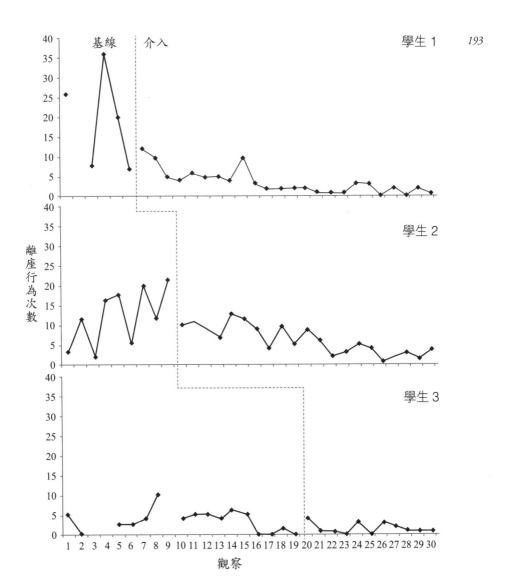

圖 **9-6** ▪ 米希在一年級教室實施 CICO 介入後的離座資料

以下是米希的 CICO 實施步驟。三位學生都會在到達學校後與米希見面，交出前一天的笑臉圖（SFC），並收到一張新的 SFC。米希會提醒學生如何獲得笑臉並達成每日目標。在每節課結束時，學生都會來找米希並討論他獲得多少笑臉。在一天結束前，學生會與米希見面幾分鐘，並計算笑臉的總數。在此時間，如果學生有達到目標，米希就會根據教室增強系統給予讚美和貼紙；如果學生沒有達到目標，米希和學生會進行問題解決並討論明天如何做得更好。接著米希和學生都會在 SFC 上簽名，然後步行到辦公室影印此積分表（如果可行也可委託教師助理員帶學生去影印），學生將 SFC 影本放入作業文件夾裡，然後直接放入學生的書包中。米希保留了 SFC 正本作為她的記錄。基本上米希每個禮拜會透過電子郵件與學生家長保持聯繫（盡可能提供至少三個正向的新訊息），並在每週最後一天與每位學生「簽退」時，指出當週進展及列舉任何進步，以便學生在週末回家前聽到正向的回饋。

CICO 介入是成功的（米希將成功定義為三位學生行為問題減少，和作業完成率提高）。事實上，米希對介入成果感到非常興奮，並與校長分享了結果。校長想使用米希的 CICO 作為在學校其他教室實施的範例。最吸引米希（以及與作者一起實施第二層級教室支持的大多數教師）的是該系統的效率。當然，在最初的設計和實施上要做一些努力，但你只需要發展一次 CICO 介入後，往後任何需要額外支持的學生都可以持續使用CICO。

各學習階段之活動

一、習得

1. 你的教室裡有幾位學生對第一層級行為支持沒有反應？具體描述你將如何選擇和實施第二層級介入。

2. 確認第二層級介入的關鍵特徵（至少四個），以及每個特徵如何有效促進第二層級介入。

二、流暢

1. 另一位教師想在他的教室裡執行第二層級介入，並請你幫忙。你會告訴他什麼？請具體說明。

2. 你班上有五位學生即將開始 CICO 方案。描述你將採取哪些步驟使他們了解 CICO。

三、維持

1. 你在第二章學到的行為原則如何應用於第二層級介入？

2. 你如何使用資料來做出有關第二層級介入的決定？至少給出三個具體的例子。

四、類化

1. 在小學、國中和高中階段設計教室第二層級介入有何不同？在第二層級介入中，你將如何為有特殊需求的學生制定計畫？

2. 如果第二層級介入對某位學生沒有起作用，你能做什麼？至少給出三個選項（並確保在你的答案中包括對功能的討論）。

3. 為什麼 CICO 非常適合 SWPBIS 或 CWPBIS 模式？

4. 第二層級介入和介入反應模式（RTI）之間有什麼關係？

●● 第十章 ●●

概述學校和教室的
第三層級支持

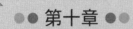本章目標

讀完本章後，你應該能：

1. 確認第三層級介入（即個別化的介入）的定義和特
   徵。

2. 描述發展及執行第三層級介入的歷程。

3. 將個別化行為支持以及執行行為計畫整合在教室中。

試 想 ‧‧‧‧‧‧

　　歐茲是巴爾特老師八年級語文課的學生，歐茲每天上巴爾特老師兩節課。在新學年剛開始時，特教教師與巴爾特老師一起討論歐茲的個別化教育計畫（IEP），並討論歐茲在教室中需要的支持（例如：座位調整、每日積分表）。歐茲在上一個學年有一些行為問題，他經常挑釁同學、衛生習慣不佳，而且沒有朋友。歐茲不喜歡寫字，巴爾特老師努力在寫字作業上給予歐茲很多的鼓勵與回饋。

　　特教教師邀請巴爾特老師參與 IEP 會議。在會議中，巴爾特老師說明歐茲在語文課的表現，討論歐茲的優弱勢，同時聆聽團隊的想法與意見，巴爾特老師也給歐茲的父親看了一些歐茲寫字的作業資料。討論完後，IEP 會議的成員將對歐茲的目標寫下來，並根據最近已經完成的行為功能評量（FBA）發展行為計畫。資料顯示歐茲的行為功能是為了逃避同儕。為此，巴爾特老師提出一個想法：歐茲每週可與一位選定的同儕（即歐茲自己選的同學）一起學習數次，如果歐茲做到了這件事，就可以得到獎勵，像是跟巴爾特老師一起共進午餐，或特別容易的寫作作業。IEP 團隊覺得這個想法很不錯，因此把它整合

進計畫中。在會議中，團隊也決定讓歐茲每週接受一次輔導老師的個別或小團體的社會技巧訓練，以及請巴爾特老師持續記錄歐茲與同儕互動的情形（即使是看起來不重要的軼事），並且在歐茲完成與同儕一起合作的任務時，給予稱讚或讓歐茲可以享有休息一下的福利。

　　幾週後，團隊再一次共同討論歐茲的行為資料。資料顯示，歐茲與同儕互動的頻率明顯增加（根據巴爾特老師的紀錄，以及學校心理師的正式觀察）。歐茲這幾週除了仍不去上體育課外，其餘課程活動均有參與，也與巴爾特老師共進午餐三次。團隊持續討論鼓勵歐茲去上體育課的方法，同時決定保留目前的介入計畫。

第一節　什麼是第三層級介入？

　　第三層級介入是個別化的、密集的行為支持。需要第三層級介入的學生，其行為可能為：(1) 經第一層級及第二層級支持之後，改善效果仍不佳；(2) 行為太嚴重，以至於第一層級及第二層級較不密集的介入難以給予合適的支持。思考以下兩種情況：

- 傑斯丹在一個執行 SWPBIS 的學校就讀三年級，學校已經在全校進行期待行為的明確教導，並且給予提示，也建立增強系統。傑斯丹屢屢因為拒絕參與活動，以及對師長出言不遜（例如：「我沒有要做這個，而且你沒有權利勉強我！」「你出的作業太白癡了！」「這真是個爛課！」）而被送到學務處。傑斯丹對於得到全校性的「High Five」票券沒有興趣，極少數他可以達到標準時，他總是在拿到票券的一瞬間，就把票券扔在地板上，或扔進垃圾桶中。導師轉介傑斯丹去參加學校 CICO 的方案，傑斯丹開始每天進行「簽到／簽退」。在 CICO 方案中，傑斯丹經常沒有繳交積分表給老師，就算繳交了積分表，也都因為沒有遵守規範而得到 0 分。校內行為支持團隊接到導師的轉介後查看傑斯丹的行為資料，訪談傑斯丹的母親，並決定提供更密集的支持。首先，團隊先對傑斯丹進行學業能力的評量，以確定傑斯丹是否因為學業能力的困難而導致不願意完成學習任務。此外，根據母親的描述，傑斯丹一直難以適應父母的離婚，行為支持團隊及母親認為傑斯丹應該接受學校心理師的諮詢。

- 貝森妮在高二時轉入橡蒙高中，她因為情緒行為適應困難及注意力缺陷／過動障礙（ADHD）而接受特殊教育服務，橡蒙高中的 IEP 團隊也在貝森妮到校前先進行討論（他們已經事先與貝森妮的前學

校團隊討論了）。橡蒙高中的 SWPBIS 及 CICO 系統非常完善，但 IEP 團隊認為這些仍難以因應貝森妮的行為問題以及轉學帶來的壓力，因此他們決定以貝森妮在前一個學校的 FBA 為基礎，調整貝森妮的行為支持計畫（BSP）。團隊決定先蒐集貝森妮的行為資料（包含在前一個學校出現的行為問題：咒罵、打架和逃學，以及在之前的行為計畫中被獎勵的好行為：使用尊重的語言以及參與課程），團隊約定幾週後再一起討論貝森妮的進展。

傑斯丹及貝森妮的情形都很適合用第三層級的介入。傑斯丹在第一及第二層級的介入支持後，改善效果仍不佳，因此他可能需要更密集的介入才能成功。貝森妮長期以來都需要額外的行為支持，因此專業團隊決定提供個別化的支持，來降低貝森妮不當行為的頻率，並增加合宜行為的表現。

因此，在第三層級的支持上，學校應該做些什麼？教師的角色又是什麼？本章將透過成果、系統、資料及實務的架構來說明第三層級支持的內涵，並討論教師如何參與及發展第三層級的支持，以及如何促進第三層級支持的實際執行。在本章你將會看到很多筆「Crone et al., 2015」的引文，這些內容為本章所述的概念與策略提供了完整的討論，對於教師思考個別化的介入計畫提供有價值的參考依據。

第二節 系統：行為支持團隊

每一個學校，不論其是否具備全校性行為支持系統，都應該要有一個團隊可以協助行為問題嚴重、行為需求高的學生。這個團隊的名稱可能是行為支持團隊、學生支持團隊、教師支持團隊，或其他名稱；本章中，我們稱它為「第三層級介入團隊」（Tier 3 team）。這個團隊必須定期開會

以：(1) 審查轉介資料，並管理教師提出的協助申請；(2) 確認教師及被轉介學生都有效地得到足夠的支持；(3) 於教室提供學生行為支持來確認及解決行為問題；(4) 合作討論支持教師的方法（Crone et al., 2015）。團隊的所有成員應該貢獻一己之力（關於團隊成員將在下一段討論），訂定流程（每一次會議前都應先訂出議程），且必要時與學校同仁、個案家人及社會機構等定期進行溝通（Crone et al., 2015）。

　　團隊中的成員應該包含誰？這是個好問題。首先，團隊需要一位具有行為專業知識的成員（Crone et al., 2015），此人可以是行為專家、學校心理師、諮商師、特殊教育教師，或接受過行為支持專業培訓的普通教育教師。他必須對擬定 FBA 以及發展 BSP 非常熟練，且對於蒐集行為資料以及運用資料在決策上有足夠的知識與經驗。其他團隊成員應包含行政（或處室）主管（讓團隊在學校有高度的可信度與能見度，能夠綜合考慮學校現有的資源做決策）、父母或監護人，以及一位學校教職員代表（例如：普通班教師、特教教師、教師助理員等）。最後，轉介學生的教師也應該是團隊的成員之一（Crone et al., 2015）。

　　要建立一個第三層級介入團隊（如 Crone et al., 2015 所述），其中一個有效的方式是設立一個**核心小組**（core team）以及一個**行動小組**（action team）。**核心小組**由行為專家、行政主管以及學校教職員代表組成。核心小組的成員是固定的，不會因學生個案改變，是永久成員，且均參與第三層級支持的所有評估和介入。**行動小組**的成員會隨每個學生而稍有不同，除了核心小組成員外，學生的父母或監護人、轉介該學生的老師，以及其他重要他人（例如：其他家庭成員、社區人員、專業人員、臨床醫生——任何可以提供有助於該學生之資訊的人）。行動小組的成員對於該學生的進步面向，都有自己不同的關注焦點，因此一旦訂定支持計畫，行動小組成員的回饋將決定此計畫是否有成效。

　　確定第三層級介入團隊的團隊成員後，接下來有些指引可以幫助第三層級的介入更有效能，包含：有效率地使用時間（可在每次會議提供議

程，為每個議程上的項目分配特定的討論時間，並且安排成員在會議中掌控討論時間）、團隊在學校中能見度高（high profile）（這就是為什麼行政主管的存在至關重要）、持續參與、有文件整理系統、有分工責任系統（即誰在何時做哪些事情），以及建立一個以資料為本的決策系統（Crone et al., 2015）。此外，第三層級介入團隊也應制定因應突發事件的計畫，以便在需要時為學生提供即時的協助。有些時候，學生會表現出需要立即處理的行為，此時應該讓團隊訂定的因應突發事件計畫（可以包含諮商、加強督導，或其他合適的介入）立即生效，為該學生提供支持，同時團隊也觀察學生在突發事件中的行為，蒐集資料並發展個別化的介入計畫。看看以下的例子：

● 山姆是一位三年級學生。寒假結束開學後，他變得孤僻陰鬱，拒絕遵守老師的要求，並在四個不同的課程想要翹課，常常對著老師與同學尖叫。老師聯繫學校的第三層級介入團隊，並提供山姆的行為資料，其行為已經嚴重影響自己及同儕的學習。團隊立即聯繫輔導員，輔導員同意當天下午去看山姆。團隊的行為專家決定接下來幾天會花一些時間進入山姆的教室提供支持。行為專家提供老師輔導行為退縮學生的策略清單（例如：提供幾個活動讓學生可以有選擇權、表揚學生的努力而非他是否完成任務、允許完成任務後以休息當作增強）。行為專家在進到教室前，她與山姆會面，告訴山姆她將與他定期見面，以了解山姆的適應情形，如果山姆表現良好，將可以得到獎勵。同時，團隊的成員聯繫山姆家人，提醒他們需注意山姆的行為，並了解家裡最近是否發生什麼特別的事情，並討論如何評估山姆的行為。在父母知情的情況下，團隊安排觀察山姆行為的時間，訂定 FBA，並據以未來發展 BSP。同時，團隊也每天與老師討論，並在需要時提供支持。

第三節 資料及成果：行為功能評量

你可能還記得，在第二章我們說明行為的**功能**，以及如何運用行為功能擬定與行為問題功能等值且適當的替代行為。當一位學生出現嚴重的行為問題，第三層級支持團隊會執行 FBA，確認行為功能、引發行為問題的前事，以及使行為問題持續維持（即獲得增強）的後果。我們在下面概述了 FBA 的步驟，以及其主要特徵（如圖 10-1）。

當一位學生被轉介到第三層級介入團隊，團隊在必要時先訂定一個因應突發事件的計畫（如同上述山姆的例子），然後開始蒐集資料。FBA 需要蒐集各種不同來源的資料。在獲得家長同意後，第一步便是進行*紀錄檢視*（records review），團隊成員檢視學生的紀錄，這些紀錄可能包含學生累積的文件資料夾（cumulative folder）、行為資料（例如：ODR 紀錄）、接受特殊教育的資料（例如：IEP，如果學生有接受特殊教育的話）、之前接受的測驗或評量資料，以及過去的 FBA 或 BSP。檢視學生之前的資料，可以幫助團隊獲得珍貴的訊息。舉例來說，從這些資料中可以知道之前曾嘗試過的介入策略，以及這些策略是否有效；學生現在的行為問題與之前的表現相較，是否具有類似的行為模式，是否曾評估過這些行為問題的功能；了解學生的學業成績表現，同時對學生在學業表現上的優弱勢能力有所認識，評估學業能力與表現對行為的影響程度。團隊也可以從紀錄中確認學生是否有健康的議題、注意力的問題，或有特教需求。檢視之前是否曾幫學生執行並擬定過 FBA 及 BSP，可以從中了解：之前曾做過什麼介入？這些介入有效嗎？如果有效，是否可套用在目前的情境中？如果無效，需要調整些什麼？

當團隊已從紀錄檢視中得到足夠的資訊，就可以開始**重要他人訪談**。這些重要他人通常包含教師、父母或監護人、學生本人（如果合適，可以訪談學生本人，因他或許是最了解自己的人）等。訪談內容可包含：背景

行為功能評量（FBA）的步驟

- 學生被轉介到行為支持團隊，且獲得家長同意進行 FBA。
- 團隊評估後確認學生需要個別化行為支持。
- 團隊檢視學生過去的相關紀錄。
- 團隊進行重要他人訪談。
- 團隊綜合資料後，依據資料訂定可驗證的假設。
- 團隊為標的行為的前事、行為以及後果訂定操作性定義。
- 團隊進行行為觀察。
- 團隊決定標的行為的基準線，以及前事與後果的制約概率。
- 團隊確認標的行為的行為功能摘要敘述（summary statement）。

行為支持計畫（BSP）的步驟

- 團隊根據行為功能的摘要敘述寫出計畫和介入目標。
- 團隊依個案需求訂定背景事件的策略。
- 團隊訂定前事的策略。
- 團隊訂定替代行為，並且擬定教導替代行為的策略。
- 團隊確認期待行為，並且擬定塑造期待行為的策略。
- 團隊訂定後果的策略，以增加替代行為與期待行為的出現頻率。
- 團隊訂定後果的策略，以降低問題行為出現的頻率。
- 團隊在必要時擬定危機計畫。
- 團隊討論如何監控與評估本計畫，包含訂定接下來做決定的規則，以及如何評估執行的社會效度。
- 團隊決定行動計畫（即誰在何時做哪些事情）。

圖 10-1 ▪ FBA 及 BSP 的執行步驟

事件、前事、活動的例行程序、行為問題的操作性定義以及後果等。訪談教師時，可以使用功能評量檢核表（教師版）（FACTS）（March et al., 2000）。FACTS 是一個友善且有效的工具，可以直接從網路下載，讓教師及教職員可以辨別學生優勢與行為問題；題目包含活動中例行程序的分析、背景事件、前事及後果。訪談父母（監護人）及學生時，可以使用較一般的問卷（可以參考 Crone et al., 2015，裡面提供很好的範例）。對重

要他人的訪談問題應該注意：盡量不要使用專業術語，不具批判性，並且容易完成。在這個過程中，團隊應該仍需持續了解學生的長處及擅長或喜歡的活動與事務，這些訊息對未來在行為介入上很有幫助，即使是在蒐集行為問題的資料中，也不應忘記學生仍有自己的長處或喜歡做的事情。

經過紀錄檢視及與重要他人訪談後，團隊應該形成一個**可驗證的假設**（testable hypothesis），也就是說，此時團隊應已蒐集了足夠的資料可以：(1) 了解問題行為發生時最常出現的前事；(2) 以可觀察、可測量方式訂定問題行為的操作性定義；(3) 了解行為問題之後發生的後果（如果想要再次複習如何訂定行為的操作性定義，可以再回顧第四章的內容）。此外，團隊應該記錄任何可能增加行為問題的背景事件，這可能會增加或減損某些特定後果的價值。這個可驗證的假設應該以前事—行為—後果的方式來描述，例如：

- 在轉換過程中（**前事**），珊娜會戳同學、大喊大叫，以及在走廊奔跑（**行為**）來獲得同學及老師的注意（**後果**），在她之前已經獨處一段時間後，這種行為更有可能會發生（**背景事件**）。
- 當被要求完成書寫作業時（**前事**），傑克會將紙揉成一團扔在地板上，趴在桌上（**行為**），以讓自己不用完成書寫任務（**後果**）。

這個可驗證的假設是依據訪談與紀錄檢視的證據而形成，但資料蒐集的工作仍未結束，事實上，它才剛開始。要「測試」此可驗證的假設，需進一步進行**觀察**（observations），以確定假設是否符合實際情形。由於需要觀察與記錄的項目包含前事、行為以及後果三者的資料，因此訂定這三者的**操作性定義**非常重要。當訂定此三者的操作性定義後，觀察者才能明確知道自己要觀察什麼（其他人若需要記錄該生的行為，也可以用一樣的標準進行記錄），也為團隊提供更可靠的數據以進行決策。參見以下範例。

1. 前事的具體定義

● **轉換**，是指學生活動的轉換、課程的轉換，以及地點的轉換等。例如：去吃午餐、從分組的座位移動回自己的座位、上一節數學課轉換成下一節閱讀課。轉換不包含站起來削鉛筆或離開座位尋求協助。

● **教師指導**，是指老師在學業或行為上，對學生於個別、小組活動時或對全班的直接指導。正例包括：「拿出你的作業」、「排隊」、「吉姆，請為社會課做好準備」。非例則包含糾正，例如：「全班安靜」以及「那不是正確的答案」。

2. 行為的具體定義

● **離座**，是指當要求學生坐在座位上時，學生離開他的座位超過兩秒。離座的定義為身體沒有任何一個部位在椅子上，身體也沒有在桌子後面。離座行為並非身體站起來伸展一下又坐回座位，也不是在老師的允許下移動到老師的位子。

● **不適當的口語行為**，包含髒話（例如：「去死」、「該死的」和「廢話」等），以及針對老師、同儕或某個人具有貶抑性的語言（例如：「好爛」、「我討厭這個班」、「你醜斃了」等）。不適當的口語行為還包含尖叫及大喊，如果口語的內容適當，但音量不適當（例如：學生大叫「我已經做完了」），這也是不適當的口語行為。不適當的口語行為的非例包含：體育課時歡呼，以及在班級競賽中大聲興奮地說話（當環境中其他人也都在做類似的行為或表現時）。

202 ## 3. 後果的具體定義

● **教師注意**，是指教師給予特定學生的注意，可能是稱讚（例如：「做得好，金希」）、錯誤矯正（例如：「查理，這是不尊重別人的行為，請排隊」）、訓斥（例如：「羅傑，停下來」）、肢體碰

觸（例如：拍一下學生的肩膀）、一個手勢（例如：豎起大拇指稱讚，或舉起手示意學生「停止」）、眼神注視（例如：注視學生超過兩秒，讓學生注意到老師的注視），或在黑板上或貼紙冊中學生的名字旁邊做標記。教師注意的非例包含：對全班講話，或在等待學生回答問題時，瞥一眼學生。

● 同儕逃避，是指該學生的行為使同學：(1) 肢體上遠離該生；(2) 將目光從該生身上移開，不與他眼神接觸，即使該生主動想要互動；(3) 即使在需要溝通討論的情境（例如：團體合作活動或在操場上玩遊戲時），也直接忽略該生。同儕逃避的非例包含：老師故意將學生分開，或活動結束後學生分開。

看過上述的定義後，你是否對於定義與觀察標的行為更有信心了？你是否更能辨識出行為的前事與後果？這些都是團隊在進行觀察前，發展的資料蒐集系統之前需先思考的。確定了標的行為、前事與後果的操作性定義之後，團隊需要決定測量哪些**行為的向度**（若想複習行為的向度，可參閱第四章）：是否應測量行為頻率（例如：行為發生的次數）？是否應該測量行為的持續時間（例如：標的行為持續的時間）？觀察者應該依照欲觀察的行為本身的樣態，來選擇行為觀察的向度。舉例來說，在測量「咒罵」這個行為時，你應該會選擇觀察頻率，而非持續時間，持續時間較適合用來觀察「分心」的行為。要注意的是有時不是行為本身不適當，而是是否超過向度閾值。我們都曾有分心的狀態（拜託，承認吧！），但當它超過了被認定的「正常值」，且已達妨礙學生學習時，就是我們想介入的時候！

當團隊決定使用何種行為向度來測量行為，並且選擇了一個資料蒐集工具（參見 Crone et al., 2015，裡面有很好的工具範本，我們在第四章也詳細討論了資料蒐集的方法），就需要安排資料蒐集的時程，以及分工。在資料蒐集時，應該要盡可能有效率且不引人注目。拿著記分夾板的陌生

人可能會引起學生分心，所以觀察者應該盡量顯得隨意、不引人注目。在觀察場合的選擇上，應該在最有可能引發行為問題的例行活動中進行觀察與蒐集資料（從之前的教師訪談中，可判斷何為最可能出現行為問題的場合）。如果仍有時間與資源，還可以去問題行為較少（甚至沒有）發生的情境蒐集資料，也許觀察者會注意到環境中的某些因素（例如：活動、結構、互動），可以應用在具有行為問題的情境中，以嘗試降低行為問題出現的頻率（即哪些前事或後果出現時，會在學生的合適行為也出現？）。這樣的行為觀察至少需要五次以上，才能建立行為的**基準線**（baseline，即在使用任何介入策略前蒐集的行為資料，以確定目前的行為問題程度）。當然，如果學生的狀況緊急，需要協助，這時更重要的就是提供立即的支持，而非蒐集基準線資料。基準線的資料將幫助團隊確認未來的介入是否是有效的。

蒐集觀察資料後，團隊彙整資料（第四章有完整的資料蒐集與呈現的討論），並且將彙整資料以圖表呈現，以確定**制約概率**（conditional probabilities）。也就是當問題行為發生時，哪些前事最常出現？這些前事可能是我們要加以控制與調整的。行為問題會導致哪些後果？有些行為後果能提供學生行為功能的資訊。舉例來說，如果 10 次離座行為中，有 8 次是發生在同儕注意學生後，可推測同儕注意可能是導致離座的原因，因此可以據此發展介入策略（例如：團隊建議老師讓學生單獨工作，或建議老師幫學生調整特別的座位，且安排合適的同學坐學生旁邊）。如果團隊發現 10 次不適當的口語行為中，有 9 次發生之後，學生就被送到校長辦公室，則可推測不適當的口語行為可能是為了逃避上課（或逃避一個特定的科目，這可以結合前事來確認），或可能是為了獲得校長、辦公室工作人員或其他教職員及同學的注意（如果對方有提供注意）。

在彙整行為資料、確認制約概率，以及設定標的行為的基準線之後，團隊重新檢視之前設定的可驗證的假設，確定其是否準確。如果與實際情形一致，則可將此假設轉成 FBA 中的行為**摘要敘述**。如果觀察中發現實

際情形與行為假設不同，則依照實際情形重新擬定新的行為假設，並轉成行為摘要敘述。舉例來說，在蒐集資料時，教師提供給團隊的訊息可能是：當艾維力上課隨意發言時，老師都忽略這個行為。然而，實際觀察時發現，每當艾維力上課隨意發言，老師會看著艾維力，並且將艾維力的名字寫在黑板上（或在艾維力名字的後面做記號）。因此，艾維力的行為實際上是在引起老師的注意——即使這不是老師所看到的。

FBA 流程的成果就是形成行為摘要敘述。這個摘要透過可觀察、可測量的敘述方式告訴我們行為問題是什麼，促發行為問題的可能前事，以及透過後果的摘要說明行為功能。行為摘要敘述是撰寫 BSP 的基礎，在下一段中，將描述 BSP 的步驟。BSP 期待達到三個結果：(1) 降低問題行為發生；(2) 增加學生的替代或期待行為（即更適切的社會行為）；(3) 確認介入計畫執行的精準度（即按照擬定的計畫執行）。

BSP 的第一步，是根據 FBA 摘要敘述編寫**計畫目標和介入目標**。計畫目標（goals）通常是一個包含總體目標的廣泛陳述（例如：「當教師給指令時，薛尼會遵守教師的指示」），而介入目標（objectives）則是可用來測量達成該計畫目標進展的具體陳述；介入目標可作為行為的指標，包括四個部分（即學習者、行為、情境和通過標準）。僅僅說薛尼會遵從教師指令是不夠的；介入目標提供我們測量他朝著計畫目標進展時所需的資訊。支持薛尼達成計畫目標的介入目標實例會是：當教師指示他開始工作時（**情境**），薛尼（**學習者**）會待在自己的座位上，並在一分鐘內開始工作且沒有不適當的口語行為（**行為**），在連續三次的觀察中，五次指令中有四次可做到（**通過標準**）。當學生接近要達到計畫的目標時，通過標準可能會改變（例如：你可以從五次中達到兩次開始，然後增加到三次，以此類推）。介入目標的數量和具體性，將取決於學生、基準線資料，以及團隊決定的個別計畫目標。

在制定計畫目標和介入目標後，團隊要開始思考實際的介入了。首先，團隊考慮**背景事件的策略**。在資料蒐集過程中，團隊可能發現，當發

204

生會增加或減損後果價值的特定背景事件時，行為問題就有可能發生。舉例來說，立亞出現退縮行為（即低下頭、不回應教師的指示或和同儕溝通），導致他沒有完成工作（即逃避工作）。如果立亞在校車上打架（即背景事件），他更可能想逃避工作，因此他在校車衝突事件後更可能表現出退縮行為。如果團隊覺察到任何背景事件，可以發展策略以排除這些背景事件（如果可能）、降低背景事件的影響，或增強適當行為。以下有些背景事件策略的例子：

背景事件	策略
● 學生經常因為睡過頭而錯過公車；這些天他很有可能表現出逃避課堂的行為。	● **消除**：教學生如何使用鬧鐘，和父母或監護人合作發展早晨的作息程序。
● 學生獨自度過週末；她更有可能在週一表現出會引起同學注意的行為。	● **減輕**：週一早上第一件事就安排同儕關注（例如：夥伴任務）。
● 學生在上學前和家長發生爭執；這些天他更可能表現出逃避工作的行為。	● **增加增強**：告訴學生，他完成每項作業時，都可以休息一下。
● 學生在校車上跟同儕打架；她很可能在這些天表現出逃避同儕關注的行為。	● **移除行為問題的S^D**：在已排定的動腦思考／配對／分享活動中，允許學生獨自工作。
● 學生的家長上夜班，他很可能在第二天表現出會引起成人關注的行為。	● **增加提示**：增加對適當行為的提示程度，包括如何適當地獲得成人關注。

有時，無法確定有任何背景事件，團隊可以直接進入發展**前事的策略**。一旦團隊知道什麼事件會觸發行為問題，團隊就可能發展出一些策略來**預防**行為問題的發生——這比在問題發生後嘗試決定該做什麼要容易得多！此外，團隊還可以發展能觸發學生使用新的、更社會化適當行為的前事策略。任何刺激、事件或環境都可能是引發行為問題的前事，包括活動轉換、同儕關注、教師關注、缺乏關注、學生餐廳、時程表改變、某些作業和活動、特定人員等。特定的前事取決於學生。在發展前事的策略時，團隊應謹記行為問題的功能。由於學生表現的行為符合某些功能，我們也許能夠透過前事調整（在第八章中討論）來因應，減少學生用表現行為問題來滿足需求。請參閱下面的例子：

前事	策略
● 轉換到不同的課程（引發叫喊和戳人行為，引起同儕和教師的關注）。	● 學生自己比同學先轉換課程。 ● 學生和較喜愛的同學一起轉換課程。 ● 在鐘響之前，提醒學生：(1) 適當的轉換行為；及 (2) 遵守規範行為可獲得的好處。
● 被要求在小組中工作（引發不適當的口語行為以致能單獨工作）。	● 事先允許學生單獨工作。 ● 事先允許學生選擇小組同儕。 ● 提醒學生小組工作的期待行為，及她這樣做可以獲得的好處。
● 數學課（引發要求幫忙和哭泣行為導致教師的關注增加）。	● 事先決定和告知學生可以尋求協助的次數，且提醒學生當他符合這個期待行為時可以獲得的好處。 ● 經常、規律的關注學生以提供協助。 ● 提醒學生他自己可用來解決問題的策略，及他這樣做可以獲得的好處。

你可能會想：「等一下，其中一些策略只是讓學生得到他或她想要的。如果在小組工作會讓學生生氣，而你允許學生獨自工作，不就是對行為問題讓步嗎？」我們不認為這是「讓步」，而是「功能本位的行為支持」，是因為：如果你知道一位學生被要求在小組工作時會大吼大叫，你可以藉由允許她獨自工作來消除這些行為。對教師來說，這可能比大吼大叫好。但這不是（再次強調：不是！）解決問題的長久之計。這個策略允許教師避免行為問題，使學生保持冷靜並能被教導更適當的行為（將在下一節討論）。前事的策略設計會逐步褪除，以便我們能塑造適當行為。例如，如果我們一開始讓學生獨自工作，我們接著可能會讓學生與喜歡的同儕一起工作（當學生對必要的社會技能變得更加流暢時）。然後，我們允許學生選擇兩位同儕。再來，教師和學生各選擇一位同儕。最終，無論如何選組，學生都能維持適當行為；這是透過增加期待行為、教導和增強適當行為，並盡可能地預防行為問題發生來達成的。

非後效增強（NCR；第八章所討論的）也是一個可能有用的前事策略。因為你已經完成了 FBA，你知道是什麼增強了行為問題（例如：一位學生出現爆發行為來獲得關注）。使用 NCR，你可以經常提供已確認的增強物——而非在任何特定行為後才給予。例如，如果你知道學生在拍打自己並旋轉以獲得感官刺激，你可以安排固定時間（例如：每 30 分鐘）提供可獲得的感官活動，以減低行為問題發生的可能性，因為學生已經得到頻繁的感官刺激。請記住，所有的前事策略都應用來讓不當行為變得不適用；NCR 就是做到這點的一種方法。

關於前事的策略，需要注意的另一件事是，它們通常應該包括對適當行為的提示（關於提示，我們在前幾章已經談了很多！）及表現適當行為可獲得增強的提醒。我們每天都會看到操弄前事的設計，用來增加某些行為。你有沒有看過汽水罐標有「押金五美分」？如果你有看過——且如果你曾兌換罐子而得到五分錢——你會被這個一定可以獲得的增強打動（即五美分）而表現期待行為（即回收）。安排環境以增加適當行為的使用，

減少不當行為，正是我們在這本書中一直在討論的；在第三層級支持中，我們在個別學生層級中完全地應用這個邏輯。

在前事的策略得到應有的重視後，團隊將注意力轉移到**行為的教導策略**上。這是 BSP 中最費力的部分，因為它通常需要明確教導新行為，並將新行為塑造成最終的期待行為（結合後果的策略一起完成）。首先，團隊應確認和目前行為問題功能等值的**替代行為**（replacement behavior）。換句話說，有什麼更社會化的適當行為，能和行為問題有相同的功能？例如，如果學生大聲吼叫以獲得教師的關注，舉手是更適當的社會行為，且會造成相同的後果（即教師關注）。如果學生推擠同儕來逃避他們的嘲諷，那麼走開會是一種導致相同後果的更社會化的適當行為。困難的部分是：新的替代行為必須更加（或至少同樣）**有效**，並且跟行為問題一樣**有效率**達到相同的後果。當一位學生在課堂上大聲吼叫時（特別是如果她同時使用罵人的話），老師以口頭譴責的形式給予關注，這可能是迅速而強烈的。當學生在課堂上舉手時，老師可能會較慢關注（如果有的話），且還不如「別在我的教室裡大喊大叫！」來得強烈。為了增加學生表現新行為而非行為問題的可能，我們必須注意後果的策略（在下一節中討論）及其應用。回應替代行為需要像對回應行為問題一樣的強烈和快速——這落在實施該計畫的人身上，通常是課堂教師。

除了決定應該要教導哪些替代行為，團隊還將決定學生是否會從學業或功能技巧訓練中受益。如果學生有技巧缺陷，且此缺陷可能導致行為問題（例如：寫作能力較弱的學生，可能會丟筆記本並大聲喊叫，試圖免除參與寫作課），團隊可以在缺陷領域上安排額外的教導。例子中所描述的，可能是學業技巧缺陷，也可能是社會技巧缺陷（例如：缺乏開啟對話的能力，可能導致以不當行為引起同儕的注意，像是打人）。通常，需要第三層級介入的學生，會需要合併訓練替代行為、學業和功能技巧。要教他們每個人的行為或技能，請應用你在第六章中所學關於如何教導期待行為的內容（例如：指引和課程計畫格式）。請參閱以下示例。

行為問題	要教導的行為
● 學生為了逃避工作而離開教室。	● 教導學生要求休息。
	● 教導學生尋求協助。
	● 教導缺乏的學業技能。
● 學生在課堂上發出噪音和不適當的言論,以獲得教師關注。	● 教導學生舉手獲得注意。
	● 教導學生在表現適當行為後,獲得他人讚美的技巧。
● 學生吐口水和咬人,以逃避同儕。	● 教導學生如何離開現場。
	● 教導缺乏的社會技巧。

　　請注意,上述幾個行為(例如:「要求休息」)並非行為問題的永久解決方案。畢竟,我們不能讓學生每次不想做他的工作時都要求休息。同樣地,學生需要學會與同儕互動;離開現場並非行為改變的最終結果。我們的期待行為(desired behavior)或目標行為,是指當 FBA 摘要敘述中的前事發生時,我們最終希望學生表現的行為。例如,如果我們的 FBA 摘要敘述寫著:「當珊珊被要求停止喜愛的活動時,她開始哭泣,並且變得沒有反應,以獲得更多繼續做喜愛活動的時間」,這前事是「當被要求停止喜愛的活動時」。我們最終想要的——是當珊珊被要求停止做她喜愛的活動時,沒有任何哭聲或沉默;她會說「好吧」然後停止活動。珊珊不太可能迅速地改變她的行為,因此團隊從教導她替代行為開始:當她被要求停止喜愛的活動時,珊珊會要求再五分鐘(這並非理想的期待行為,但它是比哭鬧和沉默行為更符合社會情境的適當行為,而且這是一個好的開始)。當珊珊要求再五分鐘的行為變得流暢時(並在五分鐘後平靜地停止喜愛的活動,她同時被增強的是提出要求和停止活動的行為),我們可以教她要求四分鐘,然後是三分鐘,直到她能在被要求時即停止活動。這個過程需要時間和仔細關注執行者所提供的後果,但這會是減少學生對行為

問題的依賴，和增加學生使用新行為的有效方法。

　　為了將替代行為塑造為期待行為，我們可能想教學生一些因應和容忍技能。這可包括，確認被要求等待時的適當活動（例如：當教師無法立即給予協助時，先寫下問題或塗鴉），辨識壓力或憤怒的訊號時進行深呼吸，或使用自我監控技巧（例如：檢核表）以在上課時保持專注。請參考以下範例，說明我們如何將替代行為塑造為期待行為。

目前行為	替代行為	塑造成期待行為
● 學生為了逃避工作而離開教室。	● 教導學生要求休息。	● 剛開始，學生每次要求休息，教師都允許；慢慢減少允許休息的次數，並增加可獲得休息時所需完成的工作量，從而增加兩次休息的間隔，直到學生待在課堂並完成工作。
● 學生在課堂上發出噪音和不適當的言論，以獲得教師關注。	● 教導學生舉手獲得注意。	● 首先，在學生每次舉手時，教師都給予後效關注；慢慢地限制每節課允許舉手的次數，並轉移到間歇性增強，直到學生的舉手次數與同儕相當。
● 學生吐口水和咬人，以逃避同儕。	● 教導學生如何離開現場。	● 首先增強學生離開現場的行為；當你開始教導社會技能時，對學生與同儕適當互動的行為給予增強，並移除對離開現場行為的增強。

在團隊記錄了如何教導和塑造期待行為後，可以開始構思後果的策略。BSP 中有兩組後果的策略：促進使用新的、更適合社會的行為，以及防止使用行為問題的策略。後果的策略旨在使行為問題變得不適用，學生不再需要用行為問題來滿足他們的需求（因為他們有功能等值的替代行為），並且他們不會再因為表現行為問題而得到增強（因為實施者積極地預防這種情況發生；以下會描述要如何做）。

為了有效，替代行為和期待行為的任何後果，必須**至少**與行為問題的後果一樣快速和強大；否則，如果舊的行為能更有效地獲得增強，學生為何還要使用新的行為呢？因此，以學生喊叫獲得注意為例，我們決定以教他舉手來引起老師關注的行為來取代。一旦這計畫實施，教師必須迅速和熱情地回應學生每一次的舉手。此外，教師不能對行為問題（即大聲說話）給予任何關注。如果這聽起來具有挑戰性，那是因為確實如此：這即是為何實施具精準度的 BSP（即完全按照它寫的來執行）是如此重要了。如果 BSP 是新實施的，且教師忘記或缺乏技巧來增強新行為，沒有停止增強行為問題，則計畫將會失敗。

使用的後果策略類型會取決於學生、行為所涉及的功能、情境和可用的資源。我們在第七章討論了一些鼓勵適當行為的策略，包括團隊經常在 BSP 中使用的策略。學生可能使用積分系統，或者你可能使用貼紙冊或其他類型的個別代幣制度；該系統可能與全班性的系統有關，或也可能是獨立的。學生和教師可以發展行為契約，明確說明雙方將做什麼（即學生同意從事某些適當的行為，教師同意根據該適當行為提供某些增強）。後果應是功能本位的；亦即，他們應該提供的是，學生藉由行為問題想要獲取的任何事物。例如，如果學生行為問題的功能是逃避工作，當學生要求休息（最初），或完成一定分量的工作（塑造出完成工作的期待行為），她應該要能休息（即以逃避為本的後果）。無論選擇何種後果的策略，實施都必須具精準度，當學生處在學習新的、更適合社會的行為習得階段時，這一點特別重要。此外，隨著學生表現新行為更為流暢，行為問題減少發

生，應該有個褪除增強的計畫。

減少行為問題的後果也必須精準實施。這些後果最重要的考慮因素是，行為問題不再得到增強。例如，如果一位學生趴下，拒絕回應老師以避免做工作，教師必須確保學生完成工作（這可能需要在放學後或課前的時間、受監督的自習課，或其他類似的時間），這樣學生的行為就不會被負增強。在停止增強行為問題之前，團隊必須教學生如何獲得相同的增強（例如：要求休息）；你不能讓學生缺乏滿足需求所需的技巧。對許多學生來說，行為問題是他們知道如何達到目的的唯一方法（至少，這是他們所知道最有效和最有效率的方法，因此我們必須教他們更好的方法）。如果學生用喊叫來引起注意，教師必須不再對喊叫提供關注，而應將充分關注作為前事的策略，以及適當地要求注意之行為表現的增強。團隊應與教師充分合作，解釋、示範和監控後果策略的應用，確保教師獲得所需的支持以精準執行計畫。

如果學生曾有危機行為的行為史，或極可能有危機行為，則應制定**危機計畫**（crisis plan），作為 BSP 的一部分。危機計畫只應針對那些從過去行為、目前行為或某些情況（例如：威脅並打算採取行動、情緒不穩定的跡象、對背景事件有難以預料的反應）指出他可能會經歷行為危機的學生而編寫。當——**只有當**——學生的行為升級到對任何介入都沒有反應，且學生有自傷或傷人的危險時，才應執行危機計畫。危機計畫**不是**應對行為問題的後果，而是當 BSP 的實施失敗時，一個確保學生和教職員工安全的計畫。危機計畫可能包括若行為升級到不安全的程度時，應打電話給誰的指引；此外，該計畫還應包括處理其他學生的指引（例如：若過度關注會加劇情況，他們可能被撤離）。雖然危機計畫的目的是永遠不必使用，但將它包括在 BSP 中是重要的，因為你永遠不會在當學生實際處於危機中時，才思考應該做些什麼。

一旦完成 BSP，危機計畫（如有必要）到位，團隊需要決定如何**評估和監控**該計畫。團隊應決定取得資料的頻率以及需蒐集哪些行為資料。團

隊應該像執行 FBA 一樣蒐集行為問題資料；這可和基準線比較（並希望在計畫實施後顯示行為問題是減少的！）。團隊還應蒐集有關正在教導的新行為之數據，以確定這些行為是否被使用，以及學生是否處於學習的習得、流暢或維持階段。如果學生將新行為類化到其他情境，則可能可以褪除支持。為了促進做決定的過程，團隊應決定一些更改 BSP 做決定的規則。在我們開始褪除支持之前，我們希望看到行為問題的降幅有多大？在我們降低增強的密度之前，我們希望看到學生多常表現替代行為？這些做決定的規則將取決於學生、行為的基準線水準以及團隊設定的介入目標。以下舉例說明做決定的規則。

行為的基準線水準	做決定的規則範例
● 學生在 45 分鐘上課時間內，平均出現大聲喊叫行為 10 次。	● 當學生減少到每節課 6 次時，教師增強學生舉手的頻率從每次舉手時就增強，減少至每幾次舉手再增強。 ● 當學生減少到每節課 3 次時，教師告訴學生，他每節課可以舉手呼喚老師 4 次。
● 學生平均每週發脾氣 3 次。	● 當發脾氣減少到每週 1 次時，學生和老師的一對一時間，減少到只有早上（而不是上午和下午）。

211

除了為行為問題減少時訂定做決定的規則外，團隊也應確定當行為問題沒有減少（或減少得不夠快），或當學生未如計畫表現替代行為時，團隊做決定的規則。例如，如果行為水準沒有變化或略有改變，團隊應該有一個反應計畫。反應可能包括增加增強（或增加增強的頻率）、重新教導新行為、確保計畫如書面擬定的方式實施（即精準度），或者，如果其他反應無效，則重新審視行為功能，也許 FBA 的行為摘要敘述是不準確的。

團隊還應確定如何測量實施 BSP 的精準度。這可以透過實施者或觀

察者完成檢核表（即列出實施者應該使用的策略）來達成。如果有顧慮，團隊還可以進行觀察以確定 BSP 內特定策略執行的精準度（例如：早上簽到、提示適當行為、讚美學生嘗試替代行為）。如果團隊發現 BSP 各個方面的實施缺乏精準度，則首先應檢視計畫是否清楚地撰寫、是否提供了足夠的訓練，以及是否確實地實施。如果這些問題的答案是「是」，則團隊應向實施者提供再訓練和持續的支持，以提高精準度。對準確的實施提供後效增強（例如：公開讚美、感謝信、當地咖啡店的禮物卡），也對執行精準度的提升很有幫助。

除了蒐集有關行為的資料並確保實施精準度外，團隊還應確定他們將如何評估社會效度（social validity）。社會效度，基本上就是對介入計畫的「消費者滿意度」（Wolf, 1978）。任何重要他人不滿意的計畫，幾乎不可能執行或有效。社會效度的測量包括對計畫的滿意度、實施計畫的難易度，以及對該計畫在改變行為有效性的知覺。社會效度資料可以透過適用於教師（或其他實施者）、學生以及家長或監護人的簡易問卷來蒐集。通常，社會效度使用李克特量尺（即依「非常同意」到「非常不同意」的量尺回答）來測量像是「我會向他人推薦此介入方案」和「此介入易於實施」等陳述的等級。如果被調查者對 BSP 的任何方面不滿意，團隊應研究如何提高該計畫的社會效度。

BSP 的最後一個步驟是編寫一個行動計畫，確定誰將做哪些事情，以及何時要做。BSP 中的所有任務都必須分配並訂出完成日期，以確保計畫會依照預期執行。接下來將提供一個行動計畫的範例：

任務	實施者	完成日期
教導布萊恩要求休息	迪安妮老師，班級教師	10 月 1 日
教導布萊恩代幣制度	安德門老師，專任輔導老師	10 月 1 日

任務	實施者	完成日期
蒐集有關布萊恩的資料	迪安妮老師和皮柯斯博士	10 月 15 日～10 月 30 日
蒐集有關 BSP 實施的資料	安德門老師和皮柯斯博士	10 月 15 日～10 月 30 日
發放社會效度調查	皮柯斯博士	11 月 30 日

　　請注意，本章沒有包含「實務」的部分。這是特意的，我們保證並不是疏忽。原因是，實務策略可能屬於 BSP 的一部分（例如：代幣制度、特定的操弄前事，像是提供選擇和安排教師關注），是為每位學生個別化的設計。在之前說明內容的情況中，我們已提供了許多實務策略的例子，但討論如何在各種情況運用實務策略的可能性超出了本章的範圍。

第四節　包裹式及個人中心的計畫

　　在我們完成第三層級支持的討論之前，如果我們不提及包裹式及個人中心的計畫，將是我們的失職，這兩者都是發展、組織和提供第三層級支持的系統化歷程。個人中心的計畫（person-centered planning, PCP）是一個確保實施者將焦點集中在個人是一個人（而不是一個診斷或障礙）及其優勢（而不是缺陷）的歷程（Clark, Knab, & Kincaid, 2005）。PCP 是一種技術的整合，包括像是「擬定行動計畫」（Making Action Plans）和「團體行動計畫」（Group Action Planning）等方法，目的是幫助個人在其目標和價值觀的指引下，發展有意義的生活（Clark et al., 2005）。源自發展障礙領域，PCP 以無術語、彈性方式進行，聚焦在自我決定和行動的計畫（Flannery et al., 2000）。

與 PCP 一樣，包裹式（wraparound）包含了關注優勢，以及聆聽那些發展計畫和提供支持人員的「聲音」。包裹式可描述成包括學生和家庭的個別化行為支持的一種哲學；這也是一個計畫的過程，強調在學生家庭、學校和社區之中及之間建立建設性的關係（Eber et al., 2009; Eber, Sugai, Smith, & Scott, 2002）。包裹式是以社區為本的，且和文化相關；過程著重在學生的優勢和其家庭。滿足基本需求（例如：安全、情緒和教育）是包裹式計畫的基石。包裹式服務和支持被認為應建立在滿足學生和家庭的需要，而不是強迫學生和家庭接受現有的介入計畫（Eber et al., 2009, 2002）。

包裹式歷程分四個階段進行（Eber et al., 2009）。第一階段是「參與和團隊準備」（Engagement and Team Preparation），在此期間，訓練有素的引導者（facilitator）與家庭、學生和教師合作，以建立信任並鼓勵其在包裹式歷程中自主。包裹式是由學生的力量和學生及其家人的意見所推動的，這與傳統的特殊教育和其他支持模式不同。在第一階段，引導者聚焦於發展與家庭的關係，並確保家庭了解在包裹式過程中可期待什麼。在第二階段「發展初始計畫」（Initial Plan Development）中，引導者參與團隊，分享基準線資料、學生和家庭的優勢以及學生和家庭的需求。團隊集思廣益，為每個成員的角色定位，並在有需要時，為學校或家庭發展安全計畫。第三階段為「持續實施和改進計畫」（Ongoing Plan Implementation and Refinement），包括定期召開團隊和引導者會議，檢視資料並在必要時修訂介入策略。在第四階段「從包裹式計畫轉銜」（Transition from Wraparound），當學生和家庭持續地經歷成功和達成目標，即可降低會議的頻率。

包裹式計畫是一種全面的、資源密集的第三層級介入，曾成功地運用於有廣泛需求的學生和家庭（Bruns, Sather, Pullman, & Stambaugh, 2011）。對於需要比 FBA 和 BSP 更集中、更穩定支持的學生，或者那些對 FBA 和 BSP 沒反應的學生，包裹式方法可以透過學校、家庭和社區合

作有效地促進成果。

第五節 教室裡的第三層級支持

如果你的教室已實施了第一層級和第二層級支持，則第三層級支持將更容易實施，因為你可能已經參與了許多與第三層級支持有關的實務：教導和增強適當的行為、對不當行為做出一致性的反應，以及使用提示和環境控制來增加你希望看到的學生行為。此外，你已經擁有蒐集資料的系統和以資料為本的決策系統。但在實施上還有一些其他的考量，可以促進在教室中實施第三層級支持。

首先，你不應被要求單獨發展或實施第三層級支持。你可能是第三層級支持團隊的一員（如前所述），或者你可能是被要求在教室中為學生實施計畫的教師。當被要求在你的教室中實施個別化行為支持時，你應該盡可能的提問讓自己感到安心。以下是一些建議：

● 我每天都要做什麼？每週？每月？
● 我是否需要接受實施這些支持所需技能的訓練？
● 我應該要蒐集哪些資料？如何蒐集資料，多久蒐集一次？
● 如果我需要協助，我應該聯繫誰？
● 我可以預期團隊成員何時進行後續訪問？
● 我在團隊中扮演什麼角色？
● 我要負責聯繫父母或監護人嗎？
● 我會如何得知計畫的變化？

在實施前你獲得的資訊越多，你就越有信心，而且你更可能精準地實施該計畫。請記住，改變可能來得很慢；其中一些學生以不當行為有效地滿足需求已有多年經驗。如果你還記得，所有的行為都有功能——即使是

行為問題──你就不太可能將這個行為視為學生個人的問題，且更應該支持學生用一種適合社會的方式來滿足需求。

　　課堂中實施 BSP 的另一個關鍵，是與行為支持團隊持續且有效地合作。提出問題，並在嘗試實施之前，熟練計畫中的所有程序。如果你可以，請參加會議。找出增加的適當行為以及減少的行為問題，並盡快向團隊報告成功情況。鼓勵團隊成員進入你的教室；如果他們經常造訪，你和學生都會更適應他們的存在（這可以減少陌生人在行為觀察期間誘發學生不尋常行為）。如果你有什麼想法，請與團隊分享。畢竟，你很了解這個學生，你會是第一個注意到行為變化的人。調查社會效度時，請誠實回饋；如果介入策略過於困難或耗時，團隊需要這些資訊，以便確保未來的介入策略能更有效率和易於使用。如果其他學生詢問有關計畫方面的問題（例如：「為什麼艾茉莉有貼紙冊而我沒有？」），你不確定如何適當地回應，請詢問團隊如何處理這些疑問。（當然，如果你已經有了全班性的行為支持系統，則第三層級支持將會融入且較不會引起關注，因為所有的學生都將聚焦於遵守規範的行為。）

摘要

　　這一章介紹了第三層級支持。我們帶你瀏覽了 FBA 和 BSP 步驟，並討論了如何在教室中實施 BSP（以及如何精準執行 BSP）。第三層級介入的目標是在增加適當的社會性行為，而不僅僅是消除行為問題。所有第三層級介入都要求團隊和實施者從行為功能來思考：如果我們能夠確定學生試圖透過行為問題要獲得或逃避什麼，我們就有機會教導符合相同功能的替代行為。BSP 應清楚地說明這些替代行為，描述如何教導這些行為，並確定如何操弄前事和後果，以增加新行為並降低行為問題的可能性，如以下範例所示。如果你有一位學生表現的行為需要第三層級支持，請注

215

意，在你參與行為功能評量（FBA）和行為介入計畫（BSP）這個充滿挑戰但很有收穫的過程時，你很可能成為解決方案的一部分。

個案討論　行為功能評量（FBA）與行為支持計畫（BSP）實例

行為功能評量與行為支持計畫

學生：賈斯汀

個案管理老師：莎拉 [1]

壹 行為功能評量報告

學生姓名：	賈斯汀	學區：	某區
出生日期：	2007.1.1	校名：	某校
班級教師：	芬克	個案管理老師：	莎拉
報告撰寫日期：	2014.5.1	報告實施日期：	2014.5.10

一、評估原因

行為功能評量（FBA）是為了要找出：(1) 要介入處理的標的行為（也就是賈斯汀在教室活動時被關注的行為問題）；(2) 能預測這些行為可能發生的前事事件；(3) 維持這些行為問題的後果。

藉由分析維持行為問題的後效，我們可以辨認出潛在的行為功能；亦即，我們得以辨識出這些行為對賈斯汀來說存在的潛在目的（例如：得到／獲得什麼或是避免／逃離什麼）。評估內容為 2014 年 4 月 15 日所取得，標的行為問題包括：發脾氣時常同時出現的咬、尖叫、撞牆、踢人行為。因此，這些行為被評估，並成為系統化行為介入的潛在標的。

---

[1]　本範例依據莎拉老師（Sarah Izzo）提供之例子改寫，特致謝忱。

本報告其餘部分會說明：二、評估的方法；三、摘要評估結果（即紀錄檢視、訪談與系統性觀察之結果）；四、陳述標的行為的潛在功能。

二、評估的方法

行為功能評量採用下列程序蒐集資料：

1. 紀錄檢視與訪談

● **學生紀錄檢視**：過去評量與學生的資料。
● **與家長（賈斯汀的母親凱斯女士）和導師（格魯老師）進行訪談**：受訪者接受訪問，以 (1) 了解關注行為較可能發生的預測事件（即前事）；(2) 描述行為問題的型態（如：外觀與特性）；(3) 辨識出行為出現後可能維持其功能的後續事件。

2. 描述性評估

● **描述性分析**（descriptive analysis, DA）紀錄：我們使用描述性分析卡進行資料蒐集，連續五天記錄發脾氣的頻率及持續時間，在活動轉換時進行觀察，諸如上下校車、轉換教室、體育館、廁所、休息區與走廊等場所。

三、評估摘要

本部分含括描述：1. 與標的行為相關的前事、行為與後果；2. 紀錄檢視與教職員訪談的結果；3. 描述性評估的結果。

（一）行為、前事與後果的描述

1. 與標的行為有關前事的操作性定義

● **活動轉換時間**：定義為當賈斯汀被要求停下手邊的活動並移動到一個新的活動的時候。一個正例是當要求賈斯汀停止在休息區玩，進

教室上數學課的時候。

- **被拒絕**：定義為當賈斯汀要求一些事物，而成人或同學用「不可以、不要」等言語回應。例如，賈斯汀要求想要玩泡泡，但是教師助理員說：「不可以。」

- **要求工作**：定義為賈斯汀被期待在進行新活動前要先完成一些作業。一個正例是格魯老師告訴賈斯汀要先完成他的拼字活動才可以玩動物玩具。

- **困難作業**：定義為需要大量工作而且可能較難理解的作業。一個正例是要求賈斯汀完成一個又新又大量、但不見得適齡的謎題作業。

- **打斷**：定義為當賈斯汀正在做事情時有同儕或成人跟他說話，或有肢體碰觸。一個非例是他的教師助理員從活動開始到結束都以全肢體協助賈斯汀完成任務。

2. 標的行為問題的操作性定義

- 賈斯汀最被關注的行為是**發脾氣**。此行為被定義為用力咬自己、力道足以造成印記或破皮、用頭撞擊任何物體表面、哭喊、尖叫音量大到另一間教室都聽得到、丟玩具或作業、躺在地上用背滑行，和亂踢。一個非例則是倘若當要進教室時賈斯汀踢門或撞門，或者他在晨會時喊叫某些字詞。

3. 與標的行為有關後果的操作性定義

- **同儕關注**：定義為肢體碰觸（像是擁抱、擊掌、同學踢他），或來自於同儕對賈斯汀的一些言語陳述或者動作。一個正例是當學生問賈斯汀他還好嗎；而一個非例則是兩個學生在賈斯汀聽力可及的範圍內就只是彼此談話。

- **教師關注**：定義為肢體接觸（像是當賈斯汀咬自己時，老師按摩太陽穴、抱住他、輕拍他的手臂），或來自於教師或其他教職員對賈斯汀的一些言語陳述或者動作。一個正例是當老師對賈斯汀說：

「不可以咬！賈斯汀」並且給予重新指令。

● **逃避活動**：是指移除某個要求、作業或請求。舉例而言，老師容許賈斯汀繼續玩（而不用轉換到老師所要求的工作）。而一個非例則是老師短暫的暫停一下課程，但隨即繼續進行。

● **被忽略**：定義為都沒有給予學生如上述的教師或同儕關注。一個正例是一旦賈斯汀咬手臂時，老師並未說些或做些什麼以介入這個行為，而且持續進行課程。

　　圖 10-2 呈現了上述所有標的行為的基線資料。資料顯示賈斯汀在五天內共有 42 次發脾氣行為。

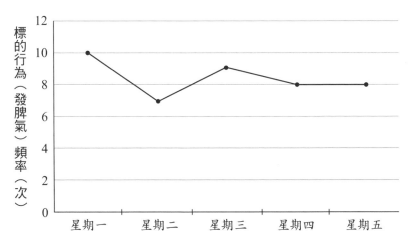

圖 10-2 ▪ 賈斯汀標的行為問題的基準線

（二）紀錄檢視與訪談

218

1. 紀錄檢視結果摘要：賈斯汀是一個診斷有自閉症的小學一年級學生（因學生年齡過小及其溝通能力的限制，學生並未接受訪談）。學校有幫他執行個別化教育計畫，目標聚焦在溝通技巧、社會技巧、自我協助技巧與認知技巧。賈斯汀每週接受一個小時的口語及語言服務，

還有 30 分鐘的職能治療服務。

2. 教師（格魯老師）訪談結果摘要：格魯老師是賈斯汀的班級導師。她在訪談中表示賈斯汀的拼字與科技方面能力很強。她發現賈斯汀很喜歡和學校裡的同學、老師在一起，但是喜歡遊戲時間更勝於工作學習時間。她說從遊戲轉換到工作時，賈斯汀常常咬自己、哭、尖叫、猛力敲手，偶爾會踢或丟擲物品；有時候他會躺在地上並且用背磨地滑行。格魯老師表示這樣發脾氣可能會持續十幾分鐘甚或半個小時，主要發生在走廊（體育館大門外）、遊戲場，以及他的工作區域居多。格魯老師反覆重申她相信這些行為最會發生在當賈斯汀發現接下來要轉換的活動比他當下正在做的事無趣時。格魯老師知道一旦賈斯汀開始自傷時（諸如咬自己、用頭撞擊堅硬物體表面），這些行為就快要發生了。針對這些行為出現後，格魯老師與賈斯汀的教師助理員會關注他，像是重新指示他做一個適當的行為，或是跟他說一些安撫的話。

3. 家長（凱斯女士）訪談結果摘要：凱斯女士表示賈斯汀非常擅長科技，擁有傑出的記憶力，運動上很活躍，很愛玩他的動物公仔，也很喜歡《獅子王》的電影。依凱斯女士的說法，賈斯汀有個妹妹，兩個人常常玩在一起（通常是在外面玩或玩電腦）。凱斯女士提到賈斯汀喜歡學校；「他都是很開心地上校車，回家時心情看起來也都蠻好的」。

賈斯汀的母親解釋道，當要求賈斯汀轉換到一個他不想參與的活動時，他就會咬自己、用頭撞地板或桌子、尖叫哭鬧、躺地上及（或）踢，這種情形一天會有好幾次，從上床睡覺到離開公園等大小事都有。這些行為主要發生在家裡，但凱斯女士最介意的是發生在公共場所（像是商店）的時候。凱斯女士說這些行為發生的持續時間或長或短，從 30 秒到 10 分鐘不等。在家中，這樣的行為最常對著媽媽出現，她相信這是因為她是那個通常決定要轉換活動的人，或是那個會

對他說「不」的人。這樣的行為也會對著他妹妹，但是比較少。如果他妹妹拿走他喜歡的玩具、對他說「不」，或是不讓他輪流玩 iPad 時，賈斯汀也會發脾氣。凱斯女士說明，賈斯汀一旦開始咬他自己的手臂，她就知道這一連串的行為即將要發生了。如果他還沒那麼煩亂，行為可能會就此停住；但如果他真的很煩，他會繼續咬、開始敲頭、倒在地上、哭、尖叫，有時還會踢。在賈斯汀過敏發作的日子，他會更頻繁地發脾氣，甚至會更嚴重。

依據凱斯女士的陳述，賈斯汀喜歡被忽略，因為他就可以繼續做那些他想做的事。例如，如果要求他收拾玩具，他就會出現這些行為，然而要是凱斯女士忽略他（沒有再重述那些要求），他會停止發脾氣，而繼續去玩他的玩具。賈斯汀喜歡照自己的意思轉換活動，而不喜歡在任何一個活動中被打斷，特別是玩他的動物時。他也會在被要求參與困難的工作時表現出挫折的樣子。

219

訪談及紀錄檢視要敘述（即可驗證的假設）：

　　當他被要求停下手邊正在做的事情，移動到一個新活動時，賈斯汀通常會咬自己、撞頭、哭、尖叫、躺地滑行，且有時候會踢東西以避免轉換到一個新的活動。在賈斯汀過敏發作的日子，他更常會出現這類行為，而且也更強烈。

（三）描述性評估的結果

1. 描述性分析（DA）紀錄：描述性分析卡用來記錄當賈斯汀的發脾氣行為發生前一刻與當下的環境事件。教職員用描述性分析卡記錄賈斯汀發脾氣的資料，為期一週五天。每一次發脾氣行為發生時，教職員就會填一張行為發生前後事件的描述性分析卡。這些不同例子的多樣資料彙集起來，加以分析，就可以決定發脾氣行為問題的潛在功能。此外，也可以蒐集到每種發脾氣行為的發生頻率。

圖 10-3 呈現了賈斯汀在這五天發脾氣的平均持續時間。如圖所示，賈斯汀發脾氣的持續時間從 4 分鐘到 15 分鐘不等。

圖 10-4 呈現了賈斯汀行為發生前不同前事刺激的百分比。如圖所示，活動轉換為最典型的前事情境（即非常可能的時間），在這樣的事件後，發脾氣行為的發生機率最高。

圖 10-5 呈現了賈斯汀發脾氣行為發生後，得到不同後果刺激的百分比。如圖所示，逃避轉換到新活動（得以維持比較喜歡的活動）最常發生在發脾氣行為出現後。

221

2. 資料摘要

當要求轉換活動，或對賈斯汀說「不」（即「被拒絕」）的時候，賈斯汀將會發脾氣以維持能繼續他所偏好的活動。

四、標的行為的功能

本節將：1. 界定行為問題的可能功能；2. 描述標的行為問題的假設功能；3. 針對潛在行為功能列出介入策略；4. 介紹正向的行為支持計畫。

219

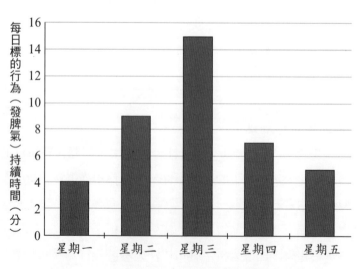

圖 10-3 ▪ 賈斯汀在這五天發脾氣的持續時間

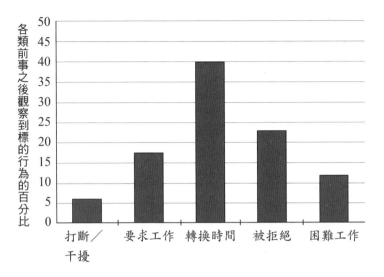

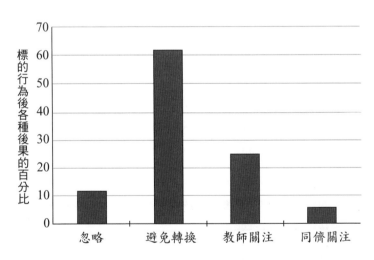

圖 10-4 ▪ 賈斯汀發脾氣行為發生在不同前事後的百分比

圖 10-5 ▪ 賈斯汀發脾氣行為發生後出現的各後果的百分比

（一）行為的潛在功能

1. 正增強：為了得到或獲得某些東西（例如：偏好的活動、物品、教職員／同儕的注意、感官刺激——視覺、聽覺、前庭覺）。

2. 負增強：為了避免或逃離某些東西（例如：命令、互動、感官刺激——視覺、聽覺、前庭覺）。

（二）賈斯汀行為問題的功能假設

以下圖示呈現賈斯汀標的行為功能的摘要敘述。所謂的行為功能摘要敘述即是具有相同功能之一個類群的行為。

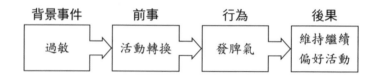

也就是，當賈斯汀遇到轉換活動的狀況時，他將會用發脾氣的行為來**維持以繼續偏好的活動**。當他過敏發作的時候，他的發脾氣也會更容易出現。

（三）針對潛在行為功能的介入策略

在設計介入策略的時候，我們試圖找出替代行為，這樣的替代行為是可以：(1) 產生類似於目前行為問題的增強型態；而且 (2) 較為省力（less response effort）。對賈斯汀來說，他發脾氣的行為是為了維持繼續進行偏好的活動。因此，賈斯汀應該要被教導更有效率、更有效能的替代行為，以有機會觸及可能的增強來源。

賈斯汀應該要系統性地被教導以下的行為，來替代他現在的發脾氣行為：向成人請求延長從事偏好活動的時間。教導他替代行為的特定策略詳列於 IEP 的教學計畫中，以達成 IEP 針對這些行為所設定的目標。

（四）正向的行為支持計畫（BSP）

現在，我們應針對賈斯汀行為的標的問題（發脾氣）執行一個正向的行為支持計畫，因為這樣的行為會對於他的學習表現造成負面的影響。為了這樣的目的，所發展的行為支持計畫要找出依據前事及後果所設計出來的策略，以：(1) 教導替代行為；(2) 確保替代行為更能與行為功能產生關聯、有效率且有效能。因此，介入計畫的目標在於降低標的行為出現的可能性，並增加適當的替代行為出現的可能性。

關於更詳細的介入策略說明，請見賈斯汀的行為支持計畫。

個案管理老師，某某學校　　　　　日期

莎拉　　　　　　　　　　　　　　2014.5.1
_____　_____

貳 行為支持計畫

一、背景事件的策略

- 賈斯汀的過敏可能會影響他的行為表現。他的家人與老師們要對他過敏惡化的早期徵兆有所警覺，這些徵兆可能包括眼睛癢或紅、要求大人幫他按摩頭部（頭痛）以及打噴嚏。一旦這些徵兆出現時，要先通知校護，讓她可以通知賈斯汀的母親，好及早預約就醫。
- 另外，在他過敏症狀出現的那幾天，老師可以增加一些讓他可以獲得提示與增強的機會，以促進替代行為和期待行為。

二、前事的策略

- 提供視覺化的日程表及一致的例行流程，讓賈斯汀可以知道接下來要做什麼。
- 修改賈斯汀的課程內容以配合他的能力，並在活動中結合他「喜歡」的東西。例如，可以將他喜歡的動物印在數學的數字卡片上。

- 在進行困難的活動前,先讓賈斯汀做些比較有趣或他所擅長的相關活動。例如,在閱讀課之前,先讓賈斯汀在白板上拼一些與動物有關的單字。
- 將所要求的工作與指令切分為較小的單位,讓他比較容易理解。
- 在賈斯汀的工作板上明確寫出工作的步驟及指令。
- 當即將要轉換活動時,提供預告。例如在戶外活動時,老師可以預告賈斯汀等到休息時間結束時就要上閱讀課了。老師可以在五分鐘前提供預告,並在最後十秒倒數計時。要是賈斯汀在玩盪鞦韆,老師可以口語提示他說:「再推十下我們就要進去閱讀了」,接著一邊推一邊大聲的數十下再停下鞦韆。
- 早自修的時候,明確告訴賈斯汀他應該遵守的行為規範,並在轉換活動及課堂前提示他遵守規範。
- 當要進行學科作業活動時,可以給賈斯汀從兩種作業中選擇一樣。像是如果要拼字時,可以讓他選擇是把拼字寫在學習單上,或是寫在白板上。
- 提醒賈斯汀當他表現適當行為時,可以獲得哪些增強,諸如可以選擇活動、賺到可以去體育館遊戲的時間、稱讚、當一堂課的小幫手、額外的休息時間等。
- 提示賈斯汀表現替代行為,老師們可以說:「記得喔!如果你需要多玩一下,你可以說我還要×分鐘。」

三、行為教導策略

(一)替代行為

1. 定義:賈斯汀會要求延長活動的時間。

2. 教導策略

- 教導代幣系統。每一次賈斯汀表達要求暫停或延長活動時,他可以賺得代幣,並挑選他那天要進行的活動。

- 向賈斯汀呈現、解釋並示範，他如何透過手勢語言來尋求延長活動時間。讓老師與教師助理員和他進行角色扮演，直到他能流暢表現這樣的行為。
- 向賈斯汀呈現、解釋並示範，他如何透過 iPad 的寫字板來尋求延長活動時間。讓老師與教師助理員和他進行角色扮演，直到他能流暢表現這樣的行為。
- 將紓壓解悶玩具和搖搖椅放在較靠近賈斯汀的位置。示範何時和如何運用這些玩具來緩和自己的情緒。
- 在轉換活動之前，分享與期待行為有關的社會性故事。
- 教導賈斯汀當他快要生氣前，運用緩和及自我調節情緒的策略，像是從 1 數到 10、緩和呼吸。在情境出現時，利用機會示範替代行為，並在自然的情境發生時提示他表現這些行為。

（二）期待行為

1. 定義：賈斯汀會安靜地、適當地、獨立地轉換到下一個活動。

2. 教導／塑造的策略
- 讓賈斯汀有機會練習適當的轉換活動，並提供立即回饋。
- 將透過塑造策略漸漸褪除支持（亦即，逐漸減少活動被延長的時間長度，以及減少允許他可以延長活動的次數）。

四、後果的策略

（一）增加適當行為的後果策略
- 當賈斯汀要求延長活動時間時，他將立即得到一個代幣，並且允許延長。當賈斯汀能流暢表現這樣的行為時，代幣便可以逐漸褪除。
- 對要求延長後安靜地配合轉換活動予以代幣後效增強。
  ○ 賈斯汀的代幣可用魔鬼氈板呈現，這個代幣板可以掛在他在工作位子附近讓他覺知到他的進步。每天早上，他選擇一張代表他賺

到獎勵的圖片（例如：動物獎章、電腦時間、額外遊戲時間或體育館時間），他一旦賺到 10 個代幣就可以兌換。獎勵兌換了之後，他就擦掉代幣板上的點數並且重新開始。

○ 當賈斯汀安靜、適當且獨立地轉換活動，老師會立刻以代幣獎勵並具體地讚美他（例如：「賈斯汀，轉換活動的表現很完美哦！你很安靜而且準時地加入活動。」）。

（二）減少不當行為的後果策略

● 忽略不當行為，除非對賈斯汀本身或他人有造成危險之虞。

● 確保所有賈斯汀錯過和未進行的必要活動（因為兌換休息時間或出現不當行為所致）都有補齊完成。

● 教導賈斯汀的班級同儕忽略他的不當行為，並在這些學生能做到不去注意賈斯汀不當行為時，給予他們正向回饋。

● 提醒賈斯汀要用適當行為，以及一旦他做到時將可獲得的增強。

五、危機處理計畫

1. 教師和教職員應該要能覺察辨識賈斯汀要發脾氣的線索，像是咬手臂、尖叫、怒視表情、不回應，或是撞頭等。

2. 當他拒絕轉換活動或是拒絕應做的工作時，每分鐘提示一次賈斯汀是否要請求休息。一旦賈斯汀求助或表達需要休息，就馬上同意他。

3. 如果賈斯汀開始出現自我傷害的行為，或開始破壞物品時（像是丟玩具、撕破海報、推倒桌椅），把在他附近的學生先撤離。他附近所有可以丟或推的東西都先移開。

4. 用對講機打給德蘭妮老師（學校輔導老師）請求支援，當德蘭妮老師抵達現場時，提示賈斯汀離開教室，告訴他說：「賈斯汀，你需要跟我去冷靜一下。」這個提示每分鐘重複一次。

5. 當賈斯汀跟著德蘭妮老師離開教室時，要有兩名教職員跟在附近以防

止他試圖跑掉。一旦他到諮商室之後，告知賈斯汀當他準備好的時候，他需要讓你知道他什麼時候準備好要解決問題。

6. 討論問題應如何解決。

7. 當賈斯汀準備好時，要求他開始進行剛剛未完成的工作。

8. 當賈斯汀能開始進行五分鐘的工作而沒有再出現自傷行為或不再發脾氣時，便可以讓他回到教室參與課堂。賈斯汀應該要在受到看顧下回到班級，而且附近要有一個教職員看著。接下來的 30 分鐘裡，約每五分鐘提示一次賈斯汀了解他是否需要幫忙或休息。

六、計畫何時與如何修正（做決定的規則）

如果計畫有效（亦即行為問題有減少且適當行為有增加），團隊將會持續運用本計畫，但會開始撤除一部分支持措施。

如果本計畫效果不如預期（亦即行為問題並未減少且適當行為沒有增加），團隊會先檢視計畫策略是否有準確地執行。老師將會重新教導替代行為與代幣制度。如果有必要時，團隊會再腦力激盪其他介入策略，包含調整增強系統。

各學習階段之活動

一、習得

1. 簡單摘要設計 FBA 與 BSP 的步驟。請用例子來支持你的答案。

2. 什麼是行為的「操作性定義」？為什麼要撰寫 FBA 與 BSP 時要有操作性定義是重要的？並請舉出一個操作性定義的例子。

二、流暢

1. 為什麼建置到位的全校性或全班性 PBIS 會影響第三層級支持的發展與

執行？

2.什麼是「社會效度」？要怎麼應用在第三層級介入中？你要如何測量第三層級介入中的社會效度呢？

三、維持

1.如何將你在第二章學到的行為原理，應用到第三層級介入？

2.你要怎麼運用資料（以及你會蒐集什麼類型的資料）來進行第三層級介入的決策？請至少舉出三個例子。

四、類化

1.你要如何確定你教室中的第三層級支持的執行「有精準度」（即按照計畫）呢？你要怎麼跟其他同事確認執行的精準度？

2.第三層級介入與 RTI（介入反應模式）的關係是什麼？

3.你可以如何和家長或監護人一起合作發展第三層級支持？他們的角色是什麼？

4.請描述你過去一次欠缺「情境適配性」的介入經驗（行為或學業的介入都可以，這經驗中你是學生或是當老師都是可以的）。

●● 第十一章 ●●

結論：
我們的下一步？

本章目標

讀完本章後，你應該能：

1. 摘述你從這本書所學到的內容。

2. 將你所學到的類化到你的教室和實務工作中。

3. 了解其他班級經營及相關主題的資訊。

試想……

這是你成為正式教師的第一天，所有事情都已就緒。在等待學生到校時，你快速地翻閱班級經營的課堂筆記和經典教科書中的重點。還記得教導班級經營的教授曾說：「所有教學的目標，就是學生能夠類化」，現在你終於了解教授的意思了。修課時能完成行為原則和將教學結構最大化的報告與通過考試是一回事，但能整合所學並將那些概念應用在自己的教室中又是另一回事。上課鐘響了，你深深地吸了一口氣，走到門邊，準備微笑並溫暖地迎接學生們進教室。好戲要上場囉！

第一節 道別

終於，你讀到這本書的最後一章了。無論你是為了課程要求認真閱讀這本書、在專業發展的工作坊中閱讀本書的部分章節，或是為了因應自己的班級經營而參考本書的重點段落，我們希望這本書對你有所助益。在本書的最後一章，我們將帶著你「漫步回憶的小徑」，回顧本書談論的重點，重溫建構本書討論的「四個主要元素」（亦即：成果、系統、資料與實務），再說明當你達到學習的類化階段，以及要在你的教室或生活的其他面向中應用本書所學時可採用的下一步。

第二節 我們做了什麼？

本書的前幾章為我們所討論的行為支持提供了理論基礎。我們介紹了正向行為介入與支持（PBIS）、摘述了使用多層級介入架構來支持行為的實證資料，也描述了形塑有效班級經營基礎的行為原則。我們教導了前事—行為—後果（和區辨刺激！），也提供在真實生活中和在教室中應用的例子，提醒你只學「秘訣」有時候可能會失敗，但學習隱含的行為原則卻不會。接著我們概覽了全校性正向行為介入與支持（SWPBIS）中的第一層級支持，並說明為何成果、系統、資料和實務是為所有學生提供正向行為支持的關鍵要素。最後，我們以成果、系統和資料來說明全班性正向行為介入與支持（CWPBIS）。

本書的第二部分，我們介紹了有實證支持的實務以協助你在自己的教室中建構 CWPBIS。我們談到如何盡你所能的最大化教室的結構，和如何主動促進學生參與你的教學，同時我們也提供你建立、定義、教導和提示教室期待行為的方法。討論了期待行為後，我們聚焦於可用來增強遵守規範的策略，以及可減少違反規範的策略。

在本書的最後一個部分，我們帶著你了解為那些對 CWPBIS 模式沒有反應的學生建立第二層級和第三層級支持的歷程。我們描述了可把這些支持融入班級層級行為支持系統的方法，並說明第二章所討論的行為原則可如何應用於特定的對象和個別的介入。

說了這麼多我們在本書所做的，你在閱讀這本書時做了什麼呢？你用了什麼策略來幫助自己了解我們的討論？針對本書所談的內容，你如何從一個學習階段進展到下一個？請先暫停閱讀，來回答以下依據「四個主要元素」（Big Four）的概念所提的問題吧！

第三節 你做了什麼？

壹 成果

1. 你期待從這本書得到什麼？
2. 你達成你的期待了嗎？
3. 你做了什麼以確保你達成期待？

貳 資料

1. 使用這本書時，你蒐集了何種資料（例如：修課的成績、自我省思筆記）？
2. 你的資料如何引導你為自己的學習做決定？
3. 本書中關於資料的學習，將如何影響你未來對於班級經營技巧的學習？

參 實務

1. 閱讀本書時，你用了什麼實務策略來提升自己對本書內容的流暢度、維持，以及最終類化所學內容？
2. 未來你會使用什麼實務策略來發展自己的班級經營技巧？
3. 本書所說明的哪些實務策略可應用於教室以外的生活中？

肆 系統

1. 你用來學習 CWPBIS 的系統其成效如何？該系統有哪些面向可再改善？
2. 未來你會使用哪些系統以確保自己能獲得班級經營實證本位實務的新知？

3. 你會使用哪些系統以確保自己可以維持班級經營的技巧？

思考上述這些問題可能會讓你覺得奇怪（畢竟都讀到這本書的最後了），但我們相信自我省思，也認為以你在本書所學的「四個主要元素」來架構自己的經驗（和未來的班級經營相關經驗），能夠幫助你更為聚焦並且提升未來類化這些技巧的可能性。

第四節 你的下一步？

上述關於系統的其中兩個問題，分別是發展一個使自己可獲得實證本位的班級經營實務新知的系統，另一個則是發展一個能維持自己班級經營技巧的系統。為了協助你回答這些問題，我們會提供我們喜歡且最信任的資源列表，這份列表可幫助你搜尋與班級經營和正向行為支持相關的新知及令人振奮的進展。

壹 網站

首先，我們推薦以下**與 PBIS 有關的網站**。每個網站都提供了很好的資訊和許多可免費下載的資源（例如：演講、資源、表格等）：

● **國家 PBIS 技術支援中心**（National Technical Assistance Center on PBIS; www.pbis.org）：這個網站由美國教育部特殊教育方案辦公室提供，是正向行為介入與支持的官方網站。你可能已經發現我們很常在書中提到這個網站。在網站上你可以找到各個層級 PBIS 的資訊、研究和演講，以及實務的範例。相信我們，如果你只能使用一個網站來補充本書所談的資訊，那麼這個就是你該使用的網站。

● **各州的 PBIS 網站**：在美國，已有超過兩萬所學校執行 PBIS，而大部分的州皆積極地倡導 PBIS。有些州的倡議較其他州有經驗，

有些州則是較重視 CWPBIS。各州正向行為介入與支持聯絡網列表
（www.pbis.org/pbis-network）是可協助你快速了解各州 PBIS 網頁
的資源。針對 CWPBIS 議題，可參考以下各州網站提供的資源：

○ 密蘇里 PBIS（Missouri PBIS; http://pbismissouri.org）：該州網
   站包含很有幫助的資源，可補充本書的內容。特別是網站上第
   一層級預防工作手冊（Tier 1 Workbook; http://pbismissouri.org/
   educators/effective-class-practice）中與班級經營有關的課程模組
   和資源。

○ 佛羅里達正向行為支持方案（Florida's Positive Behavior Support
   Project; http://flpbs.fmhi.usf.edu）：南佛羅里達大學的研究人員
   在網站上提供了班級督導指引（classroom coaching guide; http://
   flpbs.fmhi.usf.edu/resources_classroom_mod.cfm），可在教師和
   PBIS 團隊成員執行 CWPBIS 的過程中提供協助。

● 學業與行為的介入反應訓練影片（Academic and Behavioral
  Response to Intervention Training Videos; https://louisville.edu/
  education/abri/training.html）：讀完 CWPBIS 後，你可能想知道這
  些實務該如何執行。Terry Scott 博士和同事分享的影片展示了許多
  本書提到的重要實務，並為這些實務應用在不同學科領域（例如：
  數學和閱讀）、教學活動（例如：個別、小組）、教育階段（例
  如：小學、國中和高中），及對象（例如：普通班、高出現率障
  礙、低出現率障礙）提供範例。

其次，我們發現以下的網站也彙整了與 PBIS、班級教學，和其他多
元主題相關的**其他實證本位實務**：

● What Works Clearinghouse（http://ies.ed.gov/ncee/wwc）：這個網
  站是由美國教育部的教育科學學會（Institute of Education Sciences,
  IES）建置，提供嚴謹的教育研究回顧，以及達成和沒達成「實

證本位實務」標準的實務之摘要。此外，該網站還提供在學校和教室情境執行這些實務的建議和策略〔使用網頁上「實務指引」（Practice Guides）的連結，就會發現許多令人驚訝的資源，而且是免費的喔！〕。

- 地區性的教育實驗室（Regional Educational Labs, REL; http://ies. ed.gov/ncee/edlabs/regions）：除了中央政府提供的資源，IES 也資助地區性的教育實驗室（REL）方案。REL 提供了較能反應各區或在地需求的好資源。

貳 相關書籍

雖然關於行為的教科書非常多，但我們想推薦在實務現場對我們特別有幫助（也在本書中提到）的幾本書。

- Alberto, P. A., & Troutman, A. C. (2013). *Applied behavior analysis for teachers* (9th ed.). Upper Saddle River, NJ: Pearson Education.（中文版《應用行為分析》由心理出版社出版）
  對於想進一步了解應用行為分析（ABA）的教師而言，這本書是經典的參考書。雖然這本書的內容談到許多理論，但它的寫作風格和架構皆為各學習階段的讀者提升了其可及性。

- Cooper, J. O., Heron, T. E., & Heward, W. L. (2007). *Applied behavior analysis* (2nd ed.). Upper Saddle River, NJ: Prentice Hall.〔中文版《應用行為分析》（中文第二版）由學富文化出版〕
  這本書被稱為「白皮書」（white book），是任何一個訓練 ABA 的課程必備的參考書。它提供了兼具廣度和深度的行為理論及獨一無二的應用行為分析內容。（這是我們書架上必備的一本書！）

- Crone, D. A., Hawken, L. S., & Horner, R. H. (2010). *Responding to problem behavior in schools: The Behavior Education Program* (2nd ed.). New York: Guilford Press.

這是一本容易閱讀的第二層級支持入門書，也是一本執行行為教育方案（BEP，或大家所知的CICO）的指引。職前和在職教師可使用這個資源學習有效且有實證支持的第二層級支持方法。

● Crone, D. A., Hawken, L. S., & Horner, R. H. (2015). *Building positive behavior support systems in schools* (2nd ed.). New York: Guilford Press.

本書為容易閱讀的第三層級支持入門書，可搭配前一本書使用。與前一本書相同，這本書可作為職前教師培訓的大學用書，或可作為在職教師執行第三層級支持的指南。

● Darch, C. B., & Kame'enui, E. B. (2004). *Instructional classroom management: A proactive approach to behavior management* (2nd ed.). Upper Saddle River, NJ: Pearson Education.

從書名可知，本書從教學的觀點探討行為支持。除了內容扎實外，本書也提供了容易使用的檢核表，提供教師自我監控或協助其他教師執行策略。

● Rathvon, N. (2008). *Effective school interventions: Evidence-based strategies for improving student outcomes* (2nd ed.). New York: Guilford Press.

231

本書以容易閱讀的方式介紹70種介入策略的執行與評鑑方式。這是一本很好的「入門指南」，教師可參考本書以了解如何預防、處理，或改善教室中的特定行為。

● 「The Guilford Practical Intervention in the Schools Series」系列的其他書。除了上述的參考書之外，我們推薦你搜尋此系列書中的其他書籍（見 www.guilford.com/practical）。這個系列提供了關於行為評量、督導教師進行班級經營，和其他關於CWPBIS的資源。

如前所述，我們相信最棒的老師是終身學習者。我們提供的資源能協助你持續了解這個領域的新知，你也可以開始蒐集自己喜歡和信任的參考資源列表（如果你還沒開始的話）。

除了成為一位終身學習者，也可思考自己想成為哪一種類型的教師。關於你和你的課堂，有哪些是你想要學生學習且記得的「重點」？數年後你希望學生怎麼回憶你這位老師？你想在教育領域留下什麼樣的印記呢？在你省思這些問題時，可能有些答案是可清楚地觀察、測量，且具體的（例如：「我想要學生學習微積分」）；有些答案可能較為主觀（例如：「我想要學生成為民主體制的積極參與者」）；有些答案可能難以定義（例如：「我想和學生建立並長久維持正向關係」）。對於可清楚觀察和測量的答案，你現在知道如何把它轉換成學習成果的敘述、蒐集資料來引導你做決定、選擇和執行教學實務，並建立可支持和維持你執行的系統。我們相信這些程序可應用於任何一種學習成果，包括建立關係。由於關係是教學和 CWPBIS 的奠基石，接下來我們要以如何與學生建立正向關係的討論來總結本書。

第五節 與學生建立關係

與學生建立關係是在班級經營中常被提及的一個面向（如 Marzano, 2003）。與學生建立關係是重要的；在學校有支持關係的學生對學校抱持較佳的態度、較高的學業成就，而表現較少的學生可能導致中輟或其他負向學習成果的教室干擾行為與低成就（Rathvon, 2008）。當然「建立關係」較無法被觀察與測量，那有可能清楚定義建立關係，並提供教師可幫助他們與學生建立支持關係的策略嗎？

我們相信是有可能的。請回憶你覺得和你有深厚關係的老師。那些老師有哪些不同的表現呢？整體而言，他們至少都展現了以下部分行為：

- 知道所有學生的名字，並經常在與學生互動時叫他們的名字（包括在課堂開始以及在其他場合呼喚學生的名字和他打招呼）。

- 在上課前和下課後跟學生聊天（例如：問學生週末過得如何，或有沒有人去看了很受歡迎的新電影）。

- 在學生說話時，以眼神接觸、肢體語言（例如：點頭）、重述學生的話，和在日後記得（或提到）與學生對話的內容，以展現積極的傾聽。

- 以有建設性、正向的態度矯正錯誤，使學生了解犯錯不但是沒關係的，而且是正常的，也讓學生不會因受挫而影響參與。

- 微笑，並對自己所教導的科目展現熱情。

- 讓學生知道自己是教室中重要的成員（亦即讓學生知道他們的課業和社會能力的成長是每一天努力的重點）。

除了上述這些行為外，使用我們在這本書中提供的實務策略也能幫助你有效地與學生建立關係。學生在可預期的環境中會覺得比較自在（也因此比較可能和老師建立連結），而你也從書中學習到了如何將教室結構最大化以提升可預測性與一致性。我們談到如何在教學活動中和選擇增強方式時融入學生的興趣，並且也談到越常獎勵學生遵守規範的行為越好。如果你使用這些策略，學生會知道你有在「關注」他們，如此就能夠協助建立師生雙方都能互惠的關係。建立關係的目標不是讓學生「喜歡」你（雖然這絕對不是件壞事），而是建立一個師生互相尊重、可以自在地表達不同的意見且被重視，並且聚焦在做得好的地方（以及如何使這樣的進展繼續保持下去）的環境。和老師有深厚關係的學生較可能喜歡上學，而我們絕對想增加這個行為出現的機率。

最後一個想法：最渴望與老師建立深厚關係的學生，可能是那些最難建立關係的學生。他們可能是長期表現行為問題、在學校有許多負向經驗，或學業有困擾而且覺得每天都很討厭的學生。這些是最需要你的學

生，這就是為何著眼於學生做得好的表現——相對於關注學生犯的錯——是如此的重要。有很多行為問題的學生很少（或未曾）被讚許；如果學生每天聽到的都是「別再吵了！」或「小冠！來跟我討論你在這個科目的成績表現！」老師一句簡單的「嗨，小冠！謝謝你幫我開門，這是很尊重老師的表現喔！」就能讓學生的一天變得很不同。

永遠不要低估自己對學生的生命可以帶來的正向影響。教學可能無法為老師帶來立即的增強。通常學生要到學習的類化階段（大多是在他們離開課堂許久以後）才會感受到老師所教內容的價值，因此大部分的學生不會感謝你的教導。只要知道你教導學生的，特別是與社會行為相關的部分，很有可能使他們的生活變得更好，也使他們周圍的人（如重要他人、雇主、同事）的生活變得更好就夠了。

第六節 感謝和離別的禮物：至關重要的 CWPBIS 實施檢核表

既然你已經了解如何將 CWPBIS 的成果、資料、實務和系統整合在一起以創造一個正向的班級環境，以及和學生建立關係，現在，就（從你的教室開始）去創造一個更美好的世界吧！為了協助你做好準備，最後我們要以一張檢核表，提供你結合了我們多年 CWPBIS 研究和實務經驗的建議（見圖 11-1）。你可以用這個工具來幫助自己落實 CWPBIS，你可以以這個工具進行自評，或請同事或行政人員在簡短的（10 到 15 分鐘）觀課時協助檢核。

感謝你與我們一起完成了這個學習歷程，希望讀完這本書對你建立一個正向、結構化，且吸引人的班級環境之知能有所增進，並在你的班級中能夠 (1) 教導、提示和增強期待行為；並 (2) 預防或以教學的方式有效地處理行為問題。

說明：這個檢核表將協助你檢視 CWPBIS 的重點。針對已完整執行的項目，請勾選「是」；針對仍在嘗試的項目，請勾選「部分執行」；若尚未執行某個項目，請勾選「否」；如果需要更多的資訊，請勾選「？」。你的目標是針對教室中大多數（如果不是全部）的活動勾選「是」。針對每個勾選「否」或「？」的項目，請尋求行為管理專家（如：情緒行為輔導團教師、特殊的協助人員、特殊教育中心等）的協助。

教育人員：＿＿＿＿＿＿＿＿＿＿＿＿＿＿＿＿＿　　日　期：＿＿＿＿

觀 察 者：＿＿＿＿＿＿＿＿＿＿＿＿＿＿＿＿＿

教學活動：＿＿＿＿＿＿＿＿＿＿＿＿＿＿＿＿＿　　開始時間：＿＿＿＿

　　　　　＿＿＿＿＿＿＿＿＿＿＿＿＿＿＿＿＿　　結束時間：＿＿＿＿

班級經營策略（執行）	執行程度			
	是	部分執行	否	？
教室結構最大化				
1. 我會公告整天的日程表和（或）教室活動的流程。				
2. 我會依據教學活動適當地安排教室物理環境（例如：座位的分配、教室設備的規劃）。				
建立、提示和監控正向敘述的期待				
3. 我會公告三到五個正向敘述的期待行為。				
4. 在教學時我會積極地監控我的班級（例如：走動、掃視）。				
5. 我會**有效地**提示學生遵守正向陳述的規範，並且（或）示範其他適合的社會行為（例如：在適當的時機，以適合學生年齡且正向的語言提示學生）。				

圖 11-1 ▪ CWPBIS 自我檢核

班級經營策略（執行）	執行程度			
	是	部分執行	否	？
主動促進學生參與教學				
6. 在教學中，我會合理地提供多數／所有學生高**比率**回應和參與的機會。				
7. 我會以多種可觀察的方式（例如：書面、口語、姿勢）**有效**且主動地促進大多數學生參與。				
執行連續性的策略獎勵適當行為				
8. 針對學生學業和社會行為的好表現，我會**有效**且以足夠的**比率**使用具體的讚美（以及其他可行的策略／系統）（亦即所給的具體讚美與好表現有關、是真誠且適當的）。				
執行連續性的策略回應行為問題				
9. 針對學生的不當行為，我會快速、冷靜、直接，且明確地給予矯正／重新指令（或適當地忽略該行為）。				
10. 相較於學生的行為問題，我更常獎勵學生的適當行為（＋與－的比例）。				

圖 11-1 ▪ CWPBIS 自我檢核（續）

資料來源：Brandi Simonsen 和 Diane Myers（2015）。Copyright by The Guilford Press. 購買本書的讀者可自行影印，唯僅供個人使用。

參考文獻

Alberto, P. A., & Troutman, A. C. (2013). *Applied behavior analysis for teachers* (9th ed.). Upper Saddle River, NJ: Pearson Education.

Allen, C. T., & Forman, S. G. (1984). Efficacy of methods of training teachers in behavior modification. *School Psychology Review, 13*, 26–32.

Anderson, A. R., Christenson, S. L., Sinclair, M. F., & Lehr, C. A. (2004). Check & Connect: The importance of relationships for promoting engagement with school. *Journal of School Psychology, 42*, 95–113.

Anderson, C. M., & Borgmeier, C. (2010). Tier II interventions within the framework of school wide positive behavior support: Essential features for design, implementation, and maintenance. *Behavior Analysis in Practice, 3*, 33–45.

Artesani, A. J., & Mallar, L. (1998). Positive behavior supports in general education settings: Combining person-centered planning and functional analysis. *Intervention in School and Clinic, 34*, 33–38.

Baer, D. M., Wolf, M. M., & Risley, T. R. (1968). Some current dimensions of applied behavior analysis. *Journal of Applied Behavior Analysis, 1*, 91–97.

Barrett, S. B., Bradshaw, C. P., & Lewis-Palmer, T. (2008). Maryland statewide PBIS initiative: Systems, evaluation, and next steps. *Journal of Positive Behavior Interventions, 10*, 105–114.

Becker, W. C., & Gersten, R. (1982). A follow-up of Follow Through: The later effects of the Direct Instruction Model on children in fifth and sixth grades. *American Educational Research Journal, 19*, 75–92.

Begeny, J. C., & Martens, B. K. (2006). Assessing pre-service teachers' training in empirically-validated behavioral instruction practices. *School Psychology Quarterly, 21*, 262–285.

Bradshaw, C. P., Koth, C. W., Bevans, K. B., Ialongo, N., & Leaf, P. J. (2008). The impact of school-wide Positive Behavioral Interventions and Supports (PBIS) on the organizational health of elementary schools. *School Psychology Quarterly, 23*, 462–473.

Bradshaw, C. P., Koth, C. W., Thornton, L. A., & Leaf, P. J. (2009). Altering school climate through schoolwide Positive Behavioral Interventions and Supports: Findings from a group-randomized effectiveness trial. *Prevention Science, 10*, 100–115.

Bradshaw, C. P., Mitchell, M. M., & Leaf, P. J. (2010). Examining the effects of School-Wide Positive Behavioral Interventions and Supports on student outcomes: Results from a randomized controlled effectiveness trial in elementary schools. *Journal of Positive Behavior Interventions, 12*, 133–148.

Bradshaw, C. P., Waasdorp, T. E., & Leaf, P. J. (2012). Effects of School-Wide Positive Behavioral Interventions and Supports on child behavior problems. *Pediatrics, 130*, 1136–1145.

Briere, D. E., Simonsen, B., Myers, D., & Sugai, G. (2013, August 16). Increasing new teachers' specific praise rates using a within-school consultation intervention. *Journal of Positive Behavior Interventions*. Advance online publication. doi: 10.1177/1098300713497098.

Bruns, E. J., Sather, A., Pullmann, M. D., & Stambaugh, L. (2011). National trends in implementing wraparound: Results from the state wraparound survey. *Journal of Child and Family Studies, 20*, 726–735.

Caplan, G. (1964). *Principles of preventive psychiatry*. New York: Basic Books.

Carr, E. G., Dunlap, G., Horner, R. H., Koegel, R. L., Turnbull, A. P., Sailor, W., et al. (2002). Positive behavior support: Evolution of an applied science. *Journal of Positive Behavior Interventions, 4*, 4–16, 20.

Carr, J. E., Severtson, J. M., & Lepper, T. L. (2008). Noncontingent reinforcement is an empirically supported treatment for problem behavior exhibited by individuals with developmental disabilities. *Research in Developmental Disabilities, 30*, 44–57.

Carter, M., & Kemp, C. R. (1996). Strategies for task analysis in special education. *Educational Psychology, 16*, 155–170.

Chafouleas, S. M., Sanetti, L. M. H., Kilgus, S. P., & Maggin, D. M. (2012). Evaluating sensitivity to behavioral change across consultation cases using Direct Behavior Rating Single-Item Scales (DBR-SIS). *Exceptional Children, 78*, 491–505.

Chalk, K., & Bizo, L. A. (2004). Specific praise improves on-task behavior and numeracy enjoyment: A study of year four pupils engaged in numeracy hour. *Educational Psychology in Practice, 20*, 335–351.

Cheney, D. A., Lynass, L., Flower, A., Waugh, M., Iwaszuk, W., Mielenz, C., et al. (2010). The Check, Connect, and Expect Program: A Targeted, Tier 2 Intervention in the Schoolwide Positive Behavior Support Model. *Preventing School Failure, 54*(3), 152–158.

Cheney, D. A., Stage, S. A., Hawken, L. S., Lynass, L., Mielenz, C., & Waugh, M. (2009). A 2-year outcome study of the check, connect, and expect intervention for students at risk for severe behavior problems. *Journal of Emotional and Behavioral Disorders, 17*, 226–243.

Clark, H., Knab, J., & Kincaid, D. (2005). Person-centered planning. In M. Hersen, J. Rosqvist, A. Gross, R. Drabman, G. Sugai, & R. Horner (Eds.), *Encyclopedia of behavior modification and cognitive behavior therapy: Vol. 1. Adult clinical applications; Vol. 2: Child clinical applications; Vol. 3: Educational applications* (Vol. 1, pp. 429–431). Thousand Oaks, CA: Sage.

Colvin, G., Sugai, G., Good, R. H., & Lee, Y. (1997). Using active supervision and pre-correction to improve transition behaviors in an elementary school. *School Psychology Quarterly, 12*, 344–363.

Cooper, J. O., Heron, T. E., & Heward, W. L. (2007). *Applied behavior analysis* (2nd ed.). Upper Saddle River, NJ: Prentice Hall.

Council for Exceptional Children. (1987). *Academy for effec-

tive instruction: Working with mildly handicapped students. Reston, VA: Author.

Crone, D. A., Hawken, L. S., & Horner, R. H. (2010). *Responding to problem behavior in schools: The Behavior Education Program* (2nd ed.). New York: Guilford Press.

Crone, D. A., Hawken, L. S., & Horner, R. H. (2015). *Building positive behavior support systems in schools* (2nd ed.). New York: Guilford Press.

Darch, C. B., & Kame'enui, E. B. (2004). *Instructional classroom management: A proactive approach to behavior management* (2nd ed.). Upper Saddle River, NJ: Pearson Education.

Doyle, P. M., Wolery, M., Ault, M. J., & Gast, D. L. (1988). System of least prompts: A literature review of procedural parameters. *Journal of the Association for Persons with Severe Handicaps, 13,* 28–40.

Dunlap, G., dePerczel, M., Clarke, S., Wilson, D., Wright, S., White, R., et al. (1994). Choice making to promote adaptive behavior for students with emotional and behavioral challenges. *Journal of Applied Behavior Analysis, 27,* 505–518.

Eber, L., Hyde, K., Rose, J., Breen, K., McDonald, D., & Lewandowski, H. (2009). Completing the continuum of schoolwide positive behavior support: Wraparound as a tertiary-level intervention. In W. Sailor, G. Dunlap, & G. Sugai (Eds.), *Handbook of positive behavior support* (pp. 671–703). New York: Springer.

Eber, L., Osuch, R., & Redditt, C. A. (1996). School-based applications of wraparound process: Early results on service provision and student outcomes. *Journal of Child and Family studies, 5,* 83–99.

Eber, L., Sugai, G., Smith, C., & Scott, T. (2002). Blending process and practice to maximize outcomes: Wraparound and positive behavioral interventions and supports in the schools. *Journal of Emotional and Behavioral Disorders, 10,* 171–181.

Embry, D. D. (2002). The Good Behavior Game: A best practice candidate as a universal behavioral vaccine. *Clinical Child and Family Psychology Review, 5,* 273–297.

Engleman, Z., & Carnine, D. (1982). *Theory of instruction: Principles and applications.* New York: Irvington.

Fairbanks, S., Sugai, G., Guardino, D., & Lathrop, M. (2007). Response to intervention: Examining classroom behavior support in second grade. *Exceptional Children, 73,* 288–310.

Faul, A., Stepensky, K., & Simonsen, B. (2012). The effects of prompting appropriate behavior on the off-task behavior of two middle school students. *Journal of Positive Behavior Interventions, 14,* 47–55.

Ferguson, E., & Houghton, S. (1992). The effects of contingent teacher praise, as specified by Canter's assertive discipline programme, on children's on-task behaviour. *Educational Studies, 18,* 83–93.

Fixsen, D. L., Naoom, S. F., Blase, K. A., Friedman, R. M., & Wallace, F. (2005). *Implementation research: A synthesis of the literature* (FMHI Publication No. 231). Tampa: University of South Florida, Louis de la Parte Florida Mental Health Institute, National Implementation Research Network.

Flannery, K. B., Newton, S., Horner, R. H., Slovic, R., Blumberg, R., & Ard, W. R. (2000). The impact of person centered planning on the content and organization of individual supports. *Career Development for Exceptional Individuals, 23,* 123–137.

Forman, S. G. (1980). A comparison of cognitive training and response cost procedures in modifying aggressive behavior of elementary school children. *Behavior Therapy, 11,* 594–600.

Freeman, J., Simonsen, B., Briere, D. E., & MacSuga-Gage, A. S. (in press). Pre-service teacher training in classroom management: A review of state accreditation policy and teacher preparation programs. *Teacher Educational and Special Education.*

Frey, K. S., Nolen, S. B., Van Schoiack-Edstrom, L., & Hirschstein, M. K. (2005). Effects of a school-based social-emotional competence program: Linking children's goals, attributions, and behavior. *Applied Developmental Psychology, 26,* 171–200.

Gage, N. A., Lewis, T. J., & Stichter, J. P. (2012). Functional behavioral assessment-based intervention for students with or at risk for emotional and/or behavioral disorders in school: A hierarchical linear modeling meta-analysis. *Behavioral Disorders, 37,* 55–77.

Goh, A. E., & Bambara, L. M. (2012). Individualized positive behavior support in school settings: A meta-analysis. *Remedial and Special Education, 33,* 271–286.

Greene, R. J., & Pratt, J. J. (1972). A group contingency for individual misbehaviors in the classroom. *Mental Retardation, 20,* 33–35.

Greenwood, C. R., Delquadri, J. C., & Hall, R. V. (1989). Longitudinal effects of classwide peer tutoring. *Journal of Educational Psychology, 81,* 371–383.

Gresham, F. M., Sugai, G., & Horner, R. H. (2001). Interpreting outcomes of social skills training for students with high incidence disabilities. *Exceptional Children, 67,* 331–344.

Grossman, D. C., Neckerman, H. J., Koepsell, T. D., Liu, P. V., Asher, K. N., Beland, K., et al. (1997). Effectiveness of a violence prevention curriculum among children in elementary school: A randomized controlled trial. *Journal of the American Medical Association, 277,* 1605–1611.

Grossman, J., & Tierney, J. P. (1998). Does mentoring work?: An impact study of the Big Brothers Big Sisters program. *Evaluation Review, 22,* 403–426.

Hawken, L. S., Adolphson, S. L., MacLeod, K. S., & Schumann, J. (2008). Secondary-tier interventions and supports. In W. Sailor, G. Dunlap, Sugai, & R. Horner (Eds.), *Handbook of positive behavior support* (pp. 395–420). New York: Springer.

Hawken, L. S., & Horner, R. H. (2003). Evaluation of a targeted intervention within a schoolwide system of behavior support. *Journal of Behavioral Education, 12,* 225–240.

Hawken, L. S., MacLeod, K. S., & Rawlings, L. (2007). Effects of the Behavior Education Program on office discipline referrals of elementary school children. *Journal of Positive Behavior Interventions, 9,* 94–101.

Haydon, T., Conroy, M. A., Scott, T. M., Sindelar, P. T., Barber, B. R., & Orlando, A. M. (2009). A comparison of three types of opportunities to respond on student academic and social behaviors. *Journal of Emotional and Behavioral Disorders, 18,* 27–40.

Horner, R. H., & Albin, R. (1988). Research on general-case procedures for learners with severe disabilities. *Education and Treatment of Children, 11,* 375–388.

Horner, R. H., Sugai, G., & Anderson, C. M. (2010). Examining the evidence base for school-wide positive behavior support. *Focus on Exceptionality, 42,* 1–14.

Horner, R., Sugai, G., Smolkowski, K., Eber, L., Nakasato, J.,

Todd, A., et al. (2009). A randomized, wait-list controlled effectiveness trial assessing school-wide positive behavior support in elementary schools. *Journal of Positive Behavior Interventions, 11*, 133–145.

Horner, R. H., Vaughn, B. J., Day, H. M., & Ard, W. R. (1996). The relationship between setting events and problem behavior: Expanding our understanding of behavioral support. In L. K. Koegel, R. L. Koegel, & G. Dunlap (Eds.), *Positive behavioral support: Including people with difficult behavior in the community* (pp. 381–402). Baltimore: Brookes.

Infantino, J., & Little, E. (2005). Students' perceptions of classroom behaviour problems and the effectiveness of different disciplinary methods. *Educational Psychology, 25*, 495–508.

Ingersoll, R. M., & Smith, T. M. (2003). The wrong solution to the teacher shortage. *Educational Leadership, 60*, 30–33.

Ingram, K., Lewis-Palmer, T., & Sugai, G. (2005). Function-based intervention planning: Comparing the effectiveness of FBA indicated and contra-indicated intervention plans. *Journal of Positive Behavior Interventions, 7*, 224–236.

Kartub, D. T., Taylor-Green, S., March, R. E., & Horner, R. H. (2007). Reducing hallway noise: A systems approach. *Journal of Positive Behavior Interventions, 2*, 179–182.

Kennedy, C. H., Long, T., Jolivette, K., Cox, J., Tang, J. C., & Thompson, T. (2001). Facilitating general education participation for students with behavior problems by linking positive behavior supports and person-centered planning. *Journal of Emotional and Behavioral Disorders, 9*, 161–171.

Kerr, M. M., & Nelson, C. M. (2006). *Strategies for addressing behavior problems in the classroom* (5th ed.). Upper Saddle River, NJ: Pearson Education.

Kleinman, K. E., & Saigh, P. A. (2011). The effects of the Good Behavior Game on the conduct of regular education New York City high school students. *Behavior Modification, 35*, 95–105.

Lane, K. L., Wehby, J., Menzies, H. M., Doukas, G. L., Munton, S. M., & Gregg, R. M. (2003). Social skills instruction for students at risk for antisocial behavior: The effects of small-group instruction. *Behavioral Disorders, 28*, 229–248.

Lassen, S. R., Steele, M. M., & Sailor, W. (2006). The relationship of school-wide positive behavior support to academic achievement in an urban middle school. *Psychology in the Schools, 43*, 701–712.

Lazarus, B. D. (1993). Guided notes: Effects with secondary and postsecondary students with mild disabilities. *Education and Treatment of Children, 16*, 272–289.

Lewis, T. J., Jones, S. E. L., Horner, R. H., & Sugai, G. (2010). School-wide positive behavior support and students with emotional/behavioral disorders: Implications for prevention, identification and intervention. *Exceptionality: A Special Education Journal, 18*, 82–93.

Libby, M. E., Weiss, J. S., Bancroft, S., & Ahearn, W. H. (2008). A comparison of most-to-least and least-to-most prompting on the acquisition of solitary play skills. *Behavior Analysis in Practice, 1*, 37–43.

MacDuff, G. S., Krantz, P. J., & McClannahan, L. E. (2001). Prompts and prompt fading strategies for people with autism. In C. Maurice, G. Green, & R. M. Foxx (Eds.), *Making a difference: Behavioral intervention for autism* (pp. 37–50). Austin, TX: PRO-ED.

MacSuga, A. S., & Simonsen, B. (2011). Increasing teachers' use of evidence-based classroom management strategies through consultation: Overview and case studies. *Beyond Behavior, 20*, 4–12.

MacSuga-Gage, A. S., & Simonsen, B. (in press). Examining the effects of teacher-directed opportunities to respond and student outcomes: A systematic review of the literature. *Education and Treatment of Children.*

March, R. E., & Horner, R. H. (2002). Feasibility and contributions of functional behavioral assessments in schools. *Journal of Emotional and Behavioral Disorders, 13*, 158–170.

March, R. E., Horner, R. H., Lewis-Palmer, T., Brown, D., Crone, D., Todd, A. W., et al. (2000). *Functional Assessment Checklist for Teachers and Staff (FACTS)*. Eugene: Department of Educational and Community Supports, University of Oregon.

Marzano, R. J. (2003). *What works in schools: Translating research into action.* Alexandria, VA: ASCD.

McIntosh, K., Bennett, J. L., & Price, K. (2011). Evaluation of social and academic efforts of school-wide positive behaviour support in a Canadian school district. *Exceptionality Education International, 21*, 46–60.

McIntosh, K., Campbell, A. L., Carter, D. R., & Dickey, C. R. (2009). Differential effects of a tier two behavior intervention based on function of problem behavior. *Journal of Positive Behavior Interventions, 11*, 68–81.

McIntosh, K., Filter, K. J., Bennett, J. L., Ryan, C., & Sugai, G. (2010). Principles of sustainable prevention: Designing scale-up of school-wide positive behavior support to promote durable systems. *Psychology in the Schools, 47*, 5–21.

Muscott, H. S., Mann, E. L., & LeBrun, M. R. (2008). Effects of large-scale implementation of schoolwide positive behavior support on student discipline and academic achievement. *Journal of Positive Behavior Interventions, 10*, 190–205.

Myers, D., Simonsen, B., & Sugai, G. (2011). Increasing teachers' use of praise with a response to intervention approach. *Education and Treatment of Children, 34*, 35–59.

Noell, G. H., Witt, J. C., Gilbertson, D. N., Rainer, S. D., & Freeland, J. T. (1997). Increasing teacher intervention implementation in general education settings through consultation and performance feedback. *School Psychology Quarterly, 12*, 77–88.

Nolan, J. D., Houlihan, D., Wanzek, M., & Jenson, W. R. (2014). The Good Behavior Game: A classroom-behavior intervention effective across cultures. *School Psychology International, 35*, 191–205.

Ota, K., & DuPaul, G. J. (2002). Task engagement and mathematics performance in children with attention-deficit hyperactivity disorder: Effects of supplemental computer instruction. *School Psychology Quarterly, 17*, 242–257.

Pavlov, I. P. (1960). *Conditioned reflex: An investigation of the physiological activity of the cerebral cortex.* Oxford, UK: Dover. (Original work published 1927)

Rathvon, N. (2008). *Effective school interventions: Evidence-based strategies for improving student outcomes* (2nd ed.). New York: Guilford Press.

Reinke, W. M., Herman, K. C., & Sprick, R. (2011). *Motivational interviewing for effective classroom management: The classroom check-up.* New York: Guilford Press.

Reinke, W. M., Lewis-Palmer, T., & Merrell, K. (2008). The classwide check-up: A classwide teacher consultation model for increasing praise and decreasing disruptive behavior. *School Psychology Review, 37*, 315–332.

Riley, G. A. (1995). Guidelines for devising a hierarchy when fading response prompts. *Education and Training in Mental Retardation and Developmental Disabilities, 30*, 231–242.

Riley-Tillman, T. C., Kalberer, S. M., & Chafouleas, S. M. (2005). Selecting the right tool for the job: A review of behavior monitoring tools used to assess student response to intervention. *California School Psychologist, 10*, 81–91.

Scott, T. M., & Eber, L. (2003). Functional assessment and wraparound as systemic school processes: Primary, secondary, and tertiary systems examples. *Journal of Positive Behavior Interventions, 5*, 131–143.

Shapiro, E. S. (2013). *Behavior observation of students in schools (BOSS)*. San Antonio, TX: Pearson.

Simonsen, B., Eber, L., Black, A., Sugai, G., Lewandowski, H., Sims, B., et al. (2012a). Illinois state-wide positive behavior interventions and supports: Evolution and impact on student outcomes across years. *Journal of Positive Behavior Interventions, 14*, 5–16.

Simonsen, B., Fairbanks, S., Briesch, A., Myers, D., & Sugai, G. (2008). A review of evidence based practices in classroom management: Considerations for research to practice. *Education and Treatment of Children, 31*, 351–380.

Simonsen, B., MacSuga, A. S., Fallon, L. M., & Sugai, G. (2013). Teacher self-monitoring to increase specific praise rates. *Journal of Positive Behavior Interventions, 15*, 3–13.

Simonsen, B., MacSuga-Gage, A. S., Briere, D. E., Freeman, J., Myers, D., Scott, T., et al. (2014). Multitiered support framework for teachers' classroom-management practices: Overview and case study of building the triangle for teachers. *Journal of Positive Behavior Interventions, 16*, 179–190.

Simonsen, B., Myers, D., & Briere, D. E. (2011). Comparing a behavioral check-in/check-out (CICO) intervention with standard practice in an urban middle school using an experimental group design. *Journal of Positive Behavior Interventions, 13*, 31–48.

Simonsen, B., Myers, D., Everett, S., Sugai, G., Spencer, R., & LaBreck, C. (2012b). Explicitly teaching social skills schoolwide: Using a matrix to guide instruction. *Intervention in School and Clinic, 47*, 259–266.

Simonsen, B., & Sugai, G. (2007). Using school-wide data systems to make decisions efficiently and effectively. *School Psychology Forum, 1*(2), 46–58.

Sinclair, M. F., Christenson, S. L., Evelo, D. L., & Hurley, C. M. (1998). Dropout prevention for youth with disabilities: Efficacy of a sustained school engagement procedure. *Exceptional Children, 65*, 7–21.

Sinclair, M. F., Christenson, S. L., & Thurlow, M. L. (2005). Promoting school completion of urban secondary youth with emotional or behavioral disabilities. *Exceptional Children, 71*, 465–482.

Skiba, R. J., Horner, R. H., Chung, C., Rausch, M., May, S. L., & Tobin, T. (2011). Race is not neutral: A national investigation of African American and Latino disproportionality in school discipline. *School Psychology Review, 40*, 85–107.

Skinner, B. F. (1953). *Science and human behavior*. New York: Macmillan.

Skinner, B. F. (1963). Operant behavior. *American Psychologist, 18*, 503–515.

Skinner, B. F. (1969). Contingency management in the classroom. *Education, 90*, 93–100.

Skinner, B. F. (1974). *About behaviorism*. New York: Random House.

Skinner, B. F. (1983). *A matter of consequences*. New York: New York University Press.

Smith, T. M., & Ingersoll, R. (2004). What are the effects of induction and mentoring on beginning teacher turnover?

American Education Research Journal, 41, 681–714.

Snell, M. E., Voorhees, M. D., & Chen, L. Y. (2005). Team involvement in assessment-based interventions with problem behavior: 1997–2002. *Journal of Positive Behavior Interventions, 7*, 140–152.

Spaulding, S. A., Irvin, L. K., Horner, R. H., May, S. L., Emeldi, M., Tobin, T. J., et al. (2010). Schoolwide social-behavioral climate, student problem behavior, and related administrative decisions: Empirical patterns from 1510 schools nationwide. *Journal of Positive Behavior Interventions, 12*, 69–85.

Stokes, T. F., & Baer, D. M. (1977). An implicit technology of generalization. *Journal of Applied Behavior Analysis, 10*, 349–367.

Sugai, G., & Horner, R. H. (2006). A promising approach for expanding and sustaining school-wide positive behavior support. *School Psychology Review, 35*, 245–259.

Sugai, G., & Horner, R. H. (2009). Responsiveness-to-intervention and school-wide positive behavior supports: Integration of multi-tiered system approaches. *Exceptionality: A Special Education Journal, 17*, 223–237.

Sugai, G., Horner, R. H., Algozzine, R., Barrett, S., Lewis, T., Anderson, C., et al. (2010). *School-wide positive behavior support: Implementers' blueprint and self-assessment*. Eugene: University of Oregon. Retrieved from *www.pbis.org/implementation/implementers_blueprint.aspx*.

Sugai, G., Horner, R. H., Dunlap, G., Hieneman, M., Lewis, T. J., Nelson, C. M., et al. (2000). Applying positive behavior support and functional behavioral assessment in schools. *Journal of Positive Behavior Interventions, 2*, 131–143.

Sugai, G., & Lewis, T. J. (1996). Preferred and promising practices for social skills instruction. *Focus on Exceptional Children, 29*, 1–16.

Sugai, G., O'Keefe, B. V., & Fallon, L. M. (2012). A contextual consideration of culture and school-wide positive behavior support. *Journal of Positive Behavior Interventions, 14*, 197–208.

Sumi, W. C., Woodbridge, M. W., Javitz, H. S., Thornton, S. P., Wagner, M., Rouspil, K., et al. (2013). Assessing the effectiveness of First Step to Success: Are short-term results the first step to long-term behavioral improvements? *Journal of Emotional and Behavioral Disorders, 21*, 66–78.

Suter, J. C., & Burns, E. J. (2009). Effectiveness of the wraparound process for children with emotional and behavioral disorders. *Clinical Child and Family Psychological Review, 12*, 336–351.

Sutherland, K. S., & Singh, N. N. (2004). Learned helplessness and students with emotional or behavioral disorders: Deprivation in the classroom. *Behavioral Disorders, 29*, 169–181.

Sutherland, K. S., & Wehby, J. H. (2001). The effect of self-evaluation on teaching behavior in classrooms for students with emotional and behavioral disorders. *Journal of Special Education, 35*, 2–8.

Sutherland, K. S., Wehby, J. H., & Copeland, S. R. (2000). Effects of varying rates of behavior-specific praise on the on-task behavior of students with EBD. *Journal of Emotional and Behavioral Disorders, 8*, 2–8.

Tanol, G., Johnson, L., McComas, J., & Cote, E. (2010). Responding to rule violations or rule following: A comparison of two versions of the Good Behavior Game with kindergarten students. *Journal of School Psychology, 48*, 337–355.

Tingstrom, D. H., Sterling-Turner, H. E., & Wilczynski, S. M. (2006). The Good Behavior Game: 1969–2002. *Behavior Modification, 30*, 225–253.

Trice, A. D., & Parker, F. C. (1983). Decreasing adolescent swearing in an instructional setting. *Education and Treatment of Children, 6*, 29–35.

Vincent, C. G., Randall, C., Cartledge, G., Tobin, T. J., & Swain-Bradway, J. (2011). Toward a conceptual integration of cultural responsiveness and schoolwide positive behavior support. *Journal of Positive Behavior Interventions, 13*, 219–229.

Waasdorp, T. E., Bradshaw, C. P., & Leaf, P. J. (2012). The impact of School-wide Positive Behavioral Interventions and Supports (SWPBIS) on bullying and peer rejection: A randomized controlled effectiveness trial. *Archives of Pediatrics and Adolescent Medicine, 116*, 149–156.

Walker, H. M., Horner, R. H., Sugai, G., Bullis, M., Sprague, J. R., Bricker, D., et al. (1996). Integrated approaches to preventing antisocial behavior patterns among school-age children and youth. *Journal of Emotional and Behavioral Disorders, 4*, 194–209.

Walker, H. M., Kavanagh, K., Stiller, B., Golly, A., Severson, H., & Feil, E. G. (1997). *First Step to Success: An early intervention program for antisocial kindergartners.* Longmont, CO: Sopris West.

Walker, H. M., Seeley, J. R., Small, J., Severson, H. H., Graham, B. A., Feil, E. G., et al. (2009). A randomized controlled trial of the First Step to Success early intervention: Demonstration of program efficacy outcomes in a diverse, urban school district. *Journal of Emotional and Behavioral Disorders, 17*, 197–212.

Walker, H. M., Severson, H. H., Feil, E. G., Stiller, B., & Golly, A. (1998). First Step to Success: Intervening at the point of school entry to prevent antisocial behavior patterns. *Psychology in the Schools, 35*, 259–269.

Wei, R. C., Darling-Hammond, L., & Adamson, F. (2010). *Professional development in the United States: Trends and challenges.* Dallas, TX: National Staff Development Council.

Wolf, M. M. (1978). Social validity: The case for subjective measurement *or* How applied behavior analysis is finding its heart. *Journal of Applied Behavior Analysis, 11*, 203–214.

全班性的正向行為介入與支持

索引

（條目中的頁碼係原文書頁碼，檢索時請查正文側邊的頁碼。頁碼後之 *f* 為圖表之意）

國家圖書館出版品預行編目（CIP）資料

全班性的正向行為介入與支持：預防性班級經營指引 /
Brandi Simonsen, Diane Myers作；洪儷瑜, 陳佩玉, 廖芳
玫, 曾瑞蓉, 謝佳真, 姚惠馨, 李忠諺, 蘇吉禾譯.
-- 初版. -- 新北市：心理出版社股份有限公司, 2022.10
面；　公分. --（教育現場系列；41153）
譯自：Classwide positive behavior interventions and
supports: a guide to proactive classroom management
ISBN 978-626-7178-19-5（平裝）

1. CST: 班級經營　2. CST: 班級教學　3. CST: 行為改變術

527　　　　　　　　　　　　　　　　　111014623

教育現場系列 41153

全班性的正向行為介入與支持：
預防性班級經營指引

作　　　者：Brandi Simonsen、Diane Myers
策　　　畫：臺灣正向行為支持學會
總 校 閱：洪儷瑜、陳佩玉
譯　　　者：洪儷瑜、陳佩玉、廖芳玫、曾瑞蓉、謝佳真、姚惠馨、
　　　　　　李忠諺、蘇吉禾
執行編輯：林汝穎
總 編 輯：林敬堯
發 行 人：洪有義
出 版 者：心理出版社股份有限公司
地　　　址：231026 新北市新店區光明街 288 號 7 樓
電　　　話：(02) 29150566
傳　　　真：(02) 29152928
郵撥帳號：19293172 心理出版社股份有限公司
網　　　址：https://www.psy.com.tw
電子信箱：psychoco@ms15.hinet.net
排 版 者：龍虎電腦排版股份有限公司
印 刷 者：龍虎電腦排版股份有限公司
初版一刷：2022 年 10 月
初版二刷：2023 年 8 月
I S B N：978-626-7178-19-5
定　　　價：新台幣 450 元